陈虎（陈少文）作品集

Institutional Role and Institutional Competence

制度角色与制度能力
——死刑案件证明标准研究

陈虎 著

图书在版编目(CIP)数据

制度角色与制度能力：死刑案件证明标准研究／陈虎著. —北京：北京大学出版社，2021.8

ISBN 978-7-301-32355-7

Ⅰ.①制… Ⅱ.①陈… Ⅲ.①死刑—案件—研究—中国 Ⅳ.①D924.124

中国版本图书馆 CIP 数据核字(2021)第 148328 号

书　　　名	制度角色与制度能力——死刑案件证明标准研究 ZHIDU JUESE YU ZHIDU NENGLI——SIXING ANJIAN ZHENGMING BIAOZHUN YANJIU
著作责任者	陈　虎　著
责 任 编 辑	王欣彤
标 准 书 号	ISBN 978-7-301-32355-7
出 版 发 行	北京大学出版社
地　　　址	北京市海淀区成府路 205 号　100871
网　　　址	http://www.pup.cn　http://www.yandayuanzhao.com
电 子 信 箱	yandayuanzhao@163.com
新 浪 微 博	@北京大学出版社　@北大出版社燕大元照法律图书
电　　　话	邮购部 010-62752015　发行部 010-62750672　编辑部 010-62117788
印 刷 者	涿州市星河印刷有限公司
经 销 者	新华书店
	880 毫米×1230 毫米　32 开本　8.375 印张　196 千字 2021 年 8 月第 1 版　2021 年 8 月第 1 次印刷
定　　　价	59.00 元

未经许可，不得以任何方式复制或抄袭本书之部分或全部内容。
版权所有，侵权必究
举报电话：010-62752024　电子信箱：fd@pup.pku.edu.cn
图书如有印装质量问题，请与出版部联系，电话：010-62756370

满目河山空念远,

莫如惜取眼前人。

——谨以此书献给我的妻子散琦女士

目 录

做一只思想的狐狸(总序) …………………………………… 001

前　言 …………………………………………………………… 001

1　导论 …………………………………………………………… 001
 1.1　研究的背景:死刑案件的逆向推进式改革 ……………… 001
 1.2　研究的意义:死刑误判与证明标准 ……………………… 008
 1.3　研究的现状:死刑案件证明标准改革思路的争论 …… 010
 1.4　研究的方法:从"悖反现象"出发的法学研究 ………… 015

2　证明标准的一般理论 ………………………………………… 022
 2.1　刑事证明标准:概念的厘清 ……………………………… 022
  2.1.1　刑事证明标准的内涵 ……………………………… 022
  2.1.2　刑事证明标准的范围 ……………………………… 026
 2.2　当事人视角:作为证明负担的证明标准 ………………… 028
  2.2.1　客观证明模式与控方证明负担 …………………… 029
  2.2.2　控方证明负担的具体表现:以三个案例为中心
     的分析 …………………………………………… 034
 2.3　裁判者视角:作为裁判风险分配机制的证明标准 …… 041
  2.3.1　错误定罪与错误释放:两类司法错误的比较 … 042

2.3.2 证明标准设置与裁判风险分配的内在理路 …… 044
　2.4 死刑案件证明标准的特殊性 ……………………… 047
　　2.4.1 死刑案件证明标准及其改革动向 …………… 047
　　2.4.2 死刑案件的递进式判断：死刑证明标准与死刑
　　　　　适用标准的区别 ……………………………… 052

3 留有余地——死刑案件证明标准的异化 …………………… 055
　3.1 留有余地的历史考察 ……………………………… 058
　　3.1.1 古罗马法时期 ………………………………… 058
　　3.1.2 神示证据制度时期 …………………………… 059
　　3.1.3 法定证据制度时期 …………………………… 060
　　3.1.4 自由心证制度时期 …………………………… 061
　3.2 留有余地的实践样态 ……………………………… 063
　　3.2.1 四个案例的引入：留有余地的实践样态 …… 063
　　3.2.2 死刑的递进式判断与留有余地 ……………… 070
　　3.2.3 留有余地的两种模式及其正当性辨析 ……… 072

4 死刑案件证明标准降格适用的成因 ………………………… 077
　4.1 问题的提出：刑事证明标准的降格适用 ………… 077
　4.2 法官的制度角色 …………………………………… 083
　4.3 法官的制度能力 …………………………………… 088
　4.4 角色与能力的错位：证明标准改革方案之评价 … 097
　4.5 制度角色与制度能力冲突之缓解 ………………… 102
　4.6 程序失灵的另一种解释：制度角色与制度能力的互动 …… 106

5 提高死刑定罪证明标准之理论误区 …… 110
5.1 死刑案件证明标准的程序功能：传统假设 …… 112
5.2 提高死刑案件证明标准有利于避免误判吗？ …… 115
5.3 提高死刑案件证明标准有助于减少死刑适用吗？ …… 121
5.4 提高死刑案件证明标准有利于提升程序正当性吗？ …… 127
5.5 "排除一切怀疑"可行吗？ …… 132

6 提高死刑量刑标准：一个似是而非的命题 …… 139
6.1 定罪程序与量刑程序的关系 …… 141
6.2 量刑标准能够超过定罪标准吗？ …… 145
6.3 提高死刑量刑证明标准的意外后果 …… 150

7 死刑案件证明标准改革的第三条道路 …… 155
7.1 死刑案件主要事实的证明标准：罪体证明论的提出 …… 156
7.2 死刑案件量刑证明标准的构建 …… 162
7.2.1 定罪标准与量刑标准的相互关系：美国的改革方案 …… 162
7.2.2 我国死刑量刑标准的构建 …… 165
7.3 如何防止滥用死刑：证明标准功能的局限性 …… 171
7.3.1 刑事司法体制的宏观变革 …… 172
7.3.2 死刑独立量刑程序的构建 …… 176
7.3.3 死刑案件证明标准的操作手段：一致裁断的表决规则 …… 182

附录1：美国死刑案件证明标准改革之法理评议 …… 187

附录2：江西省高级人民法院、江西省人民检察院、江西省公安厅
《关于规范故意杀人死刑案件证据工作的意见(试行)》 … 203

致谢 …………………………………………………… 221

后记　岂有文章觉天下 ………………………………… 223

参考文献 ……………………………………………… 229

做一只思想的狐狸（总序）

犹太裔哲学家以赛亚·伯林（Isaiah Berlin）在《俄国思想家》一书中，曾专门通过对托尔斯泰和陀思妥耶夫斯基的比较，区分了"狐狸型"和"刺猬型"这两种知识分子及其观念差异。

狐狸同时追求很多碎片化的不同事物；但刺猬却能聚焦，把每个相关事物纳入一个统一的理论体系。

因而，"狐狸多知，而刺猬有一大知"。

伯林评价托尔斯泰天性是狐狸，却自以为是刺猬。

第一次看到这段文字，感觉就像在说自己。

看起来每天在文献里披沙拣金，在书房里撰写论文，在研讨会上发表观点，已经貌似一个聚焦于专业研究领域的"刺猬型"学者，但实际上骨子里，自己仍然是一个渴望拓展知识边界，而不甘于在一个领域里皓首穷经的文人。

相比于刺猬，我更愿做一只思想的狐狸。

前段时间，看到刘瑜给她8年前的杂文集《送你一颗子弹》写的再版序，她说，写作，犹如佛教中的沙画，全神贯注地创作，然后再一把将其抹去。

速朽，正是创作的目的。

因而，她会与这类文字告别。在诸多身份之中，她最终放弃了那个文艺青年的身份，而选择了女教授的那个自我。

而我,则恰好相反。岁月渐逝,马齿徒增,我却越来越追求一种多元的人生。我坚信,所谓的精彩,就是让自己无法被归类。

鱼和熊掌,皆我所欲。

甚至,我有意在陈虎和陈少文这两个身份之间不断切换,以让自己的生活,在理性和感性、学术和思想、严谨和灵动之间,维持一种微妙的平衡。

某种意义上,正如沃居埃所言:我,是英国化学家的头脑与印度佛教徒灵魂的奇异结合。

我知道,这种性情,在很大程度上会阻碍我获得某种世俗意义上的成功,成为一个在专业领域里有着公认建树的优秀学者。

但是,我更知道,每一次对外在标准样板拙劣的模仿,都会让自己面目全非。

我更像游牧民族,喜欢四处征战借以拓展知识的版图,而非安居一隅,不再渴望迁徙。

这中间的区分,非关能力,只涉性情。

而这部作品集,正是这种性情而非才华的产物。

承蒙知函兄错爱,倡议并鼓励我出版这套个人作品集,本应推脱,但想起早年阅读陶潜,看到武陵人离开桃花源后,带人复返,"寻向所志,遂迷,不复得路",便颇觉遗憾。如今,能有机会记录下自己知识旅行中的点滴收获,作为路标以让来者欣然规往,不至我曾领略之浩瀚精妙之知识世界,竟无人问津。

这项工作应该也还不算毫无意义。念及于此,遂勉力承应。

写到这里,其实已与伯林最初区分刺猬狐狸之意,相去甚远。

在他看来,刺猬之道,一以贯之(一元主义);狐狸狡诈,却性喜多方(多元主义)。因而,如学者张晓波所言,不是刺猬型的卢梭、黑格尔、谢林、马克思,而是狐狸型的维科、赫尔德、赫尔岑等人,成为这个世界多元自由主义、消极自由的最好实践者,也成为对抗按照一元主义方案设计的极权社会的最好良药。

但其实细想,也没有偏题。

在任何一个时代,任何一种场域,想做一只思想的狐狸,都需要对抗一元体制的规训。我身处其中的学术,又岂能例外?

是为序。

2018年2月5日

前 言

证明标准的定义必须从当事人行为规范和法官裁判规范两个角度加以把握,从当事人行为规范的角度出发,我们可以将证明标准理解为证明责任承担方的证明负担;而从法官裁判规范的角度出发,我们则可以将证明标准理解为裁判者分配错判风险的制度设置。证明标准设置过高,则控方证明负担过重,难以完成证明任务,也会在防止错误定罪的同时增加错误释放的风险。而证明标准设置过低,则会降低控方指控犯罪的难度,增加对无辜公民错误定罪的风险。死刑的适用要先后经过是否构成犯罪、是否构成死刑罪名以及是否应当适用死刑三个步骤。与死刑适用标准不同,死刑证明标准仅适用于事实认定问题。

我国现行的法定证明标准已经十分严格,但实践中,证据不足的案件往往被作出"留有余地的判决"。在进入犯罪圈时因证据不足而疑罪从轻的,属于不利于被告人的留有余地;而在进入犯罪圈之后因证据不足而疑罪从轻的,属于有利于被告人的留有余地。前者是疑罪从无原则适用的领域,而后者则是罪疑惟轻原则适用的领域。只有后一种"留有余地的判决"才具有正当性。实践中不利于被告人的"留有余地"之所以盛行,主要原因在于现有的证明标准对控方科加了过重的证明负担,同时法院又非纯粹的裁判机构,必须要配合各种刑事政策的实现和法外任务的完成,在裁判风险上更为担心错误释放的发生。

学界提出的将死刑案件定罪证明标准修改为"排除一切怀疑"在理论上存在四大误区：第一，认为提高死刑定罪标准有利于防止死刑误判。第二，认为提高死刑定罪标准有助于减少死刑适用。第三，认为提高死刑定罪标准有利于提升死刑程序正当性。第四，认为"排除一切怀疑"的证明标准是可操作的。

提高死刑案件量刑标准的改革建议同样存在问题。首先，无罪推定原则和严格证明方法在独立的量刑阶段已经不再适用，因而，对一般量刑情节而言，较高的量刑证明标准设置没有必要。其次，对法定加重情节应当进行严格证明，但最多只能适用与定罪阶段相同的证明标准，而不能超过定罪证明标准。再次，量刑阶段的证明对象并非单纯的事实判断，且措辞模糊，因而无法适用超过定罪标准的"绝对确定"标准。最后，提高死刑量刑标准还会带来许多非意图的负面后果，比如会将定罪阶段的疑点利益带入量刑阶段加以分配，冲击定罪阶段的无罪推定原则，并为实践中"留有余地的判决"提供正当化机制。提高死刑量刑标准而保持死刑定罪标准不变，无法及时纠正审前程序的错误，减少了刑事司法通过证明标准所发挥的对前一程序的纠错功能，等等。

鉴于现有改革方案均存在问题，笔者提出一种新的死刑案件证明标准改革思路：对死刑案件犯罪构成的四个要件进行层次化区分，对罪体部分适用最高的证明标准——"排除一切怀疑"，而对其他构成要件则可以适当降低证明要求。同时，将可能判处死刑的法定加重情节具体化，并对法定加重情节构建独立的死刑量刑程序，从而在严格证明的制度环境下对量刑问题适用与定罪阶段相同的证明标准。为了让证明标准更具有可操作性，还需要对表决规则进行一定的改革，如对"排除一切怀疑"的证明标准适用一致裁断规则，而对"排除合理怀疑"的证明标准则适用绝对多数裁断规则。

1 导 论

1.1 研究的背景:死刑案件的逆向推进式改革

死刑案件涉及生命的剥夺,为各国刑事司法制度格外重视,死刑误判也成为裁判者尽力避免的司法错误。尽管刑事司法属于不完善的程序正义——不论如何设计程序,都无法完全避免司法错误的产生,但如果一个国家频繁出现死刑误判案件,则至少可以说明该国的制度设计存在一定的问题并需要改进。我国也不例外。为了使问题的讨论有具体的针对性,我们可以先从几起真实的案例引入。

【案例1 李久明故意杀人案】被告人李久明系有妇之夫,与唐小萍产生婚外情后,由于唐小萍提出与其结婚而闹矛盾。2002年7月12日凌晨,唐小萍的姐姐和姐夫双双在家中被害。唐小萍得知后立即给李久明打手机,多年在监狱从事政治工作的李久明听后警觉起来:"待会儿警察来了,你可别乱说,千万别把咱们的关系说出来。"唐小萍说:"晚了,我已经把咱俩的事都说了。"唐山市公安局据此认定李久明是犯罪嫌疑人,在对其刑讯逼供后,李久明"如实供认了"犯罪事实。李久明被唐山市中级人民法院判处死刑,缓期二年执行。后真凶出现,河北省高级人民法院以"案件事实尚有不清楚之处"为由将此案发回重审。有关刑讯逼供者也纷纷落入法网。①

---

① 参见王健、马竞:《唐山民警涉嫌刑讯逼供案实录》,载《法制日报》2005年1月25日。

【案例2　孙万刚故意杀人案】1996年1月2日晚,云南财贸学院的学生陈兴会被人发现死在一座荒芜的草坡上,公安局把嫌疑集中在陈兴会的男友孙万刚身上,他们在孙万刚当晚穿过的衣服上发现沾有他人的血迹,孙万刚本人是B型血,而这些血液经检验为AB型,与死者血型相符。公安机关据此认定孙万刚就是杀害陈兴会的凶手。10天后,孙万刚承认了他强奸杀人的全部事实。1996年9月20日,原昭通地区中级人民法院以故意杀人罪判处孙万刚死刑。云南省高级人民法院裁定发回重审。1998年5月9日,原昭通地区中级人民法院重新审判后,仍判处孙万刚死刑。1998年11月,云南省高级人民法院终审判处孙万刚死刑,缓期二年执行。孙万刚的律师和云南省高级人民法院认为,仅仅因为血型相同就断定被告人有杀人行为是没有说服力的。8年后,法院启动审判监督程序重新审理该案,经审理认为,血型证据不具有排他性,杀人凶器来源不清、去向不明,被告人的作案动机没有合理的解释,证据与证据之间存在重大疑点,没有达到案件事实清楚、证据确实充分的法定证明标准。2004年1月,法院撤销原判,宣告孙万刚无罪。①

【案例3　杨锡发强奸杀人案】2002年2月18日上午9时许,湖北省枣阳市高三女学生刘方上学途中在自家村边蒋家湾山坡上被奸杀。2002年2月27日发现尸体时,被害人额头、脸上和双手都是伤痕,双手的表皮被磨破,露出骨头和肌腱,身体上覆盖着树枝,周围散落着书包、发卡、皮带扣等物品。公安机关经过排查,将与被害人同村同组的杨锡发(56岁)列为重大嫌疑人。主要证据是:第一,有几位村民证明在被害人失踪当天,杨锡发早晨9点左右推着自行车在从蒋家湾到原清镇的路上走,而当警方询问时,杨锡发却否认推有自行车,他为什么

---

① 参见中央电视台2004年6月29日《今日说法》案例。

要撒谎？第二，杨锡发举止猥琐，老伴死了14年，有人反映他平时行为极不检点。几天后，杨锡发承认了自己强奸、杀人的事实。襄樊市中级人民法院三次不公开审理本案，杨锡发均拒绝认罪，称以前的供述系公安机关刑讯逼供的结果。但是襄樊市中级人民法院认为本案事实清楚，证据确实充分，因而判处其死刑缓期二年执行。被告人上诉后，湖北省高级人民法院认为事实不清，证据不足，发回重审。襄樊市中级人民法院重新审理后针对被告人刑讯逼供的辩解，要求枣阳市人民检察院进行调查，在公安机关出具了没有刑讯逼供的证明材料后，再次判处被告人无期徒刑。被告人再次上诉，湖北省高级人民法院经审理认为，本案证据不足，指控的犯罪不能成立，于2004年6月2日宣告杨锡发无罪。①

以上几起案件还只是我国死刑案件之冰山一角。2005年，媒体连续披露的一系列震惊全国的刑事冤案引起了人们对于我国死刑诉讼程序的深刻反思。2月，媒体报道，河北省李久明因涉嫌故意杀人被唐山市中级人民法院判处死刑缓期二年执行，案发2年后，真凶蔡明新在温州落网。3月下旬，媒体报道，河北省聂树斌因涉嫌强奸杀人被石家庄市中级人民法院判处死刑并被交付执行，10年后，另一案件的犯罪嫌疑人王书金交代该案被害人实际上是他所杀。4月上旬，媒体报道，湖北省佘祥林因妻子失踪被京山县人民法院以故意杀人罪判处有期徒刑15年，案发11年后，被害人张在玉从山东省返回家乡；云南省丘北县王树红被迫承认强奸杀人，在被羁押299天后，另一案件的犯罪嫌疑人王林标交代，王树红案实际上是他所为。4月中旬，媒体报道了河南省淅川县张海生强奸案。7月下旬，媒体报道了吉林省磐石市

---

① 参见蒋安杰：《羁押制度与人权保障》，载《法制日报》2004年8月26日。

王海军故意伤害案以及山西省柳林县的岳兔元故意杀人案。8月中旬,媒体报道了河南省禹州市王俊超奸淫幼女案……①频繁曝光的死刑误判案件使得人们对于刑事司法制度的正当性产生了普遍而深刻的怀疑②,诚如有学者所言:"关于刑事诉讼,实际上的中心问题,仍在于事实认定。倘若此种认定流于恣意,则刑事审判的正义从根底崩溃。"③

正是在这一背景之下,最高司法机关对我国的刑事司法开始进行制度性的反思。2005年7月4日,最高人民检察院下发《关于认真组织学习讨论佘祥林等五个典型案件剖析材料的通知》;2005年9月下旬,最高人民法院也专门召开了全国"刑事重大冤错案件剖析座谈会",会议就社会影响巨大的佘祥林、杜培武等14起重大冤错案件的成因进行了深入细致的研讨。党的十八大以来,再审改判刑事案件有1.1万件,依法纠正张氏叔侄案、呼格吉勒图案、聂树斌案等重大刑事冤错案件58件共涉及122人。

一系列频繁曝光的死刑误判案件冲击了人们对于司法公正的信仰,使人们产生了对刑事司法正当性的严重质疑。理论界和司法界为了解决这一问题,提出过多种解决方案。比如,有学者建议对死刑案件进行三审终审制的改造,以诉权方式启动死刑案件三审程序,以构建控辩双方公开辩论的诉讼构造,并在此基础上建议对死刑案件实行

---

① 参见陈永生:《我国刑事误判问题透视——以20起震惊全国的刑事冤案为样本的分析》,载《中国法学》2007年第3期。

② 死刑误判是一个全球性的问题,不为中国所独有。参见〔美〕Andrew D. Leipold:《美国审前程序是如何导致错案的》,廖峻、陈虎译,载卞建林主编:《诉讼法学研究》(第14卷),中国检察出版社2008年版,第289页。2000年6月,美国媒体更是报道了一组举世震惊的数字,一项当时最新的研究成果表明:美国死刑误判率竟然高达68%,有3个州的死刑误判率竟然高达100%。转引自陈永生:《死刑与误判——以美国68%的死刑误判率为出发点》,载《政法论坛(中国政法大学学报)》2007年第1期。1973年至1995年,美国每执行7至8名死刑犯中就有一名无辜者;1973年至2002年1月1周,全美有99名死刑犯被证明是无辜的。

③ 黄东熊:《刑事诉讼法研究》,桃园"中央"警察大学1985年版,第302页。

强制上诉制度,必须接受二审法院乃至三审法院的全面复审,以减少死刑误判……①显然,强制上诉制度的建立以死刑案件三审终审制改革为前提,二者都希望通过审级制度的改造为死刑案件的审理质量提供更大的制度性保障。但遗憾的是,这种审级制度的改革思路却因缺乏可操作性而显得过于理想化。首先,由于我国死刑案件的最低审级是中级人民法院,一旦死刑案件改造成三审终审制,势必会造成大量死刑案件涌入最高人民法院,使本已不堪重负的最高审判机构更加疲于应付死刑案件的审理,一方面会导致刑事部门过度膨胀,带来一系列人力、物力和财力方面的现实问题,另一方面也会使得最高人民法院无法抽身进行统一法律适用、颁布指导性案例等中心工作。其次,即便不考虑这些因素,在我国目前的司法体制之下,由于下级法院事实上受到上级法院的监督,上级法院可以通过各种方式对下级法院的判决进行各种影响,三审终审制也终将沦为事实上的一审终审制,而失去多设置一道程序进行把关的意义。

正是出于这些考虑,最高决策机关并没有采取改造死刑审级制度这一思路,而是由最高人民法院在现行法律的基础之上,于2007年1月1日正式收回死刑复核权,并为此专门构建了五大刑事审判庭。这一改革具有两大特征:第一,这仅仅是回复法律的本来要求,因此严格说来不是改革,而是制度的归位,因此没有制度障碍,改革成本较小;第二,由于实行的是行政审批的复核程序,而不用构建专门的诉讼程序,因此不会对现有的最高人民法院的工作格局造成过大冲击。围绕收回死刑复核权的工作,最高人民法院相继颁布了以下一些规范性文件:2006年12月28日发布的最高人民法院《关于统一行使死刑案件核准权有关问题的决定》,2007年2月27日发布的最高人民法院《关

---

① 参见陈卫东、刘计划:《死刑案件实行三审终审制改造的构想》,载《现代法学》2004年第4期。

于复核死刑案件若干问题的规定》(已失效),2019年8月8日发布的最高人民法院《关于死刑复核及执行程序中保障当事人合法权益的若干规定》。

随着死刑复核权的收回,一系列围绕死刑案件二审程序的改革也在紧锣密鼓地进行。毕竟,如果死刑二审程序沿袭以往不开庭审理,仍然运用阅卷和提讯被告人的裁判方式的话,对一审事实认定的把关质量就不会提高,为此,时任最高人民法院院长的肖扬在2006年11月7日召开的第五次全国刑事审判工作会议上明确指出:"确保死刑案件的审判质量,一审是基础,二审是关键。"[①]在接受记者采访时,肖扬院长也表示:"把死刑复核和死刑案件二审开庭分开,从原来的一个程序变成两个程序,这是防止冤错案发生的重要程序性环节,也是给判处死刑的被告人多一次在庭上表述自己意见的机会。"[②]2006年9月25日,最高人民法院、最高人民检察院联合发布的《关于死刑第二审案件开庭审理程序若干问题的规定(试行)》(已失效)开始施行,该司法解释主要对死刑案件二审程序进行了以下三个方面的改革:第一,明确了二审死刑案件应以开庭审理为原则。各高级法院对被告人被判处死刑立即执行的二审案件,一律实行开庭审理。一审判处死刑缓期二年执行的被告人上诉案件,符合两种情形之一的,也要开庭审理。这两种情形分别为:被告人或者辩护人提出影响定罪量刑的新证据,需要开庭审理的;具有《刑事诉讼法》第187条(现行《刑事诉讼法》第234条)规定的开庭审理情形的。上述司法解释同时规定,人民检察院对第一审人民法院判处死刑缓期二年执行提

---

① 黎军:《打牢一审基础 严防死刑冤错案》,载《人民法院报》2007年1月9日。"一审法院要充分发挥基础作用,所有事实、证据的认定都必须经过庭审质证、认证,切实保证查清案件事实,准确适用法律,科学裁量刑罚;二审程序所处地位非常关键,对死刑核准程序起着承上启下的作用。"王斗斗:《收回核准权不是代行减轻一二审法院责任》,载《法制日报》2006年11月8日。
② 黄启波:《寻访死刑二审开庭审理之足迹》,载《法制日报》2006年5月25日。

出抗诉的案件,第二审人民法院应当开庭审理。第二,在全面审查的基础上进行重点审查。根据上述司法解释,第二审人民法院开庭审理死刑上诉、抗诉案件,合议庭应当在开庭前对案卷材料进行全面审查,重点审查下列内容:上诉、抗诉的理由及是否提出了新的事实和证据;被告人供述、辩解的情况;辩护人的意见以及原审人民法院采纳的情况;原审判决认定的事实是否清楚,证据是否确实、充分;原审判决适用法律是否正确,量刑是否适当;在侦查、起诉及审判中,有无违反法律规定的诉讼程序的情形;原审人民法院合议庭、审判委员会讨论的意见;其他对定罪量刑有影响的内容。第三,强调证人、鉴定人和被害人应当出庭作证。具有以下情形之一的,上述诉讼参与人应当出庭作证:人民检察院、被告人及其辩护人对鉴定结果有异议、鉴定程序违反规定或者鉴定结论明显存在疑点的;人民检察院、被告人及其辩护人对证人证言、被害人陈述有异议,该证人证言或者被害人陈述对定罪量刑有重大影响的;合议庭认为其他有必要出庭作证的。2012年《刑事诉讼法》修改时,第223条规定,被判处死刑的上诉案件,应当开庭审理。2012年最高人民法院《关于适用中华人民共和国刑事诉讼法的解释》第317条限定为被判处死刑立即执行的上诉案件,应当开庭审理,2018年《刑事诉讼法》第234条以及2021年最高人民法院《关于适用中华人民共和国刑事诉讼法的解释》第393条再次改为被判处死刑的上诉案件,二审法院均应开庭审理。

在死刑复核和死刑二审程序陆续进行了较大幅度的改革之后,死刑案件一审程序又开始成为新一轮改革的重要对象。毕竟,如果一审程序在事实认定上就存在重大瑕疵,如果一审程序就不能严格贯彻直接言词原则,如果一审程序仍然沿袭案卷笔录中心主义的审理模式,二审和死刑复核程序改革得再完美也无济于事。因此,2007年3月9日,最高人民法院会同最高人民检察院、公安部和司法部一起发布了《关于进一步严格依法办案确保办理死刑案件质量的意见》,进一步对死刑案件的侦查、起诉、一审和二审提出了更为严格的要求。尤其在一审程序的改革方面,该意见特别强调:一审死刑案件,符合条件的被害人、证人、鉴定人,也应当出庭作证,"不出庭作证的被害人、证人、鉴定人的书面陈述、书面证言、鉴定结论经质证无法确认的,不能作为定案的根据"。

不仅如此,最高人民法院、最高人民检察院、公安部、司法部《关于进一步严格依法办案确保办理死刑案件质量的意见》还对死刑案件的侦查、提起公诉程序提出了一些新的要求,进行了一定程度的改革。显然,我国死刑程序的改革呈现出由死刑复核往之前的诉讼程序延伸和推进的态势,整个改革呈现出一种逆向推进的特征,因而被一些学者概括为"逆向推进式的改革"。[①]

随着死刑案件的改革从复核阶段开始逐渐推进到一审程序,有关死刑案件事实认定准确性的要求开始逐渐进入改革者的视野,死刑案件证明标准正是在这一背景下逐渐获得了学界和司法实务界越来越多的关注。

1.2 研究的意义:死刑误判与证明标准

死刑误判的曝光往往会产生两个向度的效果:一是推动死刑的废除,二是推动死刑适用程序的完善。显然,我国目前废除死刑的时机尚不成熟,为了回应社会对死刑误判的批评,我们必然只能在死刑适用的程序方面进行更为严格的限制。在一系列改革举措中,死刑案件的程序改革因为同时获得了学界和社会的支持而变得毫无阻力。在这种改革当中,又可细分为两个向度:一是死刑案件法律适用的改

[①] 参见陈瑞华:《刑事诉讼的中国模式》,法律出版社 2008 年版,第 223 页以下。

革,二是死刑案件事实认定的改革。不难看出,曝光并引起社会公众巨大关注和强烈不满的死刑误判案件几乎很少在法律适用上出现错误,问题往往集中在事实认定上。众所周知,任何诉讼活动都可以大致分为四个步骤:认定事实,选择可适用的法律规范,将法律规范适用于认定的事实,得出裁判结论。可以说,事实认定是所有裁判活动的基础和前提。一旦事实认定错误,法律适用就成了无本之木、无源之水,不可能得到一个公平合理的裁判结果。而且因为很多国家允许裁判者在证据评价和事实认定上进行自由心证,所以事实认定经常表现为一种跳跃式、直觉式的心理活动,而无法受到有效的制约。死刑案件事实认定的恣意性往往表现得更为突出。① 其实,对于确实实施了犯罪行为但只是罪不至死的被告人而言,被错判死刑并不会引起公众直觉和情感上的巨大抵触,但如果被告人原本无辜却被错判死刑,这种事实认定上的巨大反差则极为容易引起人们对于一个国家死刑制度的强烈抵触,引起人们对一国刑事司法体制正当性的深刻质疑。如果这种事实认定的恣意性不能得到有效的控制,其结果必然是大量死刑误判的出现。诚如美国学者弗兰克所说:"由于一些可以避免的法庭错误,一些无辜的人被判有罪;出于同样的理由,每周都有一些人丧失他们毕生的财产、谋生的手段和工作。这些不正义的绝大部分不是由于在法律规则方面正义的缺失,而是发端于事实认定方面的错误。"②

正是在这个意义上,确保死刑案件事实认定准确性的证明标准制度

---

① 诚如美国学者杰罗姆·弗兰克质疑的那样:"在试图裁决事实的时候,存在法院可以采用的可靠标准吗? 我们谈论过证据的'权衡','权衡'证据以及证据'优势'。但是相互冲突的证据能够被权衡吗? 有什么精确的方法可以用来衡量哪些证人更值得信任吗? 法院和证据大师们对这些问题作了否定的答复。一位法官指出:'相信某个证人或特定的证词比其他证人或证词更可取的理由,是不能被解释的。'另一位法官则宣称:'对于信任证据的充足理由来说,没有标准。'据说,唯一的尺度就是'对或然率的感觉'。但是这种感觉是主观的,它因人而异。"〔美〕杰罗姆·弗兰克:《初审法院——美国司法中的神话与现实》,赵承寿译,中国政法大学出版社2007年版,第51—52页。

② 〔美〕杰罗姆·弗兰克:《初审法院——美国司法中的神话与现实》,赵承寿译,中国政法大学出版社2007年版,第37页。

开始逐渐进入人们的研究视野,在经历了死刑复核权收归最高人民法院,死刑二审案件开庭运动,以及一审程序严格要求等一系列改革之后,尤其是在死刑案件三审终审和强制辩护等程序制度改革尚不成熟的当下,如何通过对事实认定机制的严格要求提高死刑案件的办理质量就成为改革者最为关心的问题。死刑案件证明标准的重要性因此而得以凸现,也成为学界普遍关注的研究课题。

1.3 研究的现状:死刑案件证明标准改革思路的争论

实际上自古以来,各国死刑案件的证明标准就受到了不同的对待。如基督教《旧约圣经》前五卷内容,史称摩西五经,有三处要求有罪的判决必须基于两个或两个以上的证人证言。其中两处就专门针对死刑案件。[①] 古犹太法为了保证死刑案件审判中证人证言的真实性与可靠性,要求法官对传唤的证人首先进行警告:你的证言可能是基于猜测、传闻或者从其他证人处听来的。"一个法官对他们(证人)说:也许你看到 A 紧追在 B 后面,而当你想看个明白时,发现 A 手中拿着滴着鲜血的剑,同时被谋杀的人在痛苦地挣扎,但假如这是你所仅仅看到的情况的话,那么你等于什么都没有看到。"[②]12 世纪一位法典编纂家迈摩耐德说:"所有事件都存在一个盖然性界限问题,有的事件具有极高的盖然性,而有的事件只有极低的盖然性,还有一些事件的盖然性介于极高和极低之间,所以说,盖然性存在一个程度高低问题。如果法律,就如古犹太法一

[①] See Irene Merker Rosenberg, Yale L. Rosenberg, Perhaps What Ye Say Is Based Only On Conjecture:Circumstantial Evidence Then and Now, 31 *Boston Law Review*, 1371(1995).
[②] Irene Merker Rosenberg, Yale L. Rosenberg, Perhaps What Ye Say Is Based Only On Conjecture:Circumstantial Evidence Then and Now, 31 *Boston Law Review*, 1371(1995).

样,允许基于极高盖然性而判处死刑,那么,下一步,我们可能就会依据稍弱的盖然性进行判决,如此进行下去,由于法官的反复无常,我们将来就有可能会基于缺乏保证的推定来判处死刑。古犹太法关闭了这扇大门,不允许依据任何(包括极高盖然性)的可能性证据进行死刑判决。这样做,最坏的结果无非就是有罪者获释。但是,如果我们依据这种盖然性进行死刑判决,总有一天,我们会使无辜的人受到死刑判决。我们应该选择的是宁愿错放一千有罪者,也不让一个无辜者受死。"[1]

各国历史上对死刑案件证明标准的特殊规定还有很多。客观地说,尽管世界各国历史上都对死刑案件证明标准作出了特殊的制度设计,但对死刑案件证明标准却一直鲜有较为深入的学理研究,人们只是凭借一种直觉式的感性认识对死刑案件科加了更为严格的证明要求,而对其内在规律缺乏细致和深入的把握。

可喜的是,近年来,我国学者在这一方面进行了许多有益的探索,并由此形成了丰富的学术文献和统计资料。关于这一课题的研究,大体上可以分为两个较为明显的阶段:第一,依附性研究阶段,即在探讨刑事案件证明标准问题时附带研究死刑案件证明标准问题。第二,独立性研究阶段,即随着死刑复核权的收回,以及一系列死刑误判案件的曝光,学者开始以死刑案件证明标准为独立的研究对象,提出许多具有针对性的研究结论和改革建议。这一类有关死刑案件证明标准的独立研究在 2007 年最高人民法院收回死刑复核权后达到高潮,相关文献数量繁多,不一而足。但在如何设置死刑案件证明标准,如何保障死刑案件裁判质量这两个基本问题上,大体可以分为如下四派观点。

第一种观点,认为死刑案件证明标准不需要进行任何改革,司法

---

[1] Irene Merker Rosenberg, Yale L. Rosenberg, Perhaps What Ye Say Is Based Only On Conjecture: Circumstantial Evidence Then and Now, 31 *Boston Law Review*, 1371(1995).

实践中发生的"留有余地"的判决等证明标准降格适用现象,其原因并不在于死刑案件证明标准设置过低,而恰恰是因为没有贯彻现行证明标准。如陈卫东教授主编的《模范刑事诉讼法典》第204条就规定:"除非对指控犯罪事实的证明已经达到排除合理怀疑的程度,人民法院不得裁判有罪。"该书之所以没有区分案件类型而采用"单一标准说"的理由是:"第一,刑事证明标准是刑事裁判的最低正当标准,而非最高标准。因此,对于特定案件,尽管应当从严掌握,却并不意味着存在多个最低证明标准。第二,对证明标准的严格掌握,主要体现在证据资格、证据调查程序等方面,而非证明标准本身。例如,在简易程序中,由于不适用证据资格的有关规定,不要求严格的证据调查和辩论,甚至不要求证据调查,因而,尽管其证明标准与普通程序相同,其实际程度却明显有所区别。"①为了支持其观点,论者还指出了国外的相似立法例,如美国《加利福尼亚州证据法》第141条。

第二种观点,认为应当将死刑案件证明标准修改为"排除一切怀疑"。如有学者认为:"一般刑事案件的证明标准为案件事实清楚,证据确实、充分,排除合理怀疑;死刑案件的证明应当为案件事实清楚,证据确实、充分,具有排他性和唯一性。"②著名证据法学家何家弘教授也认为:"在适用普通程序的刑事案件中,证明标准是排除合理怀疑的证明……在适用死刑的刑事案件中,证明标准则应该是排除一切怀疑的证明。"③

第三种观点,认为应当将死刑案件证明标准区分为定罪标准和量刑标准,并科以不同的证明要求。最高人民法院、最高人民检察院、公安部、司法部2007年3月9日联合印发了《关于进一步严格依法办案

---

① 陈卫东主编:《模范刑事诉讼法典》,中国人民大学出版社2005年版,第290页。
② 黄芳:《论死刑适用的国际标准与国内法的协调》,载《法学评论》2003年第6期。
③ 何家弘:《刑事证据的采纳标准和采信标准》,载《人民检察》2001年第10期。

确保办理死刑案件质量的意见》，该意见明确指出："人民法院应当根据已经审理查明的事实、证据和有关的法律规定，依法作出裁判。对案件事实清楚，证据确实、充分，依据法律认定被告人有罪的，应当作出有罪判决；对依据法律认定被告人无罪的，应当作出无罪判决；证据不足，不能认定被告人有罪的，应当作出证据不足、指控的犯罪不能成立的无罪判决；定罪的证据确实，但影响量刑的证据存有疑点，处刑时应当留有余地。（着重号为笔者所加）"这是官方文件中第一次正式认可"留有余地的判决"，与刑事诉讼法所规定的"案件事实清楚，证据确实、充分"的证明标准相比，该意见对死刑案件证明标准的表述出现了两个十分重要的变化：第一，将证明标准区分为定罪证明标准和量刑证明标准，并要求量刑标准必须排除一切怀疑；第二，对定罪证明标准只保留了确实性，放弃了充分性的要求。因此，该意见改革的实质就是保持甚至降低死刑定罪证明标准，而提高量刑证明标准。① 如果说这一点在该意见中体现得还不是十分明显的话，部分学者所提出的改革建议则更为直接：他们认为，现有的证明标准并非理论上所能达到的最高证明标准②，因此主张结合独立量刑程序的改革背景，将审判程序分为定罪和量刑两个阶段，并在维持定罪证明标准不变的前提下提高量刑阶段的证明标准。③

第四种观点，认为死刑案件证明标准的改革不仅仅是语言表述的改变，更为重要的是死刑案件诉讼程序的宏观立体工程，应通过周边

---

① 上海市高级人民法院颁布的《上海法院量刑指南——毒品犯罪之一》（试行）第3条明确规定："……（六）认定被告人毒品犯罪的数量主要根据被告人的口供与同案犯（包括上、下家）的供述互相印证，尚无其他证据佐证的；（七）认定主要犯罪事实的证据有瑕疵，量刑上需要留有余地的……"这些规定都暗含了定罪标准低于死刑量刑标准的逻辑。

② 参见陈光中：《构建层次性的刑事证明标准》，载陈光中、江伟主编：《诉讼法论丛》（第7卷），法律出版社2002年版，第6页。

③ 参见陈卫东、李训虎：《分而治之：一种完善死刑案件证明标准的思路》，载《人民检察》2007年第8期；陈卫东：《刑事诉讼法证据制度修改的宏观思考》，载《法学家》2007年第4期。

制度设计来保障死刑案件的裁判质量。如王敏远教授曾在《法学》2008年第7期发表了《死刑案件的证明"标准"及〈刑事诉讼法〉的修改》一文,该文指出,判处死刑的所谓"证明标准"实际上只不过是证明要求,并不足以解决判断死刑案件的事实、证据问题时可能发生的意见分歧,因此,应当放弃那种简单的处理问题的念头,还要通过规定死刑的证明标准来避免、解决司法实践中认识和判断死刑案件的因人而异甚至任意的问题,有必要考虑采用其他程序来解决这一问题。基于这一立体论的宏观思路,王敏远教授指出,死刑案件的质量保障绝对不仅仅是证明标准本身的问题,还要通过完善法庭质证规则,确立严格的非法证据排除规则,来保障证据本身的合法可靠性,在此基础上形成的证明结果才可能最大限度地避免错案。不仅如此,保障死刑案件的有效辩护也可保障对控方的证明体系进行有效的质疑,使其接受严格的检验,更为重要的是,由于任何证明标准的表述都存在操作性的难题,即使死刑案件规定了最为严格的证明要求,如果不能用客观的程序加以规范,仍然没有实质的意义,因此,需要借鉴英美法系裁判者"一致同意"的表决规则来贯彻最为严格的证明要求,即死刑案件的合议必须在事实和证据问题上形成一致同意,否则不应判处死刑。

  笔者并不同意上述第一种观点,笔者认为,死刑案件证明标准应当加以改革。第一,刑事证明标准是刑事裁判的最低正当标准,因此法官似乎有可能高于此标准裁判案件,笔者并不否定这种可能,但更多情况下,法官都会尽可能地对现行证明标准予以降格适用,"两个基本"和"留有余地"裁判方式的出现就是最好的证明,死刑案件中更是如此。因此,法定的证明标准必须考虑到裁判者倾向于降低现有法定标准这一现实情况,而规定更为严格的证明标准,以应对实践中降格适用的现象。何况,死刑案件的最低正当标准理应与普通刑事案件有所区别,如果不在法律中加以明示,法官是不会主动对这种特殊案件给予特殊对待的。第二,对证明标准的严格掌握主要体现在证据资格、证据调查程序等方面,而非证明标准本身。这种观点有一定的道理。但问题是,西方国家单一化的证明标准是建立在诉讼程序多元化的基础之上的,死刑案件有特殊的诉讼审理程序,其证据资格、证据调查程序都有严格的区别①,而我国除了简易程序和普通程序的划分,没有任何其他的程序区分,死刑案件至少到目前为止也没有更为特殊的程序设置,因此,我国对证明标准的严格掌握还只能主要体现在证明标准上,因此必须对其有特殊的制度设计。第三,西方国家虽然也规定了单一的证明标准并适用于所有案件,但却用其他制度设置保证了不同案件中的严格程度。比如,美国陪审团的表决规则就要求,在死刑案件中,陪审团应当形成一致裁断才能认定罪名成立,而在非死刑案件中,则只要求复杂多数即可。可是,我国在表决规则方面的单一性决定了只能依靠证明标准本身对死刑案件的谨慎程序进行必要的提示和保障。

基于这一判断,死刑案件证明标准应当改革,但究竟是提高死刑案件的定罪标准,还是区分定罪标准和量刑标准并科以不同的证明要求,通过相应的程序设计保障该证明标准具有可操作性,则需要在学理上进行深入的研究和探讨。这也正是笔者研究的起点和初衷。

1.4 研究的方法:从"悖反现象"出发的法学研究

死刑案件证明标准在我国从未有过独立的表现形式,而是和一般

---

① 比如在法国,重罪法院只审理最为严重的犯罪,使用的证据规则也非常严格;轻罪法院在处理中等严重程度的犯罪时,所使用的证据规则稍有宽松;而违警罪法院管辖的案件,属于大多数欧洲国家视为治安罪的案件,因此,证据规则的要求也最低。转引自〔美〕米尔吉安·R.达马斯卡:《比较法视野中的证据制度》,吴宏耀、魏晓娜等译,中国人民公安大学出版社2006年版,第93页。

刑事案件共享同一个证明标准——"案件事实清楚,证据确实、充分"。① 这一证明标准要求证明体系应当形成完整的证明锁链,得出的证明结论应当是唯一的,排除其他一切可能性。至少从表面上看,如能严格贯彻现行的证明标准要求,死刑案件的裁判质量同样能够得到有效的保证。

但遗憾的是,司法实践中大量死刑误判案件的发生却表明,证明标准的话语表达与司法实践之间存在一种严重的"悖反现象":一方面,在话语层面上强调"客观真实"和事实认定的"绝对确定",以保护无辜者不被错误定罪的道德权利;但另一方面,又在实践中根据各种政策因素的考量而实质性地降低这一标准。也就是说,法律制度上的"高标准"并没有在实践中做到"严要求",从而产生了证明标准"明高实低"的"夹层"现象。这种"悖反现象"很早就引起学界的注意,但可惜的是,既有的研究成果一直以来都将这一现象简单解读为"法律规则的虚置"和"实践的异化",并将原因归结为司法人员"观念落后""素质低下"等,并在此基础之上开出了许多针对素质和观念的所谓药方,以"拯救实践""改造实践"。但是,这种对实践居高临下的理论研究态度引起了笔者的不满和质疑,难道所有与理论预期不一致的实践

---

① 最高人民法院、最高人民检察院、公安部、国家安全部、司法部《关于办理死刑案件审查判断证据若干问题的规定》第5条第2款、第3款规定,"证据确实、充分是指:(一)定罪量刑的事实都有证据证明;(二)每一个定案的证据均已经法定程序查证属实;(三)证据与证据之间、证据与案件事实之间不存在矛盾或者矛盾得以合理排除;(四)共同犯罪案件中,被告人的地位、作用均已查清;(五)根据证据认定案件事实的过程符合逻辑和经验规则,由证据得出的结论为唯一结论。办理死刑案件,对于以下事实的证明必须达到证据确实、充分:(一)被指控的犯罪事实的发生;(二)被告人实施了犯罪行为与被告人实施犯罪行为的时间、地点、手段、后果以及其他情节;(三)影响被告人定罪的身份情况;(四)被告人有刑事责任能力;(五)被告人的罪过;(六)是否共同犯罪及被告人在共同犯罪中的地位、作用;(七)对被告人从重处罚的事实"。第33条第1款规定,根据间接证据定案应当达到以下证明要求:"(一)据以定案的间接证据已经查证属实;(二)据以定案的间接证据之间相互印证,不存在无法排除的矛盾和无法解释的疑问;(三)据以定案的间接证据已经形成完整的证明体系;(四)依据间接证据认定的案件事实,结论是唯一的,足以排除一切合理怀疑;(五)运用间接证据进行的推理符合逻辑和经验判断"。

做法都是落后的,因而也都是等待被改造的对象？难道理论永远只能站在实践的上方而不能对实践给予"同情式的理解"？难道理论在实践中运转不灵的责任都要由实践来承担罪责？在实践和理论不一致的时候,难道就只能牺牲实践而满足理论的预期？

其实,一种违反理论预期的实践状态同样是真实存在的,它所凸显的应当是"理论的危机",而非必然是"实践正当性的危机",这种悖论蕴涵着大量的理论创新的机会,我们不应该催生强行改造实践的蛮横做法。① 这种对待实践的粗暴态度在经济学研究领域曾经有过深刻的教训。著名经济学家弗里德曼认为政府干预会导致经济崩溃,并摧毁繁荣,但新加坡政府对经济的干预却创造并维持了该国的经济繁荣,这成为他理论的一个反例。弗里德曼教授无法解释这一现象,于是就认为新加坡不是一个国家,而是一个根据市场经济原则管理300万居民的企业。新加坡政府无法接受此种观点,因而对其进行了严厉的驳斥。弗里德曼面对经验事实与既有理论不尽一致的现实,不是借此反思理论的适用边界,而是强行切割和剪裁实践以使其符合和适应理论,从而错过了一个发展其理论的绝佳机会。这个真实的故事实际上也反映了我们现在很多法学学者的心态②,正如陈瑞华教授所言,几乎每一种西方制度在中国法律中得到确立之后,在实践中都会立即遭到被搁置和被规避的命运。但是,我们不去反思西方理论的适用性,而总是认为实践出了问题,所以我们的态度就是对实践不停地进行批判和轰炸式的改造。这种本末倒置的研究态度以对真理(truth)的激情抓住了假象(untruth),值得我们认真地反思。

---

① 参见陈瑞华、陈虎:《站在学术的前沿与世界对话——陈瑞华教授访谈录》,载张士宝主编:《法学家茶座》(第22辑),山东人民出版社2008年版,第72—81页。

② 其实,这一心态在各个学术领域都普遍存在,在历史学研究中,历史真实也经常成为理论的牺牲品。参见〔美〕黄宗智:《经验与理论:中国社会、经济与法律的实践历史研究》,中国人民大学出版社2007年版,第68页。黄宗智教授还强调:"学术探讨应从史实到理论,而不是从理论出发,再把历史削足适履。"笔者想起了赵本山小品中的一句经典台词:"你多大鞋,我就多大脚。"

其实，中国社会中充满了这种与理论预期不尽一致的"悖反现象"，因而蕴涵着作出巨大理论贡献的机会，如何面对和处理理论预期和经验事实之间的"悖反现象"，将是决定我们的学术研究是否能够走向客观化和科学化的重要标尺，是研究境界高下的重要判准，更是学术结论是否可靠的重要依据。如果不能正确对待与既有理论不尽一致的经验事实，我们就注定只能生产重复性的知识，而永远无法在学术传统中贡献属于自己的知识增量。这里所谓的"悖反现象"是指：被现有的规范信念认定有此无彼的对立现象在事实上的同时出现。① "悖反现象"必须满足两个条件：第一，这种对立现象必须是一种真实性的存在；第二，这种对立现象还必须是一种常态性的存在，能够反映出某种规律，是一种大数概率，否则不可能具有作出理论贡献的契机。因此，如果一种对立现象仅仅是作为一个例外现象出现，则不能称之为这里的"悖反现象"。

在这一方面，黄宗智教授的研究方法对笔者的启发相当大。黄宗智教授认为，理论问题既可以是不同流派理论的交锋点，也可以是理论与实际的脱节点，也就是说，话语表达和实践逻辑之间的悖反之处，往往蕴涵作出创新性理论贡献的机会。笔者日益感受到，真正具有学术意义的问题应当是在表达与实践的悖反之中，应当是在话语功能与实践功能的反差之中。黄宗智教授正是自觉从"悖反现象"入手研究中国社会的经济、法律和文化现象，才总结出了许多富有启发性的概念和分析框架，作出了真正本土化的理论贡献。比如，他发现商品经济的高度发展和生存经济的长时期延续之间的"悖反现象"，于是提出了"内卷型商品化"这一理论概念；他发现总产量的增长和劳动生产率的停滞之间的"悖反现象"，又提出了"没有发展的增长"这一理

---

① 参见〔美〕黄宗智：《经验与理论：中国社会、经济与法律的实践历史研究》，中国人民大学出版社2007年版，第64页。

论命题。

可以说,将研究的目光聚焦于理论与现实的悖反之处,只是进行学术研究的第一个关键步骤,紧接着的理论任务就是在理论与现实的互动关系中分析这一"悖反现象",而不是非此即彼地站在理论或现实的任何一方去批判对方。黄宗智教授曾经不无遗憾地指出,既有的学术研究路数要么是站在价值理性的高度张扬理论的合理性,要么是纯然站在实践理性的角度论证实践的合理性,从而落入了一种简单的二元式思维之中,非此即彼地把中国的法律等同于表达或实践的任何单一方面,但是,如果我们能够超越这种二元思维模式,站在表达与实践的互动关系中去进行研究,就会发现:"中国法律传统中的表达和实践(行动)虽然背离,但在法律整体的实践(实际运作)中其实密不可分……清代的法律其实应该这样理解:它说的是一回事,做的是一回事,但是,两者合起来,则又是另一回事……而其法律整体所包含的'实用道德主义'思维方式正体现了表达和实践结合起来的逻辑,不同于其中任何单一方面的逻辑。"[①]黄宗智教授的这一观点和西方许多学者的思想多有暗合。著名社会学家布迪厄也曾提出过"实践的逻辑"的概念:"要求到人们的'实践'过程中,亦即实际运作中,而不是制度结构中,去挖掘一个社会的逻辑真髓,并借此超越西方长期以来主观和客观二元对立的问题。"[②]

这些见解都是相当深刻而富有启发意义的。但是,黄宗智教授并没有止步于此,而是进一步提出了从"悖反现象"入手研究问题的更高境界:即提出能够连接经验与理论的"中间概念"。只有提出能够紧密联系经验和理论的分析概念,才能够既解释实践的逻辑,又推进理论

[①] 〔美〕黄宗智:《经验与理论:中国社会、经济与法律的实践历史研究》,中国人民大学出版社2007年版,第543页。

[②] 〔美〕黄宗智:《经验与理论:中国社会、经济与法律的实践历史研究》,中国人民大学出版社2007年版,第542页。

的研究。"一旦连接理论,便有可能超越经验的简单描述性、回顾性和纯特殊性;同时,一旦连接经验,便会承认理论的历史性,避免其超时空的绝对化或意识形态化。我们可以这样来总结,经验是一回事,理论是一回事,但是连接起来,则又是另一回事。"①

综上,最高境界的社会科学研究应当注意以下三个方面:第一,以既有理论和经验事实之间出现的"悖反现象"作为研究的对象和切入点;第二,用表达与实践、理论与实践的互动关系来对"悖反现象"加以研究,而不是片面强调价值理性(理论合理性)或工具理性(实践合理性);第三,提出能够紧密联系经验和理论的分析概念和理论模型,推动理论的创新与进步。

目前国内学界就证明标准问题取得的学术成果,普遍带有强烈的强调演绎逻辑的理论倾向,而忽视实践中广泛存在的经验事实,这种过于形式化的理论偏好不但容易对经验世界中蕴涵的理论矿藏视而不见,更容易生产出一种完全无视现实操作的"先验式的理论知识",成为学界自娱自乐的工具。② 其实,不论是西方的"排除合理怀疑"还是中国的"案件事实清楚,证据确实、充分",都只是各自话语系统中不同的表达而已,并不能代表本国丰富的司法实践,因此,单纯在两种话语之间进行正当性和可欲性的比较,是毫无意义的。我们应该在西方的表达与西方的实践、中国的表达与中国的实践之间甚至是在西方的表达与中国的实践之间,进行比较、分析、权衡与扬弃,以寻找

---

① 〔美〕黄宗智:《经验与理论:中国社会、经济与法律的实践历史研究》,中国人民大学出版社2007年版,第544页。

② 这种研究倾向受到了西方后现代主义的强烈影响,这从学者对许多后现代主义著作的引述中就可以窥见一斑。后现代主义认为,一切认识最终只可能是一种主观话语或表象,因此,诸如吉尔茨和萨义德等影响较大的学者都特别强调表达/话语,认为所谓事实最终只不过是某种主观建构或话语。这种后现代主义的认识论最终走到了怀疑一切经验证据的极端。正是在后现代主义和新保守主义两大潮流的影响下,美国学术界形成了普遍蔑视经验证据的学术氛围。参见〔美〕黄宗智:《经验与理论:中国社会、经济与法律的实践历史研究》,中国人民大学出版社2007年版,第533、534页。

可资分析的"悖反现象"。但可惜的是,从1900年比较法学正式成为一门新兴学科之后,一百余年来的发展却并没有在这一领域形成丰硕的学术成果,现有的比较法学仍然是在西方话语与中国话语、西方话语与中国实践之间的粗浅比较,我们无法洞悉更为丰富的实践样态,更加无法洞察实践和话语的互动是如何将彼此正当化的。长期以来,我们对于证明标准的探讨之所以没有取得实质性的进步,其中一个非常关键的原因就是将西方的证明标准和我国的证明标准视为两种全然不同的体系和模式,而忽略了两种模式之间交融和互动的可能。因而我们没有意识到,现有证明标准本身的不足并不是简简单单地通过对另一种证明标准的移植或替代就能消除的。

正是出于对上述研究现状的不满和反思,笔者才选择了死刑案件证明标准这一论题,自觉地"从悖反现象出发进行学术研究",并努力实现连接经验与理论的学术追求。当然,笔者深知,"掌握时髦理论要比做踏实的经验研究容易得多"①。面对实践,也许我们该放下知识人"致命的自负",学会谦卑地面对一切,包括一切非理论的存在。因而,笔者并没有将自己的分析对象限于法条和理论等正式的话语表达上,而是将目光往返于理论和实践之间,试图从这两者之间的断裂和悖反中寻找具有理论含量的问题进行经验分析和理论提升。既避免沉浸于纯粹的经验世界就事论事,也注意避免陷于演绎逻辑的概念游戏之中无法自拔,而是尽力运用归纳方法对经验事实进行理论提升,创造出既可以概括经验事实,又能够与演绎逻辑进行对话的创新概念,从而连接经验与理论,在证明标准既有的学术传统和文献中作出具有知识增量的独特贡献。

---

① 〔美〕黄宗智:《经验与理论:中国社会、经济与法律的实践历史研究》,中国人民大学出版社2007年版,第534页。

2 证明标准的一般理论

2.1 刑事证明标准:概念的厘清

2.1.1 刑事证明标准的内涵

2.1.1.1 当事人行为规范说

众所周知,证明责任包括行为意义上的证明责任和结果意义上的证明责任,承担举证责任的一方如果举不出证据证明自己的主张或者证明不能达到法定标准,就要承担主张不能成立的法律后果,因此,证明责任和证明标准具有十分密切的关系①,有学者便以证明责任承担者为主体对证明标准进行概括,认为证明标准"指的是负担证明责任的人提供证据对案件事实加以证明所要达到的程度,它像一张晴雨表,昭示着当事人的证明责任能否解除"②。也有学者指出:"我国刑事诉讼中的证明标准,系指对于刑事案件等待证事实的证明所需达到的尺度,亦即承担证明责任的诉讼主体,提出证据证明其所主张的事项,应当达到何种程度方能确认其真伪,从而卸除其证明责任的具体规格。"③

---

① "证明责任是从诉讼主体角度观察的证明标准,实质上是证明标准的主体化;证明标准是从诉讼客体角度观察的证明责任,实质上是证明责任的客体化,二者互相配合,形影相随。"汤维建、陈开欣:《试论英美证据法上的刑事证明标准》,载《政法论坛(中国政法大学学报)》1993年第4期。
② 江伟主编:《证据法学》,法律出版社1999年版,第108页。
③ 徐静村:《我的"证明标准"观》,载陈光中、江伟主编:《诉讼法论丛》(第7卷),法律出版社2002年版,第12页。类似的定义还可见李学宽、汪海燕、张小玲:《论刑事证明标准及其层次性》,载《中国法学》2001年第5期。

应该说,这种定义揭示了证明责任与证明标准的内在关联,也有利于当事人更为准确地预测证明责任履行程度和效果,但是,这种定义的缺陷也是十分明显的,证明标准设置的意义绝不仅仅是为了当事人预测自身法律行为的效果,毕竟在一个以裁判为指向的诉讼活动中,这种预测并不具有终局性的效力,如果不能从裁判者形成心证这一角度理解证明标准的话,就无形中忽略了证明标准的制度意义,因而这是一种有缺陷的定义方式。

2.1.1.2 法官裁判规范说

这种定义强调证明活动对促成裁判者形成心证方面的作用,在这种观念之下,证明标准和证明责任都被作为在事实真伪不明时指导法官的裁判规范,因而,以裁判者为主体对证明标准所下的定义就必然更为关注证明与心证形成之间的关系。如有学者认为:"证明标准是指,用于衡量或评判法官就案件的待证事实在心证上是否获得必要确信的尺度或程度。"①《加利福尼亚州证据法典》第190条规定:"证明是通过证据在事实裁判者或法庭心中建立对某一事实的必需信念的过程。"②

这种定义方式克服了行为规范说的缺陷,却又走到了另一个极端,在强调证明标准在促成法官心证形成方面所起作用的同时,却又忽略或淡化了它对当事人证明活动的指引作用,当事人一旦没有证明标准的指引,就无法准确地预测证明责任履行的程度和效果,法官的心证最终也必然会成为无源之水。

2.1.1.3 法官行为规范说

值得注意的是,学界还有一种并非主流的观点,认为法官为查明

---

① 毕玉谦:《中国证据立法的基本框架》(下),载《人民法院报》2003年5月26日。
② 何家弘主编:《外国证据法》,法律出版社2003年版,第196页。

和认定事实而从事的证据调查等活动也是一种证明活动(自向证明),因而法官在说服自己的过程中也需要遵循证明标准的要求,我们可以权且将这种观点称为"裁判者行为规范说"。

何家弘教授首次在证据法学界提出了自向证明和他向证明两种证明形式。自向证明就是向自己证明,是证明者先提出一个假设的结论,然后寻找证据,按照一定规则运用证据去证明该结论是否正确或成立的证明活动。他向证明则是向他人证明,是证明者在证明时已经知道或认为自己已经知道了证明的结论,但他人还不知道或不相信,而必须用证据向他人证明的活动。何家弘教授根据这种界定,进一步认为负责侦查活动的侦查员、负责审查起诉的检察官和负责审判活动的裁判者都是自向证明的主体,而负责移送审查起诉的侦查员、负责提起公诉和出庭支持公诉的检察官则转化为他向证明的主体。① 笔者认为,自向证明和他向证明的区分对于明确证明形式、确定证明标准的作用疆域具有重要的学术意义,但是论者将法官作为自向证明主体看待的观点却是笔者不敢苟同的。首先,与其他自向证明主体不同,法官在裁判时不能提出一个假设性的前提等待论证,他必须保持完全的中立,现代诉讼制度也在各个方面确保法官在心智的白板状态下进行法庭审判。法官是自向证明主体的观点充其量也只能在纠问式的诉讼构造之下才能成立,而无法适用于抗辩式的诉讼构造。其次,何家弘教授认为,法官与他向证明主体不同的地方在于,法官虽有证明职权,却不承担证明责任。这一理由同样也是站不住脚的。众所周知,证明是指"借助可靠的材料,通过论证来说服'他人'相信特定事物或主张的真实性"②。证明是外显的活动而不是一种内省式的顿

---

① 参见何家弘:《论司法证明的目的和标准——兼论司法证明的基本概念和范畴》,载《法学研究》2001 年第 6 期。
② 王学棉:《证明标准研究——以民事诉讼为中心》,人民法院出版社 2007 年版,第 2 页。

悟,因此,任何证明都必然包括两方主体:证明者和被说服者。同一主体兼为证明者和被说服者的活动不能称为证明。① 因此,笔者认为,证明标准必然是一种指导当事人如何履行证明责任、对裁判者进行说服以及指导裁判者如何根据当事人的证明进行裁判的规范,而不包括裁判者自身为了澄清认识和认定证据而自行采取的所谓"证明活动",因此,证明标准不是裁判者的行为规范,相反,证明标准的本质是当事人的行为规范与裁判者的裁判规范两者的总和(自诉案件除外)。

2.1.1.4 笔者观点:双重规范说

由上述分析可见,证明标准的定义必须从当事人行为规范和法官裁判规范两个角度加以把握,才能准确揭示其内涵,并充分发挥该证明标准设置的制度功能,此即"双重规范说"。英国证据法学家摩菲对证明标准所下的定义就是双重规范说的代表:"证明标准是指证明责任被卸除所要达到的范围和程度,它实际上是证据在事实裁判者的大脑中所产生的确定性或可能性程度的衡量标尺;也是负有证明责任的当事人最终获得胜诉或所证明的争议事实获得有利的事实裁判结果之前,必须通过证据使事实裁判者形成信赖的标准。"②我国学者王学棉也主张从行为规范和裁判规范两个方面对证明标准进行定义:"所谓证明标准是指当事人为说服裁判者相信其主张,对其主张形成心证而必须达到的最低证明程度。"③从证明标准的双重规范属性出发,我们可以提出一组分析框架:即当事人视角和裁判者视角。如果从当事人行为规范的角度出发,我们可以将证明标准理解为证明责任承担方

---

① 实际上,用查明来代替自向证明是较为合适的,何家弘教授也承认这一点,他认为,"查明的目的是让自己明白,以便作出某种决定或裁断""查明在一定意义上可以等同于自向证明,因此,说查明就是自向证明,或者说查明是自向证明的目的,是正确的""法官在必要的情况下也可以自己去收集证据,但这是为了查明案件事实,为了让自己明白,不是为了让他人明白"。参见何家弘:《论司法证明的目的和标准——兼论司法证明的基本概念和范畴》,载《法学研究》2001年第6期。
② Peter Murphy, Murphy on Evidence, Blackstone Press Limited, 6th ed., 1997, p. 109.
③ 王学棉:《证明标准研究——以民事诉讼为中心》,人民法院出版社2007年版,第41页。

的证明负担;而从法官裁判规范的角度出发,我们则可以将证明标准理解为裁判者分配错判风险的制度设置。

2.1.2 刑事证明标准的范围

2.1.2.1 刑事证明标准仅指审判阶段的证明标准

根据证明标准适用的诉讼阶段,我们可以将证明标准分为"诉讼阶段论的证明标准观"和"审判中心论的证明标准观"两种。前者以诉讼阶段论为理论基础,认为证明标准应当适用于从立案到审判的全过程,只要有运用证据证明案件事实的活动,就应该存在证明标准[①];而后者则以审判中心论为理论基础,认为证明标准只存在于审判阶段,之前的诉讼活动严格来说都只是为审判证明所作的准备,不能称为真正意义上的证明。其实,这二者建立在对"证明"一词不同的界定之上,本无实质性的区别,如果认为审前阶段存在证明活动,当然就应该有一定的证明标准,反之,如果否认审前阶段存在证明活动,就不承认证明标准的存在。根据笔者对证明标准的适用主体所作的讨论,既然证明标准是在证明责任承担者和裁判者之间进行的一种说服和被说服的活动,是以形成法官裁判的实体心证为目的和指向的,就理应将证明活动局限于审判阶段,之前的诉讼阶段虽然也有根据证据进行判断的活动,但都与案件事实裁判者的实体心证无关,而更多的是对程序事实的判断活动,因而称为符合或达到立案条件、逮捕条件、移送起诉条件、提起公诉条件可能更为合适。因此,笔者赞成"审判中心论

[①] 参见李学宽、汪海燕、张小玲:《论刑事证明标准及其层次性》,载《中国法学》2001 年第 5 期。还有学者则以"证明目的的一元化和证明标准的多元化"为依据,提出了同样的主张。"证明目的是贯穿在整个诉讼过程中的,是证明主体始终要追求的目标;证明标准则主要是司法人员在作出批捕、起诉、判决等决定时考虑的问题……在整个诉讼过程中,证明的目的应该是贯穿始终的,是不发生变化的,但是在不同的诉讼阶段,证明的标准则可以有所区别。"何家弘:《论司法证明的目的和标准——兼论司法证明的基本概念和范畴》,载《法学研究》2001 年第 6 期。

的证明标准观",之后也将针对审判阶段的证明标准展开讨论,而不涉及审前阶段的所谓"证明标准"。①

2.1.2.2 刑事证明标准包括定罪证明标准和量刑证明标准

在定罪与量刑程序混合的庭审模式中,裁判者对被告人的定罪和量刑问题一并加以表决,在证明规则、证据规则以及证明标准等问题上都没有进行实质性的区分。而在定罪与量刑程序分离的庭审模式中,定罪阶段适用比量刑阶段更为严格的证明要求,比如定罪阶段实行严格证明,排除不具有证据资格的证据;量刑阶段则实行自由证明,可以采纳本来不具有证据资格的证据。在证明标准问题上,这种分离模式也要求对定罪与量刑这两个不同的证明对象科以不同的证明标准,比如法国混合式法庭中,如果要认定被告人有罪,应以不少于8票的多数通过;而关于刑罚的决定则以投票人简单多数票通过。② 我国学者也在定罪与量刑尚未分离的前提下提出了对于死刑案件证明标准分而治之的设想,主张对死刑案件的定罪实行与普通刑事案件一样的证明标准,而在量刑问题上则实行更为严格的排除一切怀疑的证明标准,以在证明环节上体现对死刑适用的慎重。③ 可见,证明标准按照其适用的对象分为定罪证明标准和量刑证明标准。

2.1.2.3 刑事证明标准应仅指有罪证明标准,而不包括无罪证明标准

在历史上,刑事案件的裁判曾经分为有罪判决、无罪判决和证据

---

① 在陈卫东教授的《模范刑事诉讼法典》中,我们也看到了类似的条文表述:"第428条:不能证明被告人有罪,或者对被告人有罪的证明不能达到法定的证明标准,或者被告人的行为不构成犯罪的,应当作出无罪判决。"陈卫东主编:《模范刑事诉讼法典》,中国人民大学出版社2005年版,第520页。
② 参见熊秋红:《司法公正与公民的参与》,载《法学研究》1999年第4期。
③ 参见陈卫东、李训虎:《分而治之:一种完善死刑案件证明标准的思路》,载《人民检察》2007年第8期。

不足的罪轻判决,因此,当时的无罪判决仅指被告人的行为不构成犯罪的情况,而指控证据未能达到证明标准则不能作出无罪判决,因此,有罪判决、无罪判决和证据不足的罪轻判决就分别有各自的证明标准。我国 1996 年修改的《刑事诉讼法》明确规定了证据不足的无罪判决,至此,在立法层次上,正式明确否定了证据不足的罪轻判决的合法性。从此,至少在理论上,刑事案件的裁判只有有罪和无罪两种形式,无罪判决就不可能有独立的证明标准,达不到有罪判决的标准就必然应当无罪释放,而不存在第三种可能。何家弘教授认为:"刑事案件中有罪判决和无罪判决的证明标准可以不同。"[①]这一观点是错误的。我国台湾地区"刑事诉讼法"第 301 条第 1 款规定:"不能证明被告犯罪或其行为不罚者应谕知无罪之判决。"《日本刑事诉讼法典》第 336 条也规定:"被告案件不构成犯罪时,或者被告案件没有犯罪的证明时,应当以判决宣告无罪。"

2.2 当事人视角:作为证明负担的证明标准

作为证明环节的重要组成部分,证明标准与证明责任存在十分紧密的内在联系。正如有学者所言:"证明责任是从诉讼主体角度观察的证明标准,实质上是证明标准的主体化;证明标准是从诉讼客体角度观察的证明责任,实质上是证明责任的客体化,二者互相配合,形影相随。"[②]正是出于这种认识,很多学者干脆从证明责任的角度来对证明标准进行定义。"证明标准指的是负担证明责任的人提供证据对案

---

① 参见何家弘:《论司法证明的目的和标准——兼论司法证明的基本概念和范畴》,载《法学研究》2001 年第 6 期。
② 汤维建、陈开欣:《试论英美证据法上的刑事证明标准》,载《政法论坛(中国政法大学学报)》1993 年第 4 期。

件事实加以证明所要达到的程度,它像一张晴雨表,昭示着当事人的证明责任能否解除。"①再如,"我国刑事诉讼中的证明标准,系指对于刑事案件等待证事实的证明所需达到的尺度,亦即承担证明责任的诉讼主体,提出证据证明其所主张的事项,应当达到何种程度方能确认其真伪,从而卸除其证明责任的具体规格"②。国外学者也有类似观点。比如,英国证据法学家摩菲就从证明责任的角度对证明标准进行定义:"证明标准是指证明责任被卸除所要达到的范围和程度,它实际上是证据在事实裁判者的大脑中所产生的确定性或可能性程度的衡量标尺;也是负有证明责任的当事人最终获得胜诉或所证明的争议事实获得有利的事实裁判结果之前,必须通过证据使事实裁判者形成信赖的标准。"③

不难看出,这种从证明责任出发对证明标准进行定义的方式,从侧面揭示出当事人的证明负担问题。即对于承担证明责任的一方当事人,在具体诉讼中只有举证达到证明标准的要求,才能卸除证明责任并避免败诉结果的出现。在裁判者作出事实问题的裁判之前,正是证明标准指导着负有证明责任的一方当事人履行自己的证明义务,进行自己的证明活动。证明标准的设置可以为证明责任承担方准确预测自己举证行为的法律后果提供指南,以防止其举证不足和过度举证的问题出现。

2.2.1 客观证明模式与控方证明负担

我国三大诉讼法规定的证明标准都是"案件事实清楚,证据确实、充分",并没有针对案件性质设置层次性的证明标准体系,因此,在我

---

① 江伟主编:《证据法学》,法律出版社 1999 年版,第 108 页。
② 徐静村:《我的"证明标准"观》,载陈光中、江伟主编:《诉讼法论丛》(第 7 卷),法律出版社 2002 年版,第 12 页。
③ Peter Murphy, Murphy on Evidence, Blackstone Press Limited, 6th ed. , 1997, p. 109.

国,死刑案件并没有独立的证明要求。那么,这一标准是否足以保障死刑判决的准确性呢？根据我国经典证据法教科书的解释:"案件事实清楚,证据确实、充分"有以下一些具体要求:(1)据以定案的证据均已查证属实;(2)案件事实均有必要的证据予以证明;(3)证据之间、证据与案件事实之间的矛盾得到合理排除;(4)得出的结论是唯一的,排除了其他可能性。①

从以上经典解释来看,我国法定证明标准允许运用间接证据通过"推论"证明案情,但是不承认法官根据个人经验和情理等主观心理"推断"案件事实。两者的主要区别在于:前者在间接证据和案件事实之间仍然需要加以论证,因而强调客观性,而后者则是从间接证据本身直接得出案件事实,没有论证过程,因而具有一定的主观性。据此,可以将我国的证明标准概括为"客观证明模式",以与承认法官个人经验和情理断案的"情理推断证明模式"相区别。这种客观证明模式给控方科加了更为沉重的证明负担,具体表现为:

第一,客观证明排斥情理推断证明模式而强调运用客观证据认定案件事实的存在,因而对证据的充分性要求较高。客观证明与情理推断不同,排斥推定等替代证明方法的存在,所谓推定替代证明方法,是指仅仅根据基础性事实就可以直接推定某事实的存在,这使得推定机制必然要以一定的非证据事实作为推论的基础,因此降低了证明要求,具有一定的虚假可能性,而强调客观证明的证明标准则要求对犯罪事实的认定必须达到绝对确定的程度,这样,该标准自然排斥具有一定推测性和假定性的推定机制。事实上,强调绝对确定的"客观证明标准",不但排斥法定推定的适用,只要是带有虚假可能性的一切非客观证明机制(如常理推断)都在排斥之列。对此,我们可以举学界经

---

① 参见陈一云主编:《证据学》,中国人民大学出版社1991年版,第119、120页。

常引用的一则案例(以下简称"自行车驮尸案")加以说明。某城市巡警在午夜拦查了一骑自行车的男子,并在其自行车后架上的麻袋里发现了一具裸体女尸。该男子解释说,他是在一个垃圾堆上见到这个麻袋的,本以为里面有什么值钱的东西,想驮回家看看,而关于女尸,他一无所知。警察将其带回公安局,经讯问,该男子供认自己强奸杀人。但被告人在法庭上翻供,声称以前的供述是受到刑讯逼供后说的假话。法官经调查认定被告人确实受到了刑讯逼供。本案中,公诉方除了有被告人口供笔录和能够证明被告人曾在深更半夜骑车驮着一具女尸,没有其他任何能够证明被告人强奸杀人的证据。① 因此,按照我国证明标准排他性的要求,既然不能完全排除被告人辩解成立的可能性,就不能对被告人定罪。本案明显缺乏足够的证据证明被告人确实实施了杀人行为,因而应当将其无罪释放。但是,在实行情理推断证明模式的英美等国,该案却会得到完全不同的判决结果。当这一虚拟的案件被中国学者在一次中美证据法座谈会上提出来时,美国上诉法院的纽曼法官竟然表示的确应当定罪。理由是:被告人的辩解明显不符合情理,一般人不可能在扛起一个装有尸体的麻袋时丝毫没有感觉到异样,也更加不可能在半夜驮运尸体,因此这一辩解没有任何理性根据,根本不构成合理的怀疑,按照英美法系"排除合理怀疑"的证明标准,是可以给被告人定罪的。显然,同样一起案件,在客观证明的证明标准之下,控方需要提供更多的客观证据而不是情理推断才能对被告人定罪,其证明负担明显更高。

第二,客观证明强调证据之间的相互印证,蕴涵了对证据最低数量的要求。如补强证据规则就是客观证明模式下的典型证据规则。所谓补强证据规则,"是指为了防止错误认定案件事实或发生其他危

---

① 参见陈光中:《严打与司法公正的几个问题》,载《中国刑事法杂志》2002年第2期。

险性,法律规定在运用某些证明力显然薄弱的证据认定案件事实时,必须有其他证据补充说明其证明力的一项证据制度"①。在实行自由心证的大陆法系国家,某项证据可否采信,可否单凭一个证据认定案件事实,法律均不作具体规定,而是由法官自由判断,所以法律上往往没有规定补强证据规则。②而在客观证明模式下,为了实现证明的客观性,避免情理推断等非证据因素的介入,法律特别规定定罪所需的最低数量规则——补强证据规则。究其本质,该规则正是"以证据最低数量来保证证据相互印证的可能性,以证据相互印证来保证证据的可信性"③。正如陈朴生教授所说:"补强规则(即补强证据规则。——笔者注),为数量规则之一。数量规则,乃某种证据,存有弱点,须与其他证据合并提出之规则,如主要之待证事实,须有二人以上之证人或某种供述证据,须依其他证据补强之,借以担保其真实性之价值。"④我国《刑事诉讼法》即有类似规定,第55条第1款规定,"只有被告人供述,没有其他证据的,不能认定被告人有罪和处以刑罚"。这实际上就是不能仅凭一项证据定案的证据最低数量规则。根据这一规则要求,控方必须提供更多的证据对待证事实进行补强,才可能达到证明标准的要求。再比如,孤证不能定案规则也对证据数量有一定的要求。孤证又分为绝对的孤证和相对的孤证。前者如全案只有一份证据(如被告人口供),后者如指控的主要事实只有一份证据(如犯罪经过、犯罪手段等),在这些情况下,由于孤证不能自行印证,因而不能定案,但是,英美法系的"排除合理怀疑"证明标准就有所不同,由于其证明模式更为强调全面的自由心证,不论是个别证据证明力的判断,还是全案事实的认定,都允许法官自由裁量,因此对证据

---

① 李建明:《刑事证据相互印证的合理性与合理限度》,载《法学研究》2005年第6期。
② 参见李建明:《刑事证据相互印证的合理性与合理限度》,载《法学研究》2005年第6期。
③ 李建明:《刑事证据相互印证的合理性与合理限度》,载《法学研究》2005年第6期。
④ 李建明:《刑事证据相互印证的合理性与合理限度》,载《法学研究》2005年第6期。

的数量均无明确的要求,有时在"一对一"的案件中甚至都可以加入情理的推断得出事实结论,因而有时孤证也可定案。龙宗智教授曾经举过这样一个例子:纽约警察局的一名资深凶杀案办案警官指出,如果一个人被杀害,且只有一名目击证人作证,而犯罪嫌疑人承认作案时间到过现场,即使他不承认杀人,陪审团或法官也可能相信目击证人的证词而判其有罪。① 从以上分析可以看出,由于西方实行彻底的自由心证,因此法官个人的生活经验就可能影响案件事实的认定,从而使得其证明模式呈现出"情理推断证明模式"的特征,而强调主观心理状态的"排除合理怀疑"恰与这种证明模式相吻合。从上述分析我们可以看出,至少在理论上,我国强调印证的证明传统是确保"案件事实清楚,证据确实、充分"能够得到贯彻的重要基础,也是我国控方的证明负担高于英美等国的主要原因。

第三,客观证明强调证据之间的相互印证,蕴涵了对证据质量的要求。即使一个案件存在多份证据,这些证据之间是否可以形成相互印证的关系,也要具体情况具体分析。严格的印证证明对证据质量有十分严格的要求,比如,一名被告人就同一事实前后作过多份供述,一个证人就同一事实前后作过多份证言,这些同一信息源在不同诉讼阶段所做的内容大体一致的证据材料是不能形成相互印证关系的。再比如,在一起受贿案件中,行贿人向多名证人转述了被告人受贿的全部经过,办案机关向这些证人分别搜集了多份证言,均能证明行贿受贿的全过程,而且内容基本一致,笔者认为,由于这些传来证据来源于同一信息源,其本质上仍属于同一证据,其证据内容也不能形成相互印证的关系。再比如,如果一个证据是根据另一个证据的内容而取得的,则这两项证据之间往往也不能相互印证。最典型的例子如:如

---

① 参见龙宗智:《印证与自由心证——我国刑事诉讼证明模式》,载《法学研究》2004年第2期。

果根据一项本来就不确实的证据所提供的信息,采用违法的手段去收集相应的但又是不确实的证据,那么这种证据之间就不适用证据相互印证规则,即不能因证据表面上的相互印证而采信这两项证据。例如,侦查人员用刑讯逼供的方法迫使犯罪嫌疑人作虚假供述,供认自己杀人,并供认了所谓凶器、所谓同案犯,然后根据这一虚假供述,侦查人员可能找到"共犯",再以违法方法得到"共犯"口供和"凶器"。这些口供之间、口供与物证之间形式上也能相互印证,但这种相互印证毫无意义,因而不能根据证据相互印证规则采信这些证据。这也意味着证据相互印证规则不适用于非法取得之证据。① 可见,由于印证证明要求的存在,控方不仅要搜集到足够数量的证据,而且还要保证这些证据的质量,才能在此基础上形成证据锁链,达到证明标准的要求,卸除自身的证明责任。

2.2.2　控方证明负担的具体表现:以三个案例为中心的分析

具体而言,作为证明负担的证明标准在司法实践中主要有以下两种表现形式:第一,证据收集层面的证明负担;第二,诉讼证明层面的证明负担。其中,诉讼证明的负担又可分为单个证据收集的证明负担、犯罪构成要件的证明负担和全案证据相互印证的证明负担。以下分述之。②

2.2.2.1　单个证据收集的证明负担

【案例1　李某故意杀人案】某日,李某主动向其岳母交代(自说

---

① 参见李建明:《刑事证据相互印证的合理性与合理限度》,载《法学研究》2005年第6期。
② 有论者将无法收集相关证据称为狭义的证明困难,将能够取得相关证据但却无法完成证明任务称为广义的证明困难。参见褚福民:《证明困难的解决模式——以毒品犯罪明知为例的分析》,载《当代法学》2010年第2期。有关证明困难的代表性论述和案例可参见崔敏等:《论查处毒品犯罪中的几个问题》,载《中国法学》2004年第3期;《宋国华贩卖毒品案》,载中华人民共和国最高人民法院刑事审判第一庭、第二庭编:《刑事审判参考》2005年第5辑(总第46辑),法律出版社2006年版,第45—50页。

因信奉基督教后感觉良心需要忏悔),称多年前失踪的妻子路某被其杀害后埋在自家苹果园里。于是其岳母报案。经调查、讯问、指认现场与勘查后查明:1996年8月20日晚,李某在家中因安装电话与妻子路某发生争吵,加之夫妻关系长期不和,便产生了杀人念头。次日凌晨1时许,李某趁路某熟睡之机,先用钢管击路某头部,路某被击打醒来后向李某求饶,李某又用钢管朝路某头部连击数下;恐路某不死,又从屋内找来一根两端带有插头的电线,通电后朝路某的胸部连击两次,致路某死亡。后李某用自己家中的铁锨、镢头在其苹果园里挖了3个土坑将路某的尸体及电线、被面、被罩、衣裤等掩埋。对于本案定罪证据是否确实充分,认识分歧很大。有人认为本案由李某自首案发,且其对杀人动机和作案过程始终供认不讳,并对埋尸地点进行了指认,先供后证。其供述的作案时间、作案工具、掩埋尸体的地点、各坑内埋藏的东西等均与现场勘查情况、提取的物证和有关技术鉴定结论一致,且排除了李某替人顶罪的可能,所以本案能够认定。但也有人认为不能定案:(1)死者身份不确定。由于死亡时间过长,虽经公安部物证鉴定中心及司法部司法鉴定中心分别鉴定(两次DNA鉴定、一次颅像重合鉴定、一次人类学鉴定),均未能列出尸骨的DNA图谱,无法通过DNA技术认定尸骨身份。(2)死亡原因不能确定。李某供述杀害路某时先用钢管击打头部(但颅骨没有损伤),后又用电击路某的胸部致路某死亡,因案件发生已有9年,尸体皮肤、肌肉、内脏等均已腐化,尸体已白骨化,故不能对路某进行损伤鉴定,无法印证李某的供述。①

显然,在故意杀人等侵犯人身权利的暴力犯罪中,被害人尸体身

---

① 参见贺恒扬、吴志良:《对73起重大疑难命案的实证分析——从刑事证据的收集、固定、审查判断和运用的角度》,载《西南政法大学学报》2008年第1期。

份的鉴定往往成为案件突破的瓶颈所在。湖北省佘祥林案件、河南省赵作海案件均是因为尸体身份鉴定错误而最终酿成了冤案,因此,在司法实践中,为了严格把握命案的证明标准,要求确定被害人身份往往成为办案人员心照不宣的一项证明要求。2007年11月,江西省高级人民法院、江西省人民检察院、江西省公安厅颁布的《关于规范故意杀人死刑案件证据工作的意见(试行)》第11条将这一司法实践中的隐性要求进行了明文规定,"确认被害人身份的证据,包括被害人身份证件及户籍证明,被害人亲属、犯罪嫌疑人证明被害人身份的证言和供述,被害人亲属对被害人尸体及衣物等的辨认笔录;现场勘验笔录、尸体检验报告。被害人尸体高度腐败或死后被肢解、毁容导致无法辨认的,侦查机关应当进行法医学DNA鉴定,以确认死者的身份。被害人身份无法确认的,侦查机关应当作出书面说明"。应该说,由于案发时间久远,或者检材受损、DNA鉴定条件不具备等原因,导致被害人身份无法确认,该证据无法提取固定,最终导致证据锁链存在重大缺失和疑点的情况并不少见。据权威数据显示:我国刑事案件现场勘查率仅为30%,现场痕迹物证提取率为70%,其中现场指纹提取率不足10%。[①] 这就在无形中增加了控方在此类案件中的证明负担。

  这种单个证据收集的证明负担不仅仅表现在故意杀人这类命案中,应该说,在各类死刑案件中,证据收集困难都是一个普遍的现象。比如,最高人民法院、最高人民检察院、公安部、国家安全部、司法部《关于办理死刑案件审查判断证据若干问题的规定》中明确要求,经勘验、检查、搜查提取、扣押的物证、书证,应当附有勘验、检查笔录,搜查笔录,提取笔录,扣押清单,不能证明物证、书证来源的,一律不得作为定案的根据。但在司法实践中,由于种种客观或主观原因,物证、书证

---

① 参见毛立新:《双重背景下侦查改革的困境与出路——兼论我国侦查程序改革》,载崔敏主编:《刑事诉讼与证据运用》(第1卷),中国人民公安大学出版社2005年版,第410页。

的搜集往往难以达到法律的明确要求。统计结果表明：目前我国的刑事技术人员、辅助人员总数分别为 4.6 万人、1.5 万人，警力仍然不足。据专家估计：按照平均一组勘查人员每年勘查现场不超过 100 起计算，根据我国发案数量，至少还需要培养几万名刑事技术人员。在技术装备方面：我国平均每个县拥有现场勘查车 1.3 辆，专用车就更少。有的县虽然有现场勘查车，但车上没有任何器材和装备，实际上就是一辆交通工具。在制度方面：我国既未建立有效的快速反应机制，又未建立起科学的现场保护制度。不仅如此，现场勘查也远未形成一套科学的证据发现、固定、提取、包装以及保管机制，这就使得在重大案件中即使能够有效地提供人员与技术设备，也常常因为现场保护不善或者现场勘查过程不规范，导致现场勘查过程证据的收集无论是在量还是在质上都存在重大的缺陷。①

2.2.2.2 犯罪构成要件的证明负担

【**案例 2**　吴某运输毒品案】2004 年 11 月 29 日，嫌疑人吴某乘飞机从芒市到昆明，在昆明机场被公安民警抓获，民警从其携带的旅行箱夹层内查获毒品海洛因净重 446 克，据吴某称：其在广州打工，受老板之命到云南考察玉石生意行情，考察完后到广州可得 3 000 元的好处费。其从广州乘飞机经昆明到芒市，到芒市后一名妇女接她到当地宾馆住下，3 天后，该妇女给了她一个红色密码箱，打开后里面是一件女式衣服，该妇女说是买了送给她的。同时，该妇女为其买了从芒市至昆明再到广州的机票。后吴某从芒市乘飞机至昆明，在昆明机场被公安民警查获。但吴某从始至终皆辩称自己不知旅行箱夹层内藏有毒品海洛因，是被老板利用、欺骗所致。本案中，在没有被告人吴某口供的情况下，案件中的其他证据无法证明被告人吴某对运输毒

---

① 参见吴纪奎：《口供供需失衡与刑讯逼供》，载《政法论坛》2010 年第 4 期。

品系主观明知。检察院经过审查,以运输毒品罪向法院提起公诉,法院经过审理后认为证明被告人对于运输毒品存在主观明知的证据不足,拟判无罪,后检察机关撤回起诉,公安机关又对本案作出撤案处理,将被告人释放。①

由于运输毒品罪的主观要件要求行为人必须是明知毒品而予以运输携带,因此控方必须证明被告人吴某主观的明知心态,否则就无法取得控诉的成功,而在本案这种箱包藏毒案件中,如果被告人拒不承认自己明知藏有毒品,又没有其他证据予以证实,想要完成这一证明任务几乎是不可能的事情。有观点认为,在这种情况下,应当适用事实推定的方式证明被告人的主观心态,比如,被告人是外省人,却到云南省边境地区活动;被告人辩称来云南省考察市场,老板却未到,因而辩解不具有合理性;被告人来往云南省均乘坐飞机,如果仅仅是考察市场,这样的交通成本明显过高,不免令人生疑;而且,被告人辩称到云南省的目的是考察玉石市场,而其到云南省后却从未进行过相关活动。被告人的一系列行为与辩解的目的不符,因此可以认定其明知是毒品而进行运输。② 但是,这种没有法律依据的事实推定却存在以下致命的缺陷:第一,以被告人辩解不合情理就推定其主观明知,实际上等于让被告人承担了举证不能的败诉后果,从而实质性地转移了证明责任,与法律规定明显相悖;第二,尽管被告人的行为不合一般常理,但并非绝无可能,仅以这种猜测就推定其具有运输毒品的主观明知,并予以定罪,而且量刑幅度相对较高,对被告人不尽公平,蕴涵错判的巨大风险。

---

① 参见景碧昆:《"箱包藏毒案件"嫌疑人主观明知认定》,转引自褚福民:《证明困难的解决模式——以毒品犯罪明知为例的分析》,载《当代法学》2010年第2期。
② 参见褚福民:《证明困难的解决模式——以毒品犯罪明知为例的分析》,载《当代法学》2010年第2期。

实际上,这种由于犯罪构成要件设置而导致的控方证明负担过重的情况在实践中经常发生,刑法在个罪中有大量的目的犯,即以某种特定的犯罪目的为犯罪构成要件。在我国,诸如"以非法销售为目的""以牟利为目的""以非法占有为目的""以勒索财物为目的""泄愤报复目的""为谋取不正当利益"等犯罪目的规定达几十处之多。除了目的犯,我国《刑法》还设置了大量的明知犯。据学者统计,我国《刑法》分则有 30 个具体罪名的成立具有"明知"的认知要求。[①] 这种对于主观要件的特殊规定使得控方必须搜集证据证明被追诉人的主观心理状态。而这种心理状态深藏于被追诉人内心深处,只要其拒绝承认,很难通过外在行为加以证明,或者即使能够证明,也要搜集大量的间接证据相互印证,可以说,大量目的犯以及明知犯的存在实际上大大增加了控方的证明负担。

2.2.2.3 全案证据相互印证的证明负担

【案例 3 杨某故意杀人案】 犯罪嫌疑人杨某供述:2004 年 2 月某日,杨某骗一名通过杂志上征友启事认识的女孩李某到其住处,通过几天的接触,杨某认为李某吃、用过于浪费而对其产生反感,在杨某租房处,李某说要离开,并向杨某要现金 600 元,杨某只给她 100 元,两人发生口角,李某用水果刀戳杨某,杨某夺下水果刀扔掉,用双手掐李某的脖子,杀害了李某。杨某在其住处用白色尼龙绳捆住李某尸体的双腿,用秋衣和秋裤捆住尸体双臂,把尸体塞进一个大袋子里,尸体放在其住处 3 天后被抛弃于一陶瓷厂东墙外的土路上。经审查发现疑点如下:(1)无名女尸现在没有查清"尸源",死者姓名、住址、身份情况均未查清。(2)犯罪嫌疑人翻供,称没有杀人,与无名女尸不认识并且拒绝在笔录上签名、按指印。(3)犯罪嫌疑人供述中称与被害人住烟

---

① 参见王雨田:《英国刑法犯意研究——比较法视野下的分析与思考》,中国人民公安大学出版社 2006 年版,第 194 页。

草宾馆,经查宾馆无二人登记,服务人员未能辨认出死者。犯罪嫌疑人称在此就餐的情况也没有找到记录。(4)犯罪嫌疑人供述的抛弃物(死者衣物、物品)等,公安机关没能找到。①

  本案中,唯一的直接证据是犯罪嫌疑人的供述,而已有的间接证据仅能证明被害人与犯罪嫌疑人认识,被害人曾经到过犯罪嫌疑人住处,但诸如犯罪嫌疑人被捅烂的上衣,到过第二现场的脚印,被害人的衣服等间接证据都没有提取到,作案时间也有疑点,后来犯罪嫌疑人又翻供,已有的证据无法形成完整的证据锁链,更加不能相互印证,因而,本案证据严重不足。
  实践中类似本案这样全案证据无法相互印证的情况非常多见,比如犯罪嫌疑人交代的犯罪现场情况与现场勘验笔录矛盾,犯罪嫌疑人交代的犯罪手段和作案工具与被害人陈述、目击证人证言矛盾,等等,都是全案证据无法相互印证的具体表现。而我国的客观证明模式又要求其必须在排除所有证据矛盾的前提下,形成完整的证明锁链才能对被告人定罪,显然大大增加了控方的证明负担。在司法实践中,有经验的犯罪嫌疑人往往故意毁灭某些关键证据,使控方在诉讼过程中的证明任务更加难以完成。比如,故意毁尸灭迹,使控方难以确定死者身份;故意毁灭作案工具,使控方难以证明作案手段;故意破坏犯罪现场,使控方难以提取关键物证;收买证人,让其在关键事实上故意作虚假陈述,使控方证据体系自相矛盾;等等。正因如此,龙宗智教授才发出这样的感叹:"这样高的标准在实践中往往难以达到。借用经济学关于资源有限的原理设定,可以说,证据学的出发点和最重要的原理是'信息有限'。因为证据学是'在历史的碎片中拼凑事

---

  ① 参见贺恒扬:《故意杀人犯罪证据审查》,中国检察出版社2007年版,第40页。

实',而历史遗留给我们的痕迹(包括客观物质痕迹与主观印象痕迹)往往很少,而在刑事司法的对抗性条件下,有许多痕迹又被人为地抹去或者构筑了防止获得的壁垒。尤其是在现代正当程序观念主导下的刑事诉讼中,由于法律确认的嫌疑人的主体性以及防卫权,对控诉方在证据获取方式上作了严格限制,更使得许多案件的印证性要求成为难以实现的目标。例如,一对一的案件,你可以获得对方的指控证据,但当事人依法或按照个人的利害关系考虑保持沉默,你怎样获得直接印证的证据?在我国刑事司法中,随着对人权保护制度的强化以及对国家权力的约束,追诉机关普遍感到办案越来越难。有相当数量的案件,虽然有相当证据支持,但因印证性不足,不能达到证明标准而功亏一篑。"①

2.3 裁判者视角:作为裁判风险分配机制的证明标准

美国学者罗尔斯曾在其名著《正义论》中将程序正义分为三种形态:纯粹的程序正义、完全的程序正义和不完全的程序正义。所谓纯粹的程序正义,是指不存在关于结果正当与否的标准,只要程序被严格遵守,无论结果如何,都被认为是公正的,典型例证如赌博;所谓完全的程序正义,是指存在判断结果公正与否的标准,同时也存在一种程序,只要人们严格遵守该程序,结果必然符合公正的标准,典型例证如分蛋糕;所谓不完全的程序正义,是指存在一个结果是否公正的客观标准,但却没有任何程序能够保障这种结果的实现,程序无论如何设计都有可能出现不公正的结果,典型例证如刑事审判——即使法官公正执法,所有程序都被严格遵守,刑事审判仍有可能产生错误的

---

① 龙宗智:《印证与自由心证——我国刑事诉讼证明模式》,载《法学研究》2004年第2期。

结果。

罗尔斯教授对程序正义的这一分类的看法极富洞察力。当然,客观真实的发现是最为理想的诉讼结果,因此,"排除一切怀疑"自然就是最为理想的证明标准设置。但是,刑事诉讼程序毕竟是一种不完善的程序正义,不论程序如何设置,都不能完全避免错案的发生,在这一前提之下,以"绝对确定"的证明标准设置来保障可靠的事实发现,实现所谓的"不枉不纵"的目标,不仅无法操作,而且也会导致其他诉讼目标无法或至少难以实现。既然司法错误不可避免,我们的问题就转变为:在可能存在错误的判决中,什么样的裁判结果是较能为我们所接受的?在对无辜者错误定罪和将有罪者错误释放这两者之间,我们究竟应该如何比较和权衡?我们应如何通过证明标准的不同设置对这两种错判风险进行分配?

2.3.1 错误定罪与错误释放:两类司法错误的比较

对于错误定罪和错误释放的错判损失的比较,西方学者早已进行过系统的研究,并形成了丰富的学术文献。比如,贝勒斯教授认为,如果仅从经济学角度对这两类错判所造成的损失进行分析,错误定罪与错误释放似乎并没有本质的区别。然而,法律人的思维方式毕竟与经济学人的思维方式有着本质的不同,我们一旦在错判损失中考虑道德成本和权利维度,结论就大为不同。错误定罪侵犯了"无辜者不被定罪"的实体性权利,但是错误释放却没有侵犯任何人的实体性权利,因此其产生的成本仅仅是经济上的损耗。从这个角度而言,错误定罪要比错误释放更不可欲。德沃金教授也通过不同的分析得出了同样的结论,他认为,在比较错误释放和错误定罪时,应当考虑道德成本的因素。一旦引入这一变量,就可以很直观地看出,错误定罪的成本比错误释放的成本更高。这一观点被法律界人士广泛征引。该分析结论也符合人们的直觉：一个无辜公民被错误定罪，必然意味着真正的凶手逍遥法外，因而构成了两个司法错误，而如果仅仅是释放了一名有罪者，却没有给任何无辜公民定罪，则只构成一个司法错误。因此，错误定罪要比错误释放更为严重，也更令人不能容忍。

既然错误定罪要比错误释放更令人不能容忍，因此，在设计程序制度时我们就应偏向于选择防止错误定罪的程序制度。也就是说，在司法错误不可避免的情况下，我们宁可选择放纵罪犯，也不能冤枉无辜者。正因为如此，一个能使错误定罪最小化的制度设置就具有了最深层次的合法性，因此各国都将减少错误定罪的绝对数量作为其刑事司法制度共同的追求和目标，许多制度设置的初衷就是为了防止冤枉无辜者。而在证明制度中，达到这一目的的方法就是尽可能地提高证明标准，使对被告人（包括无辜者）的定罪更为困难。证明标准是实现这种平衡的最佳制度设置。美国联邦最高法院将证明标准称为"在美国刑事诉讼中降低因事实错误定罪的风险的最重要设置"，并且认为其"严厉"的特征"几乎将错误的全部风险分配给国家"。由此，裁判者对于错判风险的偏好与证明标准的设置就产生了内在的联系。①

归根结底，决定证明标准高低的关键因素是，在特定的诉讼类型中，立法者和主流价值观念如何看待不同的司法错误产生的负效应，如果人们更不愿意接受错误定罪，证明标准就应该设置得更高，而如果人们更不愿意接受错误释放，证明标准就应当适当地降低，从而

---

① 美国著名程序法学者 Kaplan 教授于 1968 年在《斯坦福法律评论》上发表了一篇题为《判决理论与事实查明程序》的论文，在该文中，Kaplan 教授对证明标准的设置原理进行了详细分析，并提出了证明标准设置的数学模型。根据该模型，在民事诉讼中，案件判决错误在原告和被告之间造成的负效应被看成一致的，民事诉讼的证明标准应设置在 1/2，也就是 50% 的水平。只要裁判者的内心确信程度超过了 50%，就可以作出判决。在刑事案件中，对于错误定罪和错误释放产生负效应大小的判断也直接影响到证明标准的设置，如果对无辜者定罪的负效应与释放有罪者产生的负效应比值为 8 比 2 的话，证明标准就应该是 4/5；而如果比值是 9 比 1 的话，证明标准就应该设置为 9/10。这样一个公式形象地说明了为何民事诉讼和刑事诉讼的证明标准会如此设置。

通过证明标准巧妙地实现对两类司法错误的分配。

2.3.2　证明标准设置与裁判风险分配的内在理路

那么,究竟应当如何设置证明标准才能在两类司法错误之间取得恰当的平衡？如何才能很好地分配两类错判的风险呢？证明标准的设置与裁判风险的分配具有什么样的内在理路呢？

一方面,较高的证明标准有利于避免冤枉无辜。① 学界通说认为,刑事案件的证明标准仅指定罪标准,即有罪证明标准,而并不存在独立的无罪证明标准,如没有达到有罪证明标准的要求,自然就符合了无罪释放的条件,法院就应按照无罪推定原则的要求,作出"证据不足,指控的犯罪不能成立"的无罪判决。在刑事案件举证责任由控方承担的前提下,提高刑事案件的证明标准将有利于增加控诉成功的难度,避免在尚存疑问的情况下剥夺被告人的生命、自由,因而当然有利于防止误判,因此,证明标准设置的高低将直接决定被告人被定罪难度的大小。"如果像二百年前的布莱克斯通所说的那样,宁可错放十个有罪的人也不枉判一个清白的人,我们就应该不断提高我们的证据标准,只要这样做能够多挽救一个无辜者而不用花费错放十个人的代价。我们最后会有一个相当高的证据标准。"②因此,更为强调权利

---

① See Daniel Shaviro, Commentary, Statistical-Probability Evidence and the Appearance of Justice, 103 *Harv. L. Rev.* 530, 530 (1989) (citing Tribe, infra note 13, at 385, n.64). See, e.g., In re Winship, 397 U.S. 358, 363-64 (1970); A. A. S. Zuckerman, The Principles of Criminal Evidence 123, 135 (1989); Richard J. Allen, The Restoration of In re Winship: A Comment on Burdens of Persuasion in Criminal Cases after Patterson v. New York, 76 *Mich. L. Rev.* 30, 47 (1977) [hereinafter Allen, Restoration]; Chambers, supra note 10, at 656-57; Morano, supra note 3, at 507-09; Newman, supra note 9, at 981-85; Power, supra note 9, at 51-52; Solan, supra note 9, at 110-12; Henry A. Diamond, Note, Reasonable Doubt: To Define, or Not to Define, 90 *Colum. L. Rev.* 1716, 1717 (1990). 当然,陪审员并未被告知错误成本的权重。

② 〔美〕大卫·D. 弗里德曼：《经济学语境下的法律规则》,杨欣欣译,法律出版社2004年版,第2页。

保护的国家会提高刑事案件的证明标准,这一点在死刑案件当中体现得最为明显。① 如果我们置证明标准的改革于不顾,而仅仅寄希望于死刑复核或三审终审制的改造来防止误判,必然无法实现我们的初衷。因为,很多无辜的被告人之所以被错判,恰恰是因为较低的证明标准放松了对事实认定确定程度的要求,如果证明标准不加以改变,各个审级仍然会在事实认定上根据同样的标准延续同样的错误,因此,至少有一部分案件的误判并非源于审级制度,而是证明标准设置过低导致的必然结果。② 因此,避免这样的误判当然应该从提高证明标准上着手。但另一方面,较高的证明标准同时也会带来放纵罪犯的负面后果③,具体来说,如果有罪证明标准设置过高,就会在增加给无辜者定罪难度的同时增加对真正有罪者定罪的难度,并在避免对无辜者误判的基础上增加放纵有罪者的风险,从而使有罪者逃避法律的制裁,继续危害社会的安全。

---

① 如著名学者陈光中教授也认为,刑事诉讼中的证明标准可分为三个层次:确定无疑的证明标准、接近确定无疑的证明标准以及有确实证据的推定的证明标准。其中,确定无疑的证明标准被视为有罪判决最高标准。死刑案件必须达到绝对确定的程度才能判决……江苏省高级人民法院颁布实施的《关于刑事审判证据和定案的若干意见(试行)》第 66 条就明确规定,对死刑案件应做到案件事实清楚,证据确实、充分,排除一切合理怀疑,否则不能判处死刑立即执行。参见张远煌:《我国死刑案件证明标准的反思》,载《政治与法律》2006 年第 6 期。美国纽约州上诉法院要求在死刑案件中,陪审团必须"排除一切合理怀疑"才能给被告人定罪。See Brief for Appellant, at 338, *People v. Mateo*, 2 N.Y.3d 383 (2004) (No. 21). William Glaberson, Killer's Lawyers Seek to Raise Standard of Proof for Death Penalty, *New York Times*, 11 Jan. 2004, at 27. 几个月后,马萨诸塞州州长委员会也提议:如果该州恢复死刑,则应采取"确定无疑"的证明标准以取代先前在所有刑事案件中统一适用的"排除合理怀疑"的证明标准。而伊利诺伊州则已经启动了相关的立法程序。See Massachusetts Governor's Council on Capital Punishment, Final Report 22 (2004), available at http://www.mass.gov/Agov2/docs/5-3-04%20MassDPReportFinal.pdf. 。联合国《关于保护面对死刑的人的权利的保障措施》就要求对死刑案件的证明必须达到"对事实没有其他解释的余地"(leaving no room for an alternative explanations of the facts)的程度。

② 参见刘梅湘:《死刑案件证明标准检讨——以高攀死刑案为范例》,载《人民检察》2006 年第 7 期。

③ 当然,可能有人会认为这似乎有些书生之见,因为在实践中法官对于存在疑问的被告人并非如理论上要求的那样判决无罪释放,而是从轻量刑,以消除由不确定性带来的后果,笔者也承认这一现实情况的存在,但是即使考虑了这一情况,笔者认为在理论上仍然存在无法解决的矛盾,而且,即使在实践中,宁可错判也不放纵罪犯的做法正是以牺牲刑事司法的正当性为代价的。

与提高证明标准有利于避免冤枉无辜者相对应的是,适度地降低刑事证明标准将有助于避免错误释放罪犯。在实体法中,犯罪构成是行为构成犯罪唯一的判断标准,而在程序法中,已经得到完全证明则是行为构成犯罪的唯一判断标准。由于诉讼发生时,犯罪行为已经时过境迁,无法完全复原案件发生时的情形,许多证据也可能灭失、损毁,证人也可能出现记忆模糊,如果证明要求过高,很多犯罪几乎无法得到完全证明,因此难以定罪。为了降低证明难度,将更多事实上的罪犯绳之以法,就必须降低证明标准,给被告人定罪。因此,更为强调社会防卫的国家就会采取降低或隐性降低刑事案件证明标准的做法。但是,这种观点可能会遇到如下质疑:既然降低证明标准有助于避免错误释放罪犯,将更多的罪犯判刑,那为何不将刑事案件的证明标准改为优势证据甚至更低,而仍然要保持在一定的水平?更有甚者,可能还会有人以社会防卫为名主张彻底废弃证明制度,而主张只要存在对嫌疑人的"怀疑"就可以对其进行惩罚。的确,笔者承认,在一个极端强调社会防卫的国家或历史时期,证明制度的存在的确是没有意义的,它只会给国家追究犯罪的行为施加层层的约束,我们也的确在历史上发现过许多诸如"就地正法"等不需要经过审判即执行惩罚的制度或非制度性存在,但是,笔者的探讨是有特定语境的。在一个存在证明制度、对控方证明科加了证明标准的国家,不容否认,它已经在追究犯罪的同时承认了保护被追诉人权利的重要性,因此,这里所说的社会防卫必然已经包含了权利保护的因素。既然社会防卫中已经包含了权利保护的因素,自然就不能将证明标准予以无限制地降低甚至取消,而必须有一个下限,至少不应低于民事诉讼的证明标准。

综上,较高的证明标准可以尽量避免错误定罪的风险,并将错判风险分配给控方承担,之所以如此设计,是因为控方和被告人在诉讼过程中不可能完全平等,因而必须适度偏向弱者,将疑点利益统统分配给被告人,以平衡两者在对抗过程中天然的不平等。正是因为上述原因,历史上各国都没有对刑事案件科以最高的绝对确定的证明标准,也没有将证明标准降到最低从而任意地对被告人定罪,而是在避免误判无辜和避免错放罪犯之间寻找一个恰当的平衡点,并据此设计证明标准。①

2.4 死刑案件证明标准的特殊性

2.4.1 死刑案件证明标准及其改革动向

死刑案件证明标准在各国历史上都未曾有过独立的表现形式,而是和一般刑事案件共同适用同一个证明标准。英美法系长期以来都以"排除合理怀疑"作为死刑案件的证明标准,即使在废除死刑未获立法支持的背景之下,"排除合理怀疑"的证明标准也一直作为对死刑进行程序控制的主要手段。② 大陆法系国家对死刑案件也和普通案件一样共同适用"内心确信"的证明标准。我国刑事案件也只有一个统一的证明标准,即"案件事实清楚,证据确实、充分",这一标准平等地适用于所有类型的刑事案件,包括死刑案件。

从逻辑上看,相比于"道德上确定"的"排除合理怀疑"的证明标准,我国强调发现"客观真实"的证明标准实际上已经是一个非常严格

---

① 实际上,西方学者也意识到了这一严重问题。See Erik Lillquist, Recasting Reasonable Doubt: Decision Theory and the Virtues of Variability, 36 *U. C. Davis L. Rev.* 85, 148-49, nn. 206-07(2002), at 89, nn. 11-13,该文探讨了高度确信和错放罪犯之间的利益关系。

② See Laudan, supra note 6, at 325,该文认为排除合理怀疑最初只适用于死刑案件,而不适用于上诉程序;see also Erik Lillquist, Recasting Reasonable Doubt: Decision Theory and the Virtues of Variability, 36 *U. C. Davis L. Rev.* 85, 148-49, nn. 206-07 (2002); Sheppard, supra note 7, at 1195,该文认为,排除合理怀疑在早期甚至仅仅适用于死刑案件;generally Langbein, supra note 7, at 334-36。

的证明要求,如能严格贯彻,应当可以保障无辜者不受错误的追究和处罚。事实上,在近年来发生的证明标准大讨论之中,客观真实论者的重要理论根据就是实体权利保护模式的话语逻辑。这从以下学者的论述中可以得到集中的体现:"由于刑事案件涉及公民生命权、人身自由权的剥夺,是一件十分严肃的事情,因此无论在认定事实上还是在适用法律上都必须坚持高标准、严要求……英美国家对'排除合理怀疑'的解释是不规范的,通行解释是达到高度盖然性的标准,有的学者则具体地解释为达到90%的相对真实。如果照此来办案,势必要造成10%左右的错案。"①这种强调被告人实体权利保护的话语逻辑在死刑案件证明标准问题上显得格外有说服力,仅仅根据高度盖然性而非绝对确定的证明标准就剥夺被告人的生命权利,这无论如何都不具有道德上的可接受性。正是通过死刑案件的有力论证,"客观真实"论者牢牢地守住自己的理论阵地,"寸土不让"。

但遗憾的是,司法实践中却屡屡出现法定证明标准的降格适用现象,现行的证明标准已经不足以保障死刑案件事实认定的准确性,从而造成大量死刑误判案件的发生。正因如此,这种一元化的证明标准正日益受到理论和实践的挑战,根据刑事案件严重程度和案件类型而适用多元化和层次化证明标准的要求日益涌现。② 很多学者都认为应当将规范适用死刑案件证明标准作为对死刑适用进行程序控制的重要措施,从而力主提高现有的证明标准。如江苏省高级人民法院颁布

---

① 陈光中:《诉讼中的客观真实与法律真实》,载《检察日报》2000年7月13日。
② 如联合国《关于保护面对死刑的人的权利的保障措施》就要求对死刑案件的证明必须达到"对事实没有其他解释的余地"的程度。2000年6月中旬,以美国哥伦比亚大学法学院刑事法学者为主体发动的对美国1973年到1995年全部判处死刑的案件进行的研究结果表明,美国死刑误判率竟高达68%,其中有3个州的死刑案件居然全部判错。该项报告还显示,自1973年到1995年,美国每执行7至8名死刑犯,就有1名无辜者,自1973年到2002年1月第一周,全美有99名死刑犯被证明是无辜的。See James S. Liebman, Jeffrey Fagan and Valerie West, A Broken System: Error Rates in Capital Cases 1973–1995, Columbia Law School, Public Law Research Paper No. 15.

实施的《关于刑事审判证据和定案的若干意见(试行)》第66条就明确规定,对死刑案件应做到案件事实清楚,证据确实、充分,排除一切合理怀疑,否则不能判处死刑立即执行。① 2006年,辽宁省高级人民法院、辽宁省人民检察院、辽宁省公安厅联合发布了《关于规范死刑案件证据的意见》,其中多处强调死刑案件的证明标准应当排除一切合理怀疑,该意见第9条规定:"死刑案件的证明标准必须达到犯罪事实清楚,证据确实、充分,并且能够排除一切合理怀疑。其具体要求为:(一)据以定案的证据均已查证属实;(二)案件事实均有必要的证据予以证明;(三)证据之间、证据与案件事实之间的矛盾得到合理排除;(四)得出的证据结论唯一,并且排除了其他可能性。"陈光中教授认为,刑事诉讼中的证明标准可分为三个层次:确定无疑的证明标准、接近确定无疑的证明标准以及有确实证据的推定的证明标准。其中确定无疑的证明标准被视为有罪判决的一般证明标准,也是最高标准。死刑案件应该达到这一最高的证明标准。②

　　这种改革呼声并不是中国所独有的,世界各国也普遍掀起了死刑案件证明标准的改革运动。如联合国《关于保护面对死刑的人的权利的保障措施》规定的死刑案件的证明标准是"只有在对被告人的罪行根据明确和令人信服的证据而对事实没有其他解释余地的情况下,才能判处死刑",这一证明标准要求死刑案件的证明必须达到"对事实没有其他解释的余地"的程度。美国纽约州上诉法院也要求在死刑案件

---

① 转引自张远煌:《我国死刑案件证明标准的反思》,载《政治与法律》2006年第6期;一切合理怀疑是指,"(一)现有证据不能完全涵盖案件事实;(二)有现象表明某种影响案件真实性的情况可能存在,且不能排除;(三)存在人们常识中很可能发生影响案件真实性的情况"。
② 参见陈光中:《构建层次性的刑事证明标准》,载陈光中、江伟主编:《诉讼法论丛》(第7卷),法律出版社2002年版,第3—10页。

中,陪审团必须"排除一切合理怀疑"才能给被告人定罪。① 几个月后,马萨诸塞州州长委员会也提议,如果该州恢复死刑,则应该采取"确定无疑"的证明标准以取代先前在所有刑事案件中统一适用的"排除合理怀疑"的证明标准。② 而伊利诺伊州则已经启动了相关的立法程序。③ 在美国学术界,很多学者也为证明标准的提高而奔走呼吁。④

之所以在全球范围内出现这种普遍的改革呼声和动向,其根本原因还是在于死刑案件的特殊性:相比于一般刑事案件剥夺被告人财产和自由而言,死刑案件剥夺的是被告人的生命,一旦裁判者错误认定案件事实并据此错判死刑,则被告人的生命无可挽回、司法错误无可补救。因此,死刑裁判应当慎之又慎,事实认定应当绝对确定,不能存有任何疑问。人们普遍认为,死刑案件不被错误定罪的道德权利要大于一般刑事案件。可以说,在提高死刑案件证明标准的普遍呼声之中,学界的理由主要遵循的就是实体性权利保护的话语逻辑。学者的论证理由一般有以下三个方面。

---

① See Brief for Appellant, at 338, *People v. Mateo*, 2 *N. Y. 3d* 383 (2004) (No. 21). William Glaberson, Killer's Lawyers Seek to Raise Standard of Proof for Death Penalty, *New York Times*, 11 Jan. 2004, at 27.

② See Massachusetts Governor's Council on Capital Punishment, Final Report 22 (2004), available at http://www.mass.gov/Agov2/docs/5-3-04%20MassDPReportFinal.pdf.

③ See Massachusetts Governor's Council on Capital Punishment, Final Report 22 (2004), available at http://www.mass.gov/Agov2/docs/5-3-04%20MassDPReportFinal.pdf.

④ See James S. Liebman, A Broken System Part II: Why There is So Much Error in Capital Cases, and What Can be Done About It, 397-99 (2002); Craig M. Bradley, A (Genuinely) Modest Proposal Concerning the Death Penalty, 72 *IND. L. J.* 25 (1996); Margery Malkin Koosed, Averting Mistaken Executions by Adopting the Model Penal Code's Exclusion of Death in the Presence of Lingering Doubt, 21 *N. ILL. U. L. Rev.* 41 (2001); Leonard B. Sand, Danielle L. Rose, Proof Beyond All Possible Doubt: Is There a Need for a Higher Burden of Proof When the Sentence May Be Death?, 78 *Chicago-Kent L. Rev.* 1359 (2003); Elizabeth R. Jungman, Note, Beyond All Doubt, 91 *GEO. L. J.* 1065 (2003); Jon O. Newman, Make Judges Certify Guilt in Capital Cases, *Newsday*, 5 July 2000, at A25; Urban League Leader Advocates New Standard in Capital Cases, *New York Times*, 31 July 2000, at B6 (quoting Hugh B. Price, President of Urban League).

首先,提高死刑案件证明标准有利于防止误判。显然,在刑事案件举证责任由控方承担的前提下,提高死刑案件的证明标准有利于增加控诉成功的难度,避免在尚存疑问的情况下剥夺被告人的生命,因而当然有利于防止死刑误判,避免不可挽回的生命剥夺。而且,我们不能仅仅寄希望于死刑复核或死刑案件三审制的改造来达到防止误判的目的,原因在于,很多被告人之所以被判死刑并非因为事实认定或法律适用出现了错误,而恰恰是因为较低的证明标准放松了对事实认定确定程度的要求,如果证明标准不加以改变,各个审级仍然会在事实认定上根据同样的标准延续同样的错误,因此,至少有一部分案件的误判并非源于审级制度,而是证明标准设置过低导致的必然结果。① 因此,避免这样的误判当然应该从提高证明标准上着手。

其次,提高死刑案件证明标准有利于在控方和辩方之间合理分配由误判所产生的错误风险。由于诉讼程序不可避免地会出现一定程度的错误,因此证明标准的设置最为重要的程序功能就在于通过不同程度的证明标准的设置来分配错误风险。② 由于民事案件和刑事案件所涉及的利益重要性有根本性的区别,因此世界各国普遍对民事案件和刑事案件科以不同程度的证明标准。以美国为例,民事案件仅要求优势证据,即51%对49%的微弱证明优势就可以对案件作出判决。这实际上是通过这种证明标准在原告和被告之间平均分配了审判可能带来的错误风险,而刑事案件由于涉及被告人的人身、财产甚至生命价值,发生错误后所产生的影响十分巨大,非民事案件可比,因此通过科以排除合理怀疑或内心确信等高标准的证明要求将误判的风险分配给了占据优势资源的公诉机关,在这种证明标准下,被告人被错误

---

① 参见刘梅湘:《死刑案件证明标准检讨——以高攀死刑案为范例》,载《人民检察》2006年第7期。
② See, e.g., Ronald J. Allen, Evidence: Text, Problems and Cases, 822-23 (3d ed. 2002),该文认为,优势证据标准在原告和被告之间平等地分配了错误风险。

定罪的可能性小,因此承担了尽可能低的错误风险,因而被认为是一种契合刑事诉讼本质的证明标准。① 按照这一证明标准的设置逻辑,涉及利益越重要,证明标准就应越高,那么死刑案件自然应该有不同于一般刑事案件的更高的错误风险的分配比率。因此,应当提高死刑案件的证明标准。②

最后,原先与普通刑事案件共同适用的证明标准后来被死刑案件归于以下事实,即在实践中裁判者日益降低了该标准的确信程度,从而使得该标准本来具有的保障事实认定准确性的功能大打折扣,因而急需提高证明的确信程度,以弥补在实践中该标准的降低程度。一项由西方学者进行的经验研究的结果表明,实践中陪审员往往在给被告人定罪时只要求 70%的确信程度,有时甚至比这一数字还要低。③ 以此观之,各国对死刑案件证明标准的反思和提高该标准的呼吁似乎有了"取法乎上,得乎其中"的意味,是在证明标准理论与实践掌握尺度有较大区别的前提下对确定性的一种保障手段。

2.4.2 死刑案件的递进式判断:死刑证明标准与死刑适用标准的区别

但是,笼统地主张提高死刑案件证明标准究竟是否科学? 是否符

---

① See Erik Lillquist, Recasting Reasonable Doubt: Decision Theory and the Virtues of Variability, 36 U. C. Davis L. Rev. 85, 148–49, nn. 206-07(2002), at 104, 105; D. Michael Risinger, John Henry Wigmore, Johnny Lynn Old Chief, and "Legitimate Moral Force"—Keeping the Courtroom Safe for Heartstrings and Gore, 49 Hastings L. J. 403, 442–43, n. 98 (1998).

② 我国提高死刑案件证明标准的紧迫性和必要性甚至比美国有过之而无不及。在美国,虽然立法上并没有死刑缓期执行制度,但在程序上,死刑宣判几乎都无法立即执行,而存在极为复杂的上诉程序和各种救济渠道,往往利用完这些救济渠道,死刑案件宣判已经过去了很多年,但是所有这些诉诸救济渠道的方法都着眼于案件诉讼中的程序错误,因此与我国有所不同,但是从死刑宣判后并不立即执行这一点而言,又与我国有着内在的相似之处。美国每年被宣判死刑的被告人和最终真正被执行死刑的被告人数字悬殊,因此可以说,在美国被判处死刑后有很大的机会逃避死刑的执行,因此其实体效果与我国的死刑缓期执行制度有更多相似之处。从这个意义上说,我国的死刑立即执行所涉及的利益重要性要比美国大得多,其不可挽回性也要比美国紧迫得多,因此应规定更高的证明标准。

③ Lillquist, supra note 26, at 112.

合死刑案件真实的裁判过程？死刑的证明标准究竟仅仅适用于事实认定阶段，还是也可以适用于法律适用阶段？判断被告人是否成立犯罪与判断其应否适用死刑是不是都应适用同样的证明标准，这两者之间应否有所区分？死刑证明标准与死刑适用标准究竟是何种关系？要回答这些问题，我们必须深入梳理死刑案件的裁判过程，了解死刑案件证明标准的特殊构造。

我们在裁判一个死刑案件的时候，依次要经过如下几个阶段的判断：第一，被告人是否实施了犯罪行为？第二，被告人是否构成被指控的死刑罪名？第三，被告人是否具有从重情节，是否罪行极其严重，以至于必须立即执行死刑？第四，被告人是否具有一些法定或酌定的从轻、减轻量刑情节，并非必须立即执行死刑，因而可以判处死刑缓期执行？如果用更为精练的语言概括，也就是说，被告人的行为要先后经过"犯罪圈""死罪圈""死刑圈"和"死缓圈"四重审查，最后才构成死刑认定和判罚的一个完整过程。①

正是由于死刑案件存在上述递进式的判断顺序，因此，应当对死刑的证明标准与死刑的适用标准进行必要的区分。2010年6月，最高人民法院、最高人民检察院、公安部、国家安全部和司法部联合发布了《关于办理死刑案件审查判断证据若干问题的规定》，该规定第5条首次明确了死刑案件的证明标准："办理死刑案件，对被告人犯罪事实的认定，必须达到证据确实、充分。证据确实、充分是指：（一）定罪量刑的事实都有证据证明；（二）每一个定案的证据均已经法定程序查证属实；（三）证据与证据之间、证据与案件事实之间不存在矛盾或者矛盾得以合理排除；（四）共同犯罪案件中，被告人的地位、作用均已查清；（五）根据证据认定案件事实的过程符合逻辑和经验规则，由证据得出

---

① 参见白建军：《死刑适用实证研究》，载《中国社会科学》2006年第5期。

的结论为唯一结论。办理死刑案件,对于以下事实的证明必须达到证据确实、充分:(一)被指控的犯罪事实的发生;(二)被告人实施了犯罪行为与被告人实施犯罪行为的时间、地点、手段、后果以及其他情节;(三)影响被告人定罪的身份情况;(四)被告人有刑事责任能力;(五)被告人的罪过;(六)是否共同犯罪及被告人在共同犯罪中的地位、作用;(七)对被告人从重处罚的事实。"不难看出,该规定对于死刑案件的证明标准的规定紧紧围绕案件定罪量刑的事实加以展开,换言之,证明标准针对的应是事实问题,而非法律适用问题。正是在这个意义上,死刑的证明标准与死刑的适用标准存在严格的区别。前者针对的是事实认定问题,而后者则是在事实问题得到清晰证明的前提下,判断是否应对被告人处以死刑的标准问题,属于法律适用的范畴。这种适用标准在我国《刑法》总则和分则中都有具体的规定。我国《刑法》第48条第1款规定,"死刑只适用于罪行极其严重的犯罪分子"。而罪行是否构成"极其严重",更多的是价值判断的问题,而非事实认定。

综上,死刑的最终判罚应依次经过事实认定和法律适用两个环节,首先由证明标准判断是否实施了指控的犯罪行为,是否构成指控的死刑罪名,其次再判断该行为是否极其严重,是否达到了死刑的适用标准。只有明确了这两个阶段及其各自的标准并进行有效的区分,我们才能对诸如留有余地的判决,民意对死刑的影响等作出科学理性的分析。

3　留有余地——死刑案件证明标准的异化

我国三大诉讼法规定的证明标准都是"案件事实清楚,证据确实、充分",并没有针对案件性质设置层次性的证明标准体系,因此,在我国,死刑案件并没有独立的证明要求。那么,这一标准是否足以保障死刑判决的准确性呢?根据我国经典证据法教科书的解释:"'案件事实清楚,证据确实、充分'有以下一些具体要求:(1)据以定案的证据均已查证属实;(2)案件事实均有必要的证据予以证明;(3)证据之间、证据与案件事实之间的矛盾得到合理排除;(4)得出的结论是唯一的,排除了其他可能性。"[①]

应该说,上述两个特征已经蕴涵了后来学者提出的"确定无疑"的含义,如能加以严格贯彻,从某种程度上来说,我国的证明标准甚至比英美法系的"排除合理怀疑"更能保障死刑案件事实认定的准确性和死刑判决的慎重性。例如前文 2.2.1 所举的"自行车驮尸案",在该案中,公诉方除了有被告人的口供笔录和能够证明被告人曾在深更半夜骑车驮着一具女尸,没有其他任何能够证明被告人强奸杀人的证据。[②] 显然,在本案中,被告人的辩解明显不符合情理,一般人不可能在扛起一个装有尸体的麻袋时丝毫没有感觉到异样,也更不可能在半夜驮运尸体,因此这一辩解没有任何合理性根据,根本不构成合理的怀疑,按照英美法系"排除合理怀疑"的证明标准,是可以给被告人定

---

① 陈一云主编:《证据学》,中国人民大学出版社 1991 年版,第 119、120 页。
② 参见陈光中:《严打与司法公正的几个问题》,载《中国刑事法杂志》2002 年第 2 期。

罪的,但是,按照我国证明标准排他性的要求,既然不能完全排除被告人辩解成立的可能性,就不能判处被告人死刑。

现有的证明标准既然已经足以保障死刑案件判决的准确性和慎重性,那么,实践中一系列死刑误判的发生又该作何解释呢? 笔者认为,死刑误判的出现并非由于法定证明标准过低,而恰恰是没有严格贯彻现有证明标准导致的结果。

这种法定证明标准的异化主要体现为两个方面:第一,直接降低法定证明标准的要求,使其服务于一时一地的刑事政策。尽管我国学界在理论上对"犯罪事实清楚,证据确实、充分"提出了很高的排他性的证明要求,但这一要求在实践中却屡屡被降格适用,有时这种降格适用甚至被官方明确许可。被告人利益导向的标准在实践中往往向不利于被告人的方向倾斜,司法机关往往通过降低证明要求的方式提高对被告人的定罪率。中央于"严打"期间正式提出"两个基本"的表述,其在此后成为被广为援用的办案标准,2007 年 3 月,最高人民法院、最高人民检察院、公安部、司法部联合印发的《关于进一步严格依法办案确保办理死刑案件质量的意见》,又首次在官方文件中认可了"留有余地的判决",明确地将定罪证明标准予以降低。① 比如,在河北省承德市陈国清等 4 人被控抢劫杀人一案中,检察机关就曾明确表示,"尽管本案在某些证据上存在一些不足和遗憾,但基本事实清楚,基本证据确实充分",从而足以认定犯罪的成立。实际上,河北省高级人民法院最后也是以"两个基本"的证明标准作出留有余地的死刑缓期执行判决。董文枥"毒贩"案一开始也是一个无任何人证(只有被告人口供)、物证、书证和鉴定结论的"四无"冤案,虽然存在重大疑问,可是一审法院还是判决被告人有罪并处以死刑。可见,"严打"期

---

① 该意见第 35 条规定,"定罪的证据确实,但影响量刑的证据存有疑点,处刑时应当留有余地"。

间我国司法机关对死刑案件定罪处刑所依据的证据标准明显过低,远远没有达到法定的"案件事实清楚,证据确实、充分"的证明标准。既然如此,法官对法定标准降格适用而导致的死刑误判就不能归责于法定证明标准本身。第二,放松了证据之间相互印证的要求,而更多地运用情理推断认定案件事实。我国证明标准要求运用证据进行客观证明,而排斥运用情理进行推断,但在实践中,却放松了这一要求,往往在证据之间存在明显矛盾无法相互印证的情况下,强行根据情理作出推断,从而酿成错案。如在云南省杜培武案件中,一审法院采纳了控方的下列证据:案发现场的泥土与杜培武所穿鞋袜气味一致,在其所穿衬衣右袖口处检出军用枪支射击后附着的火药残留物,测谎试验均显示杜培武对是否杀人的陈述为谎言,而不顾杜培武多次供述内容不一致、前后矛盾的事实,以及气味鉴定和测谎试验结果均不能作为定案根据的规定,强行根据这些并不全面的间接证据,根据情理推断出杜培武作案的"事实",最终酿成了冤案。[①]

正是由于上述做法的存在,法律制度上的"高标准"并没有在实践中做到"严要求",法院对于证据不足的案件几乎总是难以按照疑罪从无的原则作出无罪判决[②],而是普遍采取了从轻量刑的处理方式,也就是我们通常所说的"留有余地的判决"。笔者不禁要问:究竟是什么因素使得中国的法官总是不敢作出"证据不足、指控的犯罪不能成立"的无罪判决?这种留有余地的裁判方式是否具有正当性?在证明标准的制度表达与法律实践之间为何总是出现令人难堪的"悖反现象"?为了回答这些问题,笔者拟对证明标准降格适用的成因依次进行考察。

---

① 本案详情可参阅顾永忠主编:《中国疑难刑事名案程序与证据问题研究》(第一卷),北京大学出版社 2008 年版,第 2—34 页。

② 很多法院甚至"成功消灭"了无罪判决。据统计,2003 年至 2007 年,最高人民法院共审结刑事案件 4 802 件,监督指导全国各级地方法院审结一审刑事案件 338.5 万件,依法宣告 1.4 万被告人无罪,也就是说,全国各级法院宣告无罪判决的比例不足 0.5%。参见《最高人民法院工作报告(2008 年)》,载《人民法院报》2008 年 3 月 24 日。

3.1 留有余地的历史考察

实际上,留有余地的判决不为我国所独有,各个历史时期都曾出现过各种对法定证明标准降格适用的做法,对这些历史性的存在进行细致的梳理或许有助于我们更好地理解当下的相关问题。

3.1.1 古罗马法时期

近代资产阶级革命所确立的无罪推定原则最早起源于古罗马时期,当时的罗马法规定了"有疑,为被告人利益"的原则,体现了证明制度中对被告人权利的保障。但是,将这一原则直接和无罪推定原则相等同却是仓促和危险的,古罗马法并没有规定:在存在疑问或被告人罪行无法得到证明时应当作出无罪判决,而恰恰相反,古罗马法规定:陪审团多数同意即可作出有罪裁决,如票数相等才可裁决无罪释放,可见当时的无罪判决有着独立的操作标准,并非只要不能形成有罪判决都应予以无罪释放,对于那些既无法确定有罪也无法确定无罪的案件,古罗马法律规定了一种介于"有罪判决"和"无罪判决"之间的判决形式,即以"案情不清"形式所作出的"证据不足"(或称"未得到证明")的裁判。作出这种裁判后审判即宣告无效,必须重新审判,而且裁决之后不许上诉。从这些规定中我们可以明显看出,古罗马时期对于无罪判决采取了一种极为谨慎的态度和立场,尽管立法者已经在证明标准问题上充分考虑到了被告人的疑点利益,但是为了控制犯罪和保卫社会,法律又专门对疑罪案件采取重新审理的态度,以防止错误释放罪犯,这种态度和做法并不像后世所认为的那样疑罪皆作无罪处理。可以说,这种疑罪的处理机制实际上是在有罪推定和无罪推定之间所作的一种巧妙的平衡,以同时维护被告人的权利和社会的安全利益。这种法律思想在罗马—教会法形成初期得到了延续。美国著名刑事诉讼法学家达马斯卡教授认为,与后来的实际情况相比,早期法官可能有更多的机会对犯罪作主观定罪。"在罗马—教会法产生之初,当'良心'告诉法官他必须惩罚被告人,而法律并未规定此种情况下的法定刑罚时,通常的解决办法是定罪并处以较轻的刑罚。"①拉丁语中有"唯恐犯罪不受处罚"(ne criminal maneat impunita)的法谚,反映了当时人们对于社会防卫的重视和释放罪犯的恐惧。而这种在"证据不足"时作出的有罪裁判本身,就是留有余地的裁判,其本质就是对法定证明标准的降格适用。

3.1.2 神示证据制度时期

在古代的神示证据时期,裁判者以水审、火审、十字架证明等愚昧和野蛮的方式证明案件事实,因此,学界认为,神的启示就是当时诉讼证明的证明标准。笔者并不认同这种观点。其实,即使是在神示证据时期,神判也并非诉讼证明的唯一形式,相反,与神判并存的还有很多种理性证明形式,如书面证据或证人证言,或者某种形式的咨询调查等,神判只是在传统言辞证明方式无法进行时的一种必要补充和替代。在《萨利克法典》中,提及神判与提及证人的比例为1比6。1220年的《萨克森明镜》则规定:"除非没有其他方式可知悉真相,否则在任何案件中使用神判皆属不当。"可见,神的启示与其说是一种证明方式,倒不如说是一种裁判方式更为准确。当时对于有罪的证明要求并不像我们认为的那样低,相反,证明标准的设置体现了一定的保护人权的要求,因此证明难度较高,尤其是某些隐秘性犯罪,更加无法获得法律所要求的目击证人的证词,严格按照证明要求对嫌疑人定罪存在

---

① 〔美〕米尔吉安·R. 达马斯卡:《比较法视野中的证据制度》,吴宏耀、魏晓娜等译,中国人民公安大学出版社2006年版,第311页。

一定程度的困难,而一旦证明无法完成,法官出于社会防卫的考虑又不能轻易释放被告人,于是法官就根据案情的需要自由选择某种替代证明的方式以规避证明标准的过高要求。在指控仅仅具有某种怀疑而没有充足证据时,法官往往就会运用神判的方式。可见,即使是在神判时期,裁判者实际上也并不能随意启动神判,而只能在特定种类的犯罪或存在相当的怀疑但又无法形成确信的案件中加以使用。神判"证明"仅仅是在理性证明方式无法完成时,对危害较大、对被告人犯罪存在合理怀疑但却没有充足证据证明时的一种补充方式。可以说,这种仅仅适用于特定案件类型和特定场合下的神判方式,实际上就是一种对证明标准的降低甚至是规避,一种防止将有危险性的被告人无罪释放的"正当化手段",是在权利保障和社会防卫两大政策目标之间所作的一种必要的平衡。

3.1.3 法定证据制度时期

在法定证据制度下,证明标准规定得甚至比以往任何历史时期都更为严格,可以说,法定证据制度的本质就是严格的证明要求。比如,刑事案件的证明标准必须达到清楚明确的高度确定性,死刑案件还必须取得嫌疑人的口供才能判处死刑。起诉方必须就其指控提出"完全的证明",其所提供的证据必须"像正午的太阳一样清晰"。在这种证明标准的要求之下,如果加以严格贯彻的话将很难作出有罪判决。这种严格的证明要求看似非常有利于被告人权利的保障,由于定罪难度的增加,应当会大量地减少错误定罪。但事实情况并非如此。法定证据制度所规定的严格的证明标准,使得失去神判制度的诉讼证明活动变得十分困难,因此,在法定证据制度时期,为了有效打击犯罪,防止错误释放有罪者,法官普遍规避和减低法定证明标准,在达不到证明标准时对被告人从轻判决。"温和的刑罚开辟了一条中间道路,当法官不能收集到充分的法定证据,但是主观上已经认为被告人犯罪时,法官不再被迫作出无罪判决,他们能够对被告人定罪并处以温和的刑罚。"① 以死刑和巫术这两类严重犯罪为例。在死刑案件中,尽管死刑案件具有最高的证据要求,但是13世纪的学者认为仅仅根据间接证据仍然可以判处死刑,甘迪努斯(Gandinus)以帕尔马作出的一个判决为例说明,对于杀人罪被告人不用充分的证据就可以对其定罪。更为重要的是,作者揭示:这种情况在意大利并非个例,而是一种相当普遍的实践做法,在证据不足时,罪犯不会被无罪释放,而是会被判处罚金。诚如达马斯卡教授所言:"无论是在法官确信的情况下,还是在法官只是认为有犯罪可能的情况下,都会适用温和的刑罚,审问法官能够明确地区分不可挽回的血腥制裁和稍温和的制裁。用现代裁判行话来讲,惩罚的严重程度决定了可容许的误差范围。此外,当法官考虑到被告人的危险性,但不能确定其是否犯了正在审判中的罪的时候,认为对温和的刑罚的要求,要达到对确信有罪定罪判刑的要求,是不切实际的。"② 可见,法定证据严格的证明标准实际上并没有在实践中得到严格的贯彻,而是出于某种刑事政策的考虑被普遍地予以降格适用,从而形成了表达与实践的悖反。

3.1.4 自由心证制度时期

正是由于实践中这种在未达到证明标准时疑罪从轻的做法逐渐盛行,表面上严格控制法官自由裁量权的法定证据制度才最终丧失了生命力,并最终为自由心证制度所取代。自由心证制度将评判被告

---

① 〔美〕米尔吉安·R. 达马斯卡:《比较法视野中的证据制度》,吴宏耀、魏晓娜等译,中国人民公安大学出版社2006年版,第307页。

② 〔美〕米尔吉安·R. 达马斯卡:《比较法视野中的证据制度》,吴宏耀、魏晓娜等译,中国人民公安大学出版社2006年版,第313页。

有罪与否的任务交给了法官,而不用受制于烦琐僵硬的证据规则。"内心确信"的证明标准由此得以确立。与自由心证一并得以确立的还有启蒙运动时期的重要理论成果——无罪推定原则。该原则要求:一切未经合法有效地证明"确信"为犯罪的行为,其行为人都不得被施加任何刑罚,而应当被推定为无罪之人。由此,疑罪从轻这种比例认定的裁判方法得到了理论层面上的清算,法官不能仅仅根据怀疑或不确定性的证明对被告人处以刑罚。证明标准似乎再一次失去了闪转腾挪的空间。但真实的情况并非如此,正是"内心确信"这一强调裁判者主观判断的证明标准使得证明标准的模糊性更为突出,也使得裁判在逻辑法则之外得以融入裁判者个人的经验法则甚至情理推断。因此,尽管法律坚决反对疑罪从轻的做法,但这种模糊证明标准的存在,使得人们很难质疑法官内心的确信状态,证明标准由此获得了一个弹性范围更广的适用空间,可以在保障人权和社会防卫两种诉求之间保持巧妙的平衡。历史事实也证明了这一点,即使在自由心证和无罪推定的制度环境下,司法实践仍然充斥了大量在无法达到证明标准时从轻处理的做法。法官仍然倾向于把案件事实的不确定性转化为减轻处罚,疑罪从轻的做法在实践中并没有绝迹。正如福柯所言:"实际上,在内心确信原则背后,如同在古老的法律证据体系中一样,有一种实践继续根据证据的不确定来调节处罚。"[1]它并没有因为证据裁判主义和无罪推定原则的理念上的先进而自动退出历史舞台。司法者拥有一套心照不宣的裁判逻辑。这种情况不仅仅发生在大陆法系国家,实际上,即使是最为注重保障人权的英美等国也并没有对无罪推定原则给予机械的理解和适用,一旦某人涉嫌犯罪,刑事司法制度总是更倾向于定罪而不是释放,比如,1901年,英国一个名叫阿道

---

[1] 〔法〕米歇尔·福柯:《不正常的人(法兰西学院演讲系列,1974—1975)》,钱翰译,上海人民出版社2010年版,第9页。

夫·贝克的人涉嫌诈骗,在该案的审判中,控方证据存在20多处疑点,但被告人最终还是被法庭定罪。之所以如此,是因为控方认为,被告人有过犯罪前科,因此他是否承认自己实施了被指控的犯罪行为反而并不重要。这一判决并非一个孤立的事件,再如,1953年,英国一个名叫戴瑞克·本特雷的19岁智障男孩被指控与另一被告人共同抢劫一仓库,并开枪打死一名警察。该案关于本特雷是否参与了谋杀存在很多疑点,而且英国法律也有为智力缺陷的人提供减免刑事责任的法律依据,但英国的法官出于一种对充满反抗精神的失业青年的恐惧心理而最终将其定罪。可见,即使在英美法系国家,出于对错误释放的深层恐惧,对法定证明标准的降格适用也是一个普遍的现象。

3.2 留有余地的实践样态

通过对各个历史时期证明制度的分析,我们不难发现,各国都有着不尽相同的诉讼文化背景,即使同一个国家在不同的历史时期对刑事政策也会有不同的侧重,而这种偏重必然会实质性地影响刑事证明标准的设置与运作。只要国家没有杜绝对错误释放的恐惧,就几乎一定会在这一思想的影响下或多或少地对法定证明标准予以降低适用。在我国,由于长期以来政策法律化和法律政策化的双向影响,这一点体现得尤为明显,这一部分,笔者将对我国刑事司法中常见的留有余地的实践样态进行初步的分析。

3.2.1 四个案例的引入:留有余地的实践样态

为了对留有余地的裁判方式进行更为细致的学理分析,我们可以从下面几个案例入手。

【案例1】 某市中级人民法院2001年审理的一起故意杀人案中,法院判决中认定如下事实:被告人董某于1983年12月的一天,将一男青年骗至某市邹某住处,乘该男青年不备,董某持斧头朝男青年的头部猛砍数下,致其颅脑损伤死亡。董某与邹某将被害男青年的尸体投入邹某住处的一古井内。董某于2000年8月被查获归案。法院认定该案的证据有:(1)同案人邹某证实,1983年12月的一天,董某在某市其住处,持斧子将一男青年砍死,其帮董某将被害人尸体抛至院内的井中。(2)证人王某证实,1983年11月,其用某市的住房与邹某换房,不到一年的时间,其又将该房换回。(3)某市公安局勘查笔录及现场照片证实。在某院挖掘出一直径1米的古井,井下6.2米处发现一具完整的尸骨。(4)某市公安局检验报告证实,本市城区某院挖掘出的是一具男性尸骨,推断年龄为23岁;该尸骨右颞枕可见类圆形凹陷粉碎性骨折2处,枕骨结节下凹陷骨折,骨片上可见砍痕5处。鉴定结论证实,该无名男性尸骨情况符合被他人用斧背及刃部打击并砍击头部,致颅脑损伤而死亡。(5)董某供述作案的时间、地点、手段等情节与上列证据相符。

应该说,该案作案手段残忍,如果事实清楚,证据充分,能够认定被告人董某的确实施了杀人行为的话,应当判处其死刑立即执行,但是法院最终判处被告人死刑缓期两年执行,其原因便是:在定罪环节上尚存有疑问,未能排除其他可能性。比如:案发时间过于久远,侦查机关在进行现场勘查时已经不可能再提取到作案现场的足迹、指纹、毛发等物证;被害人身份也几乎没有任何办法可以查清,在命案中,死者身份是证据链条的重要一环,缺乏这一重要证据,就无法形成完整的证据锁链,不仅如此,该案指向董某杀人的直接证据只有董某的供述和邹某的证言,却并无其他证据与之印证。而这两份言词证据并不能排除被刑讯逼供和诱供的可能,据此定案风险极大。考虑到这些因素,法院最终作出了留有余地的死刑缓期执行判决。①

【案例2】 2006年4月25日晚,被告人黎某得知同居男友梁某已与另一女子登记结婚。次日被告人黎某便购回三支"海珍鼠药王"老鼠药,将其中两支老鼠药液剂倒入平时用餐时使用的瓷碗内,与煮好的苋菜汤混合后放置在出租房内的电视柜隔层里。4月27日凌晨2时许,梁某下班回到出租房后喝了此放了老鼠药的汤而中毒,被告人黎某即找车送梁某去医院,后梁某经抢救无效死亡。被告人黎某即向公安机关投案。经法医鉴定,梁某符合氟乙酰胺中毒致死。

在该案的审理中,一度形成了两种截然不同的意见:一种意见认为,被告人构成故意杀人罪;另一种意见认为,被告人仅构成过失致人死亡罪。两种意见争议的核心问题是被告人犯罪行为的主观心态问题。根据本案现有证据,被告人黎某一直稳定供述虽然她买回老鼠药将药放入汤碗中,但她并非想让被害人梁某饮用,而是准备用来自杀,只是被害人梁某误饮了该碗放有老鼠药的汤,经送医院抢救无效才导致被害人死亡。在现场提取的其他检材中均未检出氟乙酰胺成分,证实被告人黎某并未在所有的碗中加入老鼠药,她只是在一只汤碗中放有老鼠药,并将该放有老鼠药的汤碗放在电视柜的隔层里,并没有和其他饭菜一起放置在饭桌上。且该案并无其他证据证实被告人黎某是故意让被害人饮用该碗放有老鼠药的汤,同时也不能排除被告人黎某所作供述和辩解的真实性及合理性,因为每个人在面对同一种情况时的心理状态是不同的,并不能排除被告人黎某在得知梁某

---

① 参见王新清、李征:《论留有余地判处死缓案件——兼论判决结果的相对合理性》,载《中国刑事法杂志》2006年第2期。

与其他女人结婚后会产生自杀念头的可能性,虽然被告人黎某用了苋菜汤与紫红色的老鼠药混合,但被告人黎某辩称是为了自己能够好下口喝,也防止被害人知道是毒药后不让她喝,她这种辩解也许以常理判断比较牵强,但也不能绝对否定她当时不会这样想。所以对被告人黎某的供述,在采信证据时不能只采信对被告人不利的证据,对被告人有利的辩解,如果不是完全不可能,只要有存在的可能性,应当从有利于被告人的角度予以采信。在该案中,被告人既有故意杀人的可能性,但也不能完全排除其过失致人死亡的可能性,在这种情况下,认定被告人构成故意杀人罪,应当有足够的证据予以证实,而不能仅靠推理,既然不能完全排除被告人辩解的真实性,也就不能排除合理怀疑,故不能认定被告人黎某构成故意杀人罪,应当留有余地认定较轻的主观心态,即过失致人死亡罪。①

【案例3】 湖南籍无业人员周国华等五人与同案人尹剑龙等四人(该四人均在逃)于2006年8月9日下午相互纠合,密谋以故意制造交通事故的方法抢劫车辆。九人携带透明胶纸、铁水管等作案工具,驾驶金杯面包车在路上物色抢劫对象。次日凌晨零时许,面包车加速追赶并故意碰撞一辆本田小汽车的右后侧。乘车主卿某某(系南方医科大学教授)下车察看之机,歹徒将被害人挟持至金杯面包车上,捆绑被害人手脚,抢得卿某某移动电话机、现金、银行卡等物,并使用用铁水管殴打、拳打脚踢等方法逼问卿某某银行卡密码,导致卿某某死亡。之后,歹徒将尸体运到清远佛冈县水头镇一山坡处草草进行掩埋。案发后,公安机关根据犯罪嫌疑人的指认找到卿某某的尸体。经法医鉴定,被害人卿某某系被他人使用钝性暴力打击全身多处致创

---

① 参见张华伟:《是故意杀人还是过失致人死亡》,载 http://www.fszjfy.gov.cn/program/article.jsp?ID=22155,访问日期:2011年3月29日。

伤性休克死亡。原审被告人阳志刚将抢得的车辆销赃得赃款 22 000 元,连同抢得的现金共计 24 200 元,由各原审被告人及同案人共同分得。案发后,当地公安机关迅速侦破,抓获五名犯罪嫌疑人,但另有四名犯罪嫌疑人仍然在逃。2007 年 10 月,周国华等五名凶犯分别被市中级人民法院一审判处死刑缓期二年执行、无期徒刑和有期徒刑,没有一人被判处死刑立即执行。

在该案中,各被告人大多是累犯或刑满释放分子,犯罪后果严重,被害人又是具有突出贡献的南方医科大学的知名教授,社会影响极为恶劣,民愤极大,该案也不存在其他法定从宽处罚的情节,论罪应当判处死刑立即执行。但主审法官之所以作出如上判决,主要是考虑到该案有四名同案犯在逃,现认定九名被告人先后三次殴打被害人,致被害人创伤性休克死亡的证据和事实,主要是凭归案的被告人的口供来认定和推断。在罪责认定上存在不确定性因素,没有排除其他可能性。而且,根据现有证据,在逃的尹剑龙的罪责比已归案的五名被告人更重。现有证据显示:他是抢劫作案的纠集人之一;是选定抢劫作案对象的拍板人;先后三次动手殴打被害人,且用羊角铁锤、铁水管殴打被害人脸部、胸部等部位,在同案人中殴打次数最多,出手最重;在确认被害人死亡后,决定掩埋尸体并购买掩埋尸体的工具。而该案第一被告人周国华在致被害人死亡的整个过程中,罪责可能次于尹剑龙,可能不是共同犯罪中罪责最为严重者。一审判处周国华死刑,缓期二年执行适当,予以维持并核准。正是出于上述考虑,主审该案的法官最终在量刑上留有余地,没有判处已归案的五名被告人死刑立即执行。①

---

① 参见《撞车党劫杀博导,嫌犯潜逃 4 年广州落网》,载 http://news.ntonline.cn/news/society/today/354622.shtml,访问日期:2011 年 3 月 29 日。《劫杀博导案首犯终审维持死缓》,载 http://news.sohu.com/20080226/n255357070.shtml,访问日期:2011 年 3 月 29 日。

【案例4】 被告人黄某某,男,18岁,安徽省含山县人,初中肄业,农民。2004年9月期间,被告人黄某某起意用绑架等方法勒索钱财,同年10月6日,其在北京市昌平区北七家镇东沙各庄村健身广场,将该村两名8岁男童赵某、周某骗至其租住的该村某院外的房间内,诱使两名儿童喝下事先放入安眠药的饮料,用准备好的白色尼龙绳将两名儿童手脚捆绑,并用胶带缠住两名儿童口鼻,待两名儿童昏迷后分别装入塑料编织袋内,拖至床下藏匿。两名儿童因被阻塞外呼吸道,致机械性窒息死亡。次日,作案后逃离现场的黄某某回村打探情况时被抓获归案。

该案中,黄某某以勒索财物为目的,绑架并杀害被绑架人,其行为构成绑架罪,且犯罪性质恶劣,后果极其严重,论罪应当依法判处死刑立即执行。但该案特殊的问题在于:在法庭审理中,公诉机关提供用以证明黄某某出生日期的身份证等书证材料与黄某某的家属提供的学籍呈报表及证人证言等证据相互矛盾,控方出具了黄某某所在行政村的派出所户籍资料,该资料显示,黄某某的出生日期为1985年2月5日,据此,其犯罪时已满18周岁。控方认为,只有医院的出生证明在效力上才高于派出所的户籍登记,在无法取得医院的出生证明的情况下应以户籍登记为准。而黄某某的家属则提供了其就读某中学的原始学籍呈报表,记载其出生日期为1987年10月,据此,其犯罪时不满18周岁,辩方的意见是:双方提交的出生日期证明都没有其他证据予以佐证,因此,对被告人的真实年龄不能排除合理怀疑,应当推定其犯罪时未满18周岁,作出"留有余地的判决"。本案一审法院采纳了辩方的观点,于2006年3月作出判决:被告人黄某某犯绑架罪,判处无期徒刑,剥夺政治权利终身,并处没收个人全部财产。①

以上四个案例,代表了实践中常见的"留有余地的裁判方式"的四个典型样态。我们可以从中概括出留有余地的判决的几种模式。在案例1中,由于定罪证据不扎实,难以形成完整的证据锁链相互印证,因而无法确定案件主要事实,属于"因证据不足而在入罪问题上留有余地"的判决;在案例2中,公诉机关有足够的证据证明被告人确实实施了犯罪行为,并确实导致了危害结果的发生,在主要事实问题上没有疑义,但对被告人犯罪的主观心态究竟是属于故意还是疏忽大意的过失存在争议,现有证据无法排除合理怀疑的证明被告人是故意杀人,因而认定为过失致人死亡罪,属于"因证据不足而在罪名认定上留有余地"的判决;案例3则属于犯罪主要事实没有争议,对被告人构成的罪名也无疑义,仅在量刑问题上,由于几名主犯在逃,对于共同犯罪中的罪责划分问题无法查清,属于"因证据不足而在量刑上留有余地"的判决;案例4则属于犯罪事实和罪名均无异议,仅对被告人是否年满18周岁,是否应适用死刑立即执行存在相反的证据且无法确定,属于"因证据不足而在量刑的主体身份问题上留有余地"的判决。

综上,我们可以把实践中的留有余地的判决基本划分为如下几种模式:第一,定罪事实不清时的留有余地;第二,量刑情节不清时的留有余地;第三,介于上述两者之间的——此罪与彼罪不清时在罪名选择上的留有余地。②

---

① 参见于同志:《死刑裁量》,法律出版社2009年版,第15页以下。
② 在2002年10月16日颁布的《广东省高级人民法院关于办理毒品犯罪案件适用法律若干问题的指导意见》中也有所反映:"对于毒品犯罪的数量刚刚达到死刑的量刑标准、既没有法定从重情节又没有法定从轻、减轻情节的被告人,有下列情形之一的,可以根据案件具体情况酌情(转下页)

3.2.2 死刑的递进式判断与留有余地

以上三种留有余地的裁判模式是如何形成的？它们与死刑案件的裁判过程有何内在的关联？它们的正当性如何？要逐一回答这些问题，我们必须深入分析死刑案件的整个裁判过程。

我们在裁判一个死刑案件的时候，依次要经过如下几个阶段的判断：第一，被告人是否实施了犯罪行为？第二，被告人是否构成被指控的死刑罪名？第三，被告人是否具有从重处罚情节，是否罪行极其严重，以至于必须立即执行死刑？第四，被告人是否具有一些法定或酌定的从轻、减轻的量刑情节，并非必须立即执行死刑，因而可以判处死缓？如果用更为精练的语言概括就是，被告人的行为要先后经过"犯罪圈""死罪圈""死刑圈"和"死缓圈"的四重审查，最后才形成死刑认定和判罚的一个完整过程。①

值得注意的是，白建军教授认为，一个行为只需要经过"死罪圈""死刑圈"和"死缓圈"的三重检验，笔者对此不完全同意。理由在于：只有在实行严格控审分离、裁判者严格受指控范围限制的司法区，控方指控的是死刑罪名，裁判者只有判断该死刑罪名是否成立的自由，而不能任意改判其他罪名，但在我国，由于法官可以不受控方指控范围的限制，因而只要法官认为被告人实施了某一具有严重社会危害性的行为，本身已经构成犯罪，即使控方指控的死刑罪名不成立，也会通过变更指控罪名的方式以其他罪名追究其刑事责任，正因为如此，在我国，死刑案件的认定和判罚过程似乎就应加上"犯罪圈"的考

（接上页）考虑留有余地：(1) 基本犯罪事实清楚，但个别证据不够扎实的；(2) 被告人年满18岁的基本证据确实，但存在疑问无法排除的；(3) 特情介入的案件中，虽不能确定属于引诱，但难以排除引诱因素的；(4) 当场查获的毒品数量较少，由于被告人主动交代出较大数量的毒品，而达到死刑标准的；(5) 被告人本身没有法定从轻、减轻情节，但其亲属为了减轻被告人罪责而积极向公安机关提供他人毒品犯罪线索经查属实，或者协助公安机关抓获其他犯罪分子的。"

① 参见白建军：《死刑适用实证研究》，载《中国社会科学》2006年第5期。

量。据此,死刑案件的认定和判罚过程就应当是:犯罪圈—死罪圈—死刑圈—死缓圈。

根据这一顺序,死刑案件在判处死刑立即执行的过程中将经历若干道关口的检验。任何一个关口的检验不合格,都将带来死刑适用的中断,从而无法适用死刑立即执行这一刑罚。

具体而言,第一种情形发生在"犯罪圈"环节,控方证据不足,导致其指控未能通过"犯罪圈"的检验,即案件主要事实不成立。换句话说,裁判者认为:①根本就没有犯罪事实发生;②所指控的犯罪行为不是被告人实施的;③被告人实施的行为不构成犯罪。比如,上述案例1中,由于只有言词证据且缺乏其他证据的佐证,从而在案件主要事实的证明上无法排除合理的怀疑,在这种情况下,由于证据不足,无法确认被告人是否实施了犯罪行为,裁判者被迫作出定罪事实不清的留有余地的判决。

第二种情形发生在"死罪圈"环节,控方有足够的证据证明案件主要事实,可以确认被告人的确实施了犯罪行为,但对于是否构成被指控的死刑罪名,尚缺乏一些必要要件证据。比如,在前面所举的案例2中,法官已经可以肯定被告人至少实施了杀害被害人的行为,但究竟是故意杀人还是过失致人死亡,关于被告人主观心态的证明缺乏关键证据,在证据不足的条件下,难以认定其构成死罪,而只能认定其构成过失致人死亡罪这一较轻的罪名。在这种情况下,由于证据不足,无法确认被告人是否构成死刑罪名,裁判者降格处罚,作出此罪与彼罪不清时由重罪改判轻罪的留有余地的判决。

第三种情形发生在"死刑圈"环节,控方有足够的证据证明被告人的确实施了犯罪行为,而且构成可判死刑的罪名,但对于是否罪行极其严重,尚需一些重要的量刑情节予以佐证,但由于同案犯尚未归案,或者重要证据无法收集及遗失,导致法定从重处罚情节无法得到充分的证明。在上述案例 3 中,由于同案犯没有归案,导致一些关键细节无法查清,从而无法确认被告人是否具有从重处罚的量刑情节,在这种证据不足的条件下,尽管可以认定被告人成立该死刑罪名,但却无法作出适用顶格刑判决,因此裁判者只能在量刑情节上作出留有余地的判决。"死刑圈"环节的另一种表现是:由于法律明确规定,未成年人不得适用死刑,因此,尽管被告人罪行极其严重,论罪应杀,只要其是未成年人,就不应判处死刑。甚至在被告人是否是未成年人这一问题上发生争议而无法确认的,也应留有余地,不得判处死刑。

第四种情形发生在"死缓圈"环节,控方有足够的证据证明被告人的确实施了犯罪行为,且构成可判死刑的罪名,罪行也极其严重,但由于一些法律和政策的原因,考虑到被告人是否能够回归社会,是否具有教育改造的可能,仍规定了一些不适用死刑立即执行的情形。在证据不足,无法确认这些情形是否存在时,裁判者也会作出有利于被告人的认定,从而作出留有余地的判决。这一环节的留有余地与事实认定无关,而往往是一种政策选择与判断,因此不在此处讨论的范围之内。

3.2.3 留有余地的两种模式及其正当性辨析

综合上文所述,除第四种情形的留有余地与事实认定无关,因而不予讨论以外,另外三种情形的留有余地各有特点,概括起来,第一种情形下的留有余地本质上违背了无罪推定原则的精神,因而是不利于被告人的裁判方式;而后两种情形下的留有余地,则是在被告人构成犯罪确信无疑,因而必须承担刑事责任的前提下而作出的选择认定,其本质是有利于被告人的裁判方式。由此看来,留有余地似可分为两种理论模式:一是不利于被告人的留有余地,二是有利于被告人的留有余地。具体而言,在进入犯罪圈时因证据不足而疑罪从轻的,属于不利于被告人的留有余地(类型Ⅰ);而在进入犯罪圈之后因证据不足而疑罪从轻的,属于有利于被告人的留有余地(类型Ⅱ)。

显然,类型Ⅰ应当属于"疑案"的范畴,即被告人是否构成犯罪尚处于疑问状态下的裁判方式,而类型Ⅱ才是严格意义上的留有余地的判决,是在被告人构成犯罪已无疑问的前提下,对其是否具有某些特殊情节,从而是否可以适用死刑尚存疑问状态下的裁判方式。按照现代刑事司法的理念,前者应是无罪推定(疑罪从无)原则适用的领域,而后者则是罪疑惟轻原则适用的领域。①

众所周知,现代法治普遍确立了无罪推定的程序法原则,在未经法院依法确定有罪之前,任何机关和个人都不得确定被告人有罪。在无罪推定原则之下,控方承担举证责任,只有在将犯罪证明到排除合理怀疑的程度之后才能够卸除证明责任,而如果未能达到证明标准,则要承担指控的犯罪事实不能成立的后果,被告人即应被无罪释放。因此,就其本质而言,无罪推定原则事实上是一种证明机制,是一种证明责任分配规范的指导性原则。但在实践中,如果严格贯彻此原则,就会由于证据不足而将很多事实上的罪犯一放了之,将存在定罪可能因而带有人身危险性的被告人放归社会。为了避免给社会带来风险,法院往往以"留有余地的判决"降低其本可以判处刑罚以下的量刑,从而在事实量不足的情况下避免给予全额或部分处罚。这一从轻量刑在我国死刑案件的判决中体现得最为明显,很多定罪存在疑问的案件都被判处死刑缓期执行,以在继续关押被告人的情况下,避免对其可能的错杀。因此,这种从轻量刑的本质是一种无法达到证明标准但又不能轻易释放被告人的妥协方式,是在惩罚犯罪与保卫社会之

---

① 感兴趣的读者还可参见于同志:《死刑裁量》,法律出版社2009年版,第297页以下。

间的一种艰难平衡。这种类型的"留有余地"严重违反了无罪推定这一刑事司法的基本原则,因而是坚决不能接受的。第一,如果控方的证明没有达到证明标准就给被告人定罪,就等于不合理地降低了对控方的要求,极有可能冤枉无辜,因而这种做法不具有合法性。实际上,现代法治国家的无罪推定原则正是在启蒙思想家对按心证程度施加比例性处罚的基础上建立起来的。① 第二,与程序性制裁的从轻量刑不同的是,前者是在犯罪证明达到证明标准之后的处理,是对控方非法行为的一种制裁手段,是由高到低的减刑,容易得到公众甚至被告人本人的理解;而后者则是在控方未能履行责任的情况下,由低(无)到高的一种加刑,是对控方的无故加赏,必将实质性地降低控方的举证动机,并将证明疑点的利益统统分配给控方,这不但是对无罪推定原则的巨大破坏,而且是对诉讼基本结构和利益分配的严重背离,因而不具有合理性。第三,在定罪证明不足时作出留有余地的判决违背了定罪量刑的逻辑顺序。众所周知,刑罚的启动包括定罪和量刑两个环节,相应地,证明对象也就包括定罪事实和量刑事实两个方面,只有在定罪事实查明无误的情况下才会启动量刑情节的查明,前者是后者的前提,如果定罪事实都无法确定,量刑事实也就失去了存在的意义。而在定罪证据不足时从轻处理,实际上颠倒了这一逻辑顺序,将第一个阶段(定罪)有和无的问题转化成了第二个阶段(量刑)多和少的问题,严重违背刑事司法的逻辑,因而不具有正当性和合理性。

  因此,我们只有在构成犯罪确信无疑,而仅对量刑事实和情节存在疑问时,才可以在重刑和轻刑之间作出有利于被告人的推定,作出留有余地的判决,这也正是罪疑惟轻原则适用的领域,在这个意义

---

  ① 参见秦宗文:《"疑罪"应当"从无"吗?——法治与情理视角下对疑罪从无原则的重新审视》,载《法律科学(西北政法学院学报)》2007年第1期。

上,第二种类型的留有余地就是正当的,符合现代刑事司法理念的操作原则。最为典型的例证是:在某山区中,猎人甲与猎人乙几乎同时射击巡山员丙,但甲、乙事先互不知道对方开枪之情事。其中一弹射入丙之心脏,另一弹打中丙之头部,依事后之鉴定,两弹皆足以立即致丙死亡,但却无法分辨究竟何弹先中,何弹后中,问法院能否据以判处甲、乙杀人既遂罪名?① 对于此案,根据刑法,杀人行为与死亡结果之间只要存在因果关系即可下判,但在程序法上,根据证据裁判原则,无法证明甲和乙的行为与丙死亡结果之间是否具有因果关系,鉴定报告无法确定究竟是谁的子弹先打死了丙,因此自然无法建立起这种因果关系,故而无法认定甲或乙承担既遂责任。因此,只能根据罪疑惟轻原则作出有利于被告人的认定,判处其杀人未遂。这种留有余地的判决才是正当的、可以接受的。②

综上所述,罪疑应当从无,而刑疑则应当从轻。罪疑不能留有余地,刑疑必须留有余地。应该说,这一观点在学界和实务界都已达成

---

① 参见林钰雄:《严格证明与刑事证据》,法律出版社2008年版,第126页。
② 如某高级人民法院审理的孙某故意杀人上诉案,某年冬天,孙某与冯某发生争执后,纠集苏某、关某,对冯某及冯某的雇工郭某进行殴打;后孙某等人将冯某、郭某拖入一辆面包车内,由孙某驾车至某市郊区的引水渠旁,孙某、关某将冯某投入引水渠内;同时,郭某在关某、苏某的胁迫下跳入引水渠内;后冯某、郭某因溺水死亡。一审法院以故意杀人罪判处被告人孙某死刑,剥夺政治权利终身,孙某不服,提出上诉。二审法院审理期间,对此案在定性问题上,合议庭法官之间存在分歧,焦点是关某、孙某、苏某的行为是构成过失(过于自信)致人死亡罪,还是(间接)故意杀人罪。多数意见认为应认定构成(间接)故意杀人罪,理由是:当时气温较低,被害人醉酒后遭殴打,再被投入河中,三被告人应当明知自己的行为会造成死亡结果的发生,而在主观上采取放任的态度;少数意见认为应认定构成过失致人死亡罪,理由是:根据三名被告人的供述,将被害人投入或逼迫入水,主观上就是想教训一下被害人,当被害人冯某求饶后,被告人还有欲拽被害人冯某上岸的行为,被冯某拒绝;三名被告人见二名被害人均会游泳且游向对岸后,方离去。因此,冯某、郭某被溺死的结果,并不是三名被告人所追求的。此外,该案在证据方面也存在缺陷,缺乏被害人被投入水处相应的水文资料;公安机关勘查笔录记载的是发现尸体处,该处没有标明渠水的深度;对于案发当时现场的闸水位、输水流量、流速都无详细的说明,这也给案件定性造成困难。因此,该案最后的处理结果是定性为故意杀人,但考虑到少数意见,在量刑时留有余地,以故意杀人罪判处被告人孙某死刑,缓期二年执行,剥夺政治权利终身。参见王新清、李征:《论留有余地判处死缓案件——兼论判决结果的相对合理性》,载《中国刑事法杂志》2006年第2期。

普遍的共识。比如,最高人民法院前任院长肖扬就曾指出:案件审理"必须始终贯穿证据裁判这条线。做到事实清楚,证据确实、充分。如果定罪的关键证据存在疑问,不能排除合理怀疑的,应当作出证据不足、指控的犯罪不能成立的无罪判决;如果定罪证据达到了确实、充分的裁判标准,但影响量刑的事实、证据存在疑问的,则应当留有余地,尤其是死刑案件,必须做到杀者不疑,疑者不杀"。可见,至少在我国最高裁判机构看来,留有余地的裁判方式应当严格限制在第二个领域,而第一个领域应当严格贯彻疑罪从无的裁判原则。官方认可的仅仅是第二种模式的留有余地。①

---

① 值得注意的是,著名学者陈瑞华教授在谈到留有余地判决的时候,也将其限定在第二种情形之上:"这种书本上的'留有余地',大体包含着三个方面的要素:一是在定罪问题上没有形成'疑案',案件定罪事实清楚,定罪证据确实、充分,达到了法定的证明标准;二是案件在是否应当判处死刑问题上尚未达到法定的证明标准,或者影响量刑的证据存有疑点;三是宣告有罪,但量刑从轻处罚,也就是不判处死刑立即执行,而改判死刑缓期执行,或者其他更为轻缓的自由刑。"陈瑞华:《留有余地的判决———一种值得反思的司法裁判方式》,载《法学论坛》2010年第4期。

4 死刑案件证明标准降格适用的成因

我国刑事诉讼证明标准在实践中往往会被降格适用,法律制度上的"高标准"并没有在实践中做到"严要求",造成这一"悖反现象"的根本原因是裁判者制度角色和制度能力之间的矛盾。一方面,人们期待裁判者能够严格掌握证明标准,以防止错判无辜;另一方面,裁判者的制度能力又无力实现这一制度角色期待。提高死刑案件证明标准等改革方案进一步扩大了制度角色和制度能力之间的鸿沟,从而可能加大刑事司法错判无辜的风险。司法改革应重视制度角色和制度能力的互动关系,以避免表达与实践的"悖反现象",真正实现改革的目标。

4.1 问题的提出:刑事证明标准的降格适用

我国《刑事诉讼法》第 200 条规定:"案件事实清楚,证据确实、充分,依据法律认定被告人有罪的,应当作出有罪判决……证据不足,不能认定被告人有罪的,应当作出证据不足、指控的犯罪不能成立的无罪判决。"据此,刑事案件的法定证明标准可以概括为"案件事实清楚,证据确实、充分",凡是无法达到该标准的案件都应将被告人无罪释放。但是,在相当一部分案件中,法律制度上的"高标准"却并没有在实践中做到"严要求",在证明标准的话语表达与司法实践之间、在"无罪推定"的先进理念和司法实践的强大惯性之间似乎出现了某种程度的"悖反现象":一方面,在话语层面上强调"客观真实"和事实认定的"绝对确定",以保护无辜者不被错误定罪;另一方面,又在实践中出于各种政策因素的考量实质性地降低这一标准,其直接表现就是大量无法达到法定证明标准要求的案件被以"疑罪从轻"的方式加以处理,法院无罪判决的数量极其有限。2018年全国"两会"上最高人民法院的工作报告显示,2013—2017年,全国各级人民法院对2 943名公诉案件被告人和1 931名自诉案件被告人依法宣告无罪[①],尽管我们无法就每个案件是否达到法定证明标准的情况进行详细的数据统计,但是除去那些事实上无罪的案件,如此稀缺的无罪判决数量至少说明了实践中大部分证明不足的案件,都未能按照证明标准的要求作出无罪判决。[②]

如果说以上分析还只是一种逻辑上的可能性的话,那么至少在以下几个方面,证明标准被降格适用的现象可以得到经验证据的支持:

首先,在一些命案的审理中,法院倾向于将一些证据不足的案件作出留有余地的判决,这样既能缓解来自被害人和社会舆论的压力,又可以防止错杀无辜造成的无可挽回的错误,从而在定罪问题上实际降低了对证明标准的要求。毫不夸张地说,近些年曝光的误判案件表明,留有余地的判决已经是法官面对疑罪时采用的一种普遍的裁判方式。[③]

[①] 按照陈瑞华教授的分析,公诉案件被判无罪的被告人人数分摊到每个省份,只有不到19人,自诉案件则只有不到13人。两者结合起来,每个省份一年被判无罪的人总共只有区区31人。保守估计,每个省份假如平均有15个地市州,则继续分摊下去的话,每个地市州每年被判无罪的人数只有2人。参见陈瑞华:《陈瑞华看"两高工作报告"中的无罪数据》,载中国法律评论公众号(http://m.ahxb.cn/c/1/2018-03-10/4969.html),访问日期:2021年8月14日。

[②] 笔者以"证据不足"和"无罪"两个关键词组合在中国裁判文书网上进行搜索,结果是,在总数为6 099 345份刑事裁判文书的样本中,检索出来的结果只有三份判决,分别是"刘常华贪污再审刑事裁定书""杨永军强奸刑事判决书"和"被告人刘某挪用特定款物一审判决书"。

[③] 2004年3月,最高人民检察院公诉厅通报了七起在原审中已判为死刑或死缓,而经被告人上诉或申诉后被判为无罪的典型案件。根据最高人民检察院的总结,在把握刑事诉讼定罪证明标准时,没有做到"排除合理怀疑",是酿成错案的重要原因。如,在覃俊虎、兰永奎抢劫、故意杀人案中,现场勘查提取的皮鞋码数分别为41码和42码,但两名被告人穿的鞋代号为38码和39码,对于如此重大的矛盾,原审法院也没有引起高度重视,而是对这些疑点采取了留有余地的裁判方式。参见张有义:《解析冤假错案:阳光定罪需要科学评价体系》,载《法制早报》2005年6月27日。另参见陈瑞华:《留有余地的判决——一种值得反思的司法裁判方式》,载《法学论坛》2010年第4期;王新清、李征:《论留有余地判处死缓案件——兼论判决结果的相对合理性》,载《中国刑事法杂志》2006年第2期。

在一项有关证明标准的实证研究中①,课题组就证明标准问题对某省三级人民法院刑事审判庭法官进行了问卷调查。问卷问及"对于证据达不到'案件事实清楚,证据确实、充分'的重大案件如何裁判？A. 作出有罪判决,但是在量刑上从轻；B. 作出无罪判决；C. 如果您有其他答案请填在这里"。结果表明,即便考虑到受访法官会倾向于掩饰自己真实想法这一因素,认为达不到证明标准的时候可以作出留有余地的从轻判决的法官也高达 32.89% 之多,而且,在这一问题上,省级法院显然又比下级法院更愿意承认"留有余地"这一裁判方式,而且这一比例竟然高达 50%。

不仅如此,与刑事诉讼领域里其他"只能做,不能说"的潜规则不同,"留有余地"这种对法定证明标准的降格适用还因为规范性文件中的语焉不详而获得了某种意义上的正当性。比如,最高人民法院、最高人民检察院、公安部、司法部于 2007 年 3 月 9 日联合印发的《关于进一步严格依法办案确保办理死刑案件质量的意见》第 35 条指出："……定罪的证据确实,但影响量刑的证据存有疑点,处刑时应当留有余地。"尽管这一规定将"留有余地"限定在量刑证据存有疑问的场合,其本意并非降低定罪证明标准,但在官方文件中使用"留有余地"这一实践中约定俗成的概念,却极容易导致人们对"留有余地的裁判方式"正当性的概括认可,量刑阶段的留有余地往往因此异化为定罪阶段的留有余地,从而实质性地降低证明标准。②

其次,在普通刑事案件的审理中,为了减轻法院的查证负担,防止过分追求证明确定程度,纠缠细枝末节,浪费司法资源,在严打期间曾

---

① 数据来源于李玉华等:《诉讼证明标准研究》,中国政法大学出版社 2010 年版,第 297—299 页。
② 参见陈虎:《留有余地裁判方式之异化》,载《中南民族大学学报(人文社会科学版)》2015 年第 5 期；陈虎:《提高死刑案件证明标准:一个似是而非的命题》,载《中外法学》2010 年第 3 期。

经生发出对刑事证明标准的崭新表述——"基本事实清楚、基本证据确实充分"①,但因为始终没有规范性文件对"两个基本"的准确含义进行权威解释,而是一直以"两个基本"这一缩略语的形式在实践中广为流传,因而往往造成"事实基本清楚、证据基本确实充分"的庸俗理解,从而成为法定证明标准降格适用的另一种典型形态。② 其实,"基本事实清楚"这一理解只是通过限缩证明对象来降低指控难度,并未实质性地降低证明标准;而"事实基本清楚"这一理解则实质性地降低了证明标准,二者具有质的区别,对刑事司法事实认定正当性的影响也不可等而视之。③

最后但可能更为普遍的是,在诸如毒品、贪贿类犯罪案件的审理中,法官并不担心此类案件会出现命案中"亡者归来""真凶再现"的情形,因而没有承担错案责任的心理压力,因此在实际掌握证明标准时会比其他案件更为宽松,从而降低法定证明标准的要求。④

可能会有人反驳:现在法院对证明标准的掌握已经日趋严格,至少在命案审理中,对于缺乏直接证据的案件判决都是极为谨慎的。但是,笔者认为,这一反驳并不成立。姑且不论这些要求仍然只是规范

---

① 参见朱孝清:《"两个基本"要坚持,但要防止误读和滥用》,载《人民检察》2014 年第 10 期;陈国庆、王佳:《"两个基本"与我国刑事诉讼的证明标准》,载《法制资讯》2014 年第 4 期。

② 笔者以"证据基本确实充分"为关键词在中国裁判文书网上搜索的结果是,有至少 60 份判决书明确以该标准作出有罪判决。考虑到更多只是达到了基本确实充分程度的案件,在判决书里并不会进行真实的表述,实践中这种对证明标准进行降格使用的案件数量还会更多。如姚汉清等故意伤害案二审刑事判决书,广东省高级人民法院(2013)粤高法刑三终字第 425 号;聂某某诈骗案一审判决书,石家庄市新华区人民法院(2014)新刑初字第 222 号。

③ 在一些特殊的历史时期和严打某类刑事犯罪的大背景下,"两个基本"往往还会成为"留有余地裁判方式"的实质掌握标准,如在河北省承德市陈国清等 4 人被控抢劫杀人一案中,检察机关曾明确表示,"尽管本案在某些证据上存在一些不足和遗憾,但基本事实清楚、基本证据确实充分",而河北省高级人民法院最后也是以"两个基本"的证明标准作出了"留有余地"的死刑缓期执行判决。

④ 这一判断并非只是逻辑推演,很多辩护律师以毒品类案件证明标准没有达到"证据确实充分"的程度进行辩护,其实际成功率非常之低,因为实务中法院对此类犯罪的证明标准的掌握本来就要较其他案件更为宽松,"如果命案证明标准规定是 100 分的话,毒品犯罪案件证明标准可能 60 分就达到证明标准了"。参见何荣功等:《毒品类死刑案件的有效辩护》,中国政法大学出版社 2017 年版,第 178 页。

性文件层面的一种话语表述,并不能反映实践的真实状况。即便放在实践领域观察,我们也应该看到,这些严格的证明要求其实约束的只是量刑问题,即"只有间接证据的时候,判处死刑应当格外慎重",而并非针对定罪问题的严格要求。可以说,相比于这种话语表达,证据不足的无罪判决的数量和分布才是测度法定证明标准是否得到严格贯彻的最直观和准确的指标,结合上文最高人民法院公布的无罪判决的数据,不难发现,证明标准被降格适用的情况其实并没有出现根本性的转变。

对于上述证明标准降格适用的现象,以往的研究可以大体分为两种不同的进路:第一,立法层面的制度进路。这种进路认为,证明标准在操作过程中总会和法定证明标准存在一定的落差,因此,解决降格适用问题的最佳办法就是提高法定证明标准,以达到"取法乎上,得乎其中"的实践效果,这种改革进路在死刑案件中体现得尤为明显。[①] 第二,司法层面的操作进路。这种进路认为,之所以出现降格适用的现象,是因为裁判者对证明标准的具体内涵并不清楚,因此致力于对"排除合理怀疑"进行语义分析,或对"证据确实充分"进行操作式的分解。[②] 但是,这两种研究都把目光聚焦于证明标准本身,似乎只要对证明标准的含义作出了明确的解释和规定,甚至提高了法定证明标准,赋予其更为严格的操作标准,降格适用的问题就可以迎刃而解,但事实显然并非如此简单。

这两种研究路数都陷入了一种简单的二元式思维,非此即彼地把中国的法律等同于立法表达或司法实践的任何单一方面。但是,如果

[①] 参见陈卫东、李训虎:《分而治之:一种完善死刑案件证明标准的思路》,载《人民检察》2007年第8期。但是,也有论者对这种思路提出了商榷意见,参见陈虎:《提高死刑案件证明标准:一个似是而非的命题》,载《中外法学》2010年第3期。

[②] 参见龙宗智:《中国法语境中的"排除合理怀疑"》,载《中外法学》2012年第6期;肖沛权:《排除合理怀疑及其中国适用》,载《政法论坛》2015年第6期。

我们能够超越这种二元思维模式,站在表达与实践的互动关系中去进行研究,就会发现,诚如黄宗智教授所言,中国法律传统中的表达和实践(行动)其实应该这样理解:"……说的是一回事,做的是一回事,但是,两者合起来,则又是另一回事……"①按照黄宗智教授的观点,恰恰在这些表达与实践的悖反之处蕴含着丰富的实践逻辑,因而也蕴含着理论创新的机遇,学者应该以这种"悖反现象"作为研究对象,以发展既有的证明理论。② 因而对这种"悖反现象",不能从其中任何单一方面入手加以研究,而必须放在更为宏大的制度背景下才能理解这种实践逻辑。

正是出于这种方法论上的反思,本章拟选择"制度角色"和"制度能力"这一对概念作为分析框架③,对刑事法定证明标准和实践操作标准之间这种"常态性悖反"现象作一尝试性的探讨。任何一个法官都深深地嵌入在一些制度网格之中,不同的制度背景都会参与塑造法官的制度角色,并制造法官裁判角色和其他角色之间的冲突。因而,解决降格适用问题的出路就不应仅仅局限于证明标准本身,而更应关注如何缓解法官多重制度角色对于裁判的异化作用,以及法官的制度能力能否以及如何回应制度角色的要求。

据此,本章对于证明标准的降格适用提出如下理论假说:法定证明标准和实践操作标准之间的悖反源于立法者和司法者对法官制度

---

① 〔美〕黄宗智:《经验与理论:中国社会、经济与法律的实践历史研究》,中国人民大学出版社2007年版,第543页。黄宗智教授的这一观点和西方许多学者的思想多有暗合。著名社会学家布迪厄也曾提出过"实践的逻辑"的概念,主张到人们的"实践"过程中,而不是制度结构中,去挖掘一个社会的逻辑真髓。参见〔法〕皮埃尔·布迪厄:《实践感》,蒋梓骅译,译林出版社2003年版,第1—33页。

② 需要说明的是,这里所谓的"悖反现象",是指被现有的规范信念认定有此无彼的对立现象在事实上的同时出现。参见〔美〕黄宗智:《经验与理论:中国社会、经济与法律的实践历史研究》,中国人民大学出版社2007年版,第64页。

③ 关于制度角色与制度能力的分析框架,有兴趣的读者可以参见苏力:《法律与文学:以中国传统戏剧为材料》,生活·读书·新知三联书店2006年版,第155页以下。

角色定位的落差,而非法治理念的差异。法官对证明标准降格适用的原因是法官制度角色与制度能力之间的错位,而非裁判技术的缺失。围绕这一假说,本章论证结构安排如下:首先,将以立法者与司法者对法官制度角色定位的差异为中心,对"悖反现象"作出初步的解释;其次,从法官完成刑事证明的制度能力入手,分析制度角色和制度能力之间的张力如何影响证明标准的降格适用;再次,以制度角色和制度能力的互动关系为框架,对刑事证明标准改革的若干思路进行评价;复次,通过比较法考察,探讨缓解法官制度角色和制度能力紧张关系的若干思路;最后,对程序失灵现象的发生提供一种基于制度角色和制度能力互动关系的解释。

4.2 法官的制度角色

如上所述,证明标准的降格适用在中国已经不是某种"偶发性事件",而是构成了一种具有理论意义的"常态性悖反",因此,我们应该放弃对裁判者个人能力和道德素质的批判,转而对制度逻辑进行分析。本章要在本部分提出并加以论证的假设是:立法者对法官具有一种制度角色的期待,而受制于司法生态的影响,法官又无法满足这一角色期待,这从根本上决定了制度设计和制度运作之间必然存在着某种张力,从而形成表达与实践的"悖反现象"。

在立法层面,我国"逆向推进式"的错判防范机制对证明标准科加了更多准确认定事实的责任,因此倾向于提高法定证明标准以保护无辜者不被错误定罪的实体权利。应当承认,尽管"不枉不纵"是一国诉讼所要实现的理想目标,但在实践中却因为各种因素的制约而无法达到,因此,任何诉讼程序的设计都要面对如何减少事实误判的问题。在刑事案件举证责任由控方承担的前提之下,提高刑事案件的证明标准将有利于增加控诉成功的难度,避免在尚存疑问的情况下作出有罪判决,因而有利于防止对无辜者的错误定罪[①],同时使被告人承担尽可能低的错误风险。[②] 因此,较高的证明标准往往为立法者所青睐。我国也不例外,由于"逆向推进式"的错判防范机制的独特设计,我国立法者提高证明标准的需求更为突出。所谓"逆向推进式"的错判防范机制,是指主要依靠审判后的救济程序而非审前程序控制案件判决质量,减少事实误判的制度设计。它主要表现为:第一,我国审前程序更重视程序的吸入功能,而不太关注对无辜者的分流,因而程序要求较为宽松,权力控制也较为薄弱。在很长一段时期内,我国刑事诉讼审前阶段对于不批捕率和不起诉率都会进行严格的控制。由于补充侦查制度的存在,对于一些证据明显不足的案子,很多辩护律师也倾向于把证据不足的辩护意见保留到法庭审判环节再行发表,以防止控方进行程序和证据的补正和补充。正是因为审前程序缺乏严格的程序限制和分流措施,立法者才更期望通过提高审判阶段的证明标准来确保事实认定的准确性,尽量避免对无辜者的错误定罪。第二,我国独特的弥散化的事实审模式[③],使得我国救济审程序倾向于通过事实复审而非法律复审保护无辜者不被错误定罪的实体权利。在我国,对救济审程序并没有进行严格的事实审和法律审的区分,四级法院均可进行事实复审,因此可以称之为"弥散化的事实审模式"。这种通过对事

---

① See Daniel Shaviro, Statistical-Probability Evidence and the Appearance of Justice, 103 *Harv. L. Rev.* 530, 530 (1989); Richard J. Allen, The Restoration of In re Winship: A Comment on Burdens of Persuasion in Criminal Cases after Patterson v. New York, 76 *Mich. L. Rev.* 30, 47 (1977); Henry A. Diamond, Reasonable Doubt: To Define, or Not to Define, 90 *Colum. L. Rev.* 1716, 1717 (1990).

② See Erik Lillquist, Recasting Reasonable Doubt: Decision Theory and the Virtues of Variability, 36 *U. C. Davis L. Rev.* 85, 148-49 (2002); D. Michael Risinger, John Henry Wigmore, Johnny Lynn Old Chief, and "Legitimate Moral Force"—Keeping the Courtroom Safe for Heartstrings and Gore, 49 *Hastings L. J.* 403, 442-43 (1998).

③ 参见陈瑞华:《论彻底的事实审——重构我国刑事一审程序的一种理论思路》,载《中外法学》2013年第3期。

实认定的多次复审避免事实误判的制度模式,必然要求初审法院在事实认定的依据上具有客观的可重复性和可验证性,如果法官不是根据证据事实,而是根据某些非证据事实如经验法则作出裁判,救济审程序就无法对初审裁判进行审查和检验,从而在审前和审后这两个环节上都失去对事实认定的监督与制约。因此,必然要求提高法定的证明标准。第三,为了减少死刑案件的事实误判,我国并没有着眼于完善审前程序的诉讼构造,而是通过收回死刑复核权,要求死刑案件二审开庭审理等方式加以推进,这种逆向式的错判防范机制势必要求提高法定证明标准。理由很简单:至少有一部分案件的误判并非源于审级过少,而是证明标准设置过低导致的结果。如果证明标准不加以提高,即使增加案件审级,仍然会在事实认定上根据同样一个标准延续同样的错误。① 综上,在发生冤案,造成刑事司法正当性危机的时候,立法机关总是倾向于通过提高法定证明标准的方式加以回应。在这种逻辑之下,立法者自然希望法官能够严格贯彻这一法定证明标准,以防止无辜者被错误定罪,扮演人权保障者的制度角色。

但是,这一对法官制度角色的期待可能注定要落空。我国法官"后果主义导向"的裁判理念对证明标准寄予了更多社会控制的期待,因此倾向于在事实认定中加入非证据因素的政策考量并降低证明标准,以防止放纵罪犯危害社会利益。② 与侧重于保护无辜者的立法思维不同的是,法院作为一个政治性机构,往往要配合各种刑事政策和法外任务的实现,因此,保卫社会安全、防止错误释放是其考虑的首要价值。在这一思维影响下,法官往往倾向于降低证明标准,以实现制度运作在打击犯罪方面的实效性。社会防卫派学者——意大利实

---

① 参见刘梅湘:《死刑案件证明标准检讨——以高攀死刑案为范例》,载《人民检察》2006年第7期。
② 参见强世功:《惩罚与法治:当代法治的兴起(1976—1981)》,法律出版社2009年版,第140—159页。

证派犯罪学家菲利就是这种思想的典型代表。出于社会防卫的考虑,菲利甚至反对无罪推定原则。他认为,如果不分场合、不分情况,在遇到疑义时一律作有利于被告人的判决,将是在保护被告人权利的同时损害了社会其他大多数守法公民的正当安全利益,因而是不足取的。① 据此,菲利主张恢复古罗马时代"证据不足"的判决形式。他承认,一方面,在证据不足的时候,被告人的确享有不被定罪的权利;但另一方面,他也认为,当犯罪嫌疑不能被合理排除的时候,社会同样也没有义务宣告该被告人绝对无罪。因此,在确定无罪和确定有罪之间,应该有一个中间状态,即作出证据不足的疑罪判决,才是唯一合乎逻辑的公正裁决。② 在无罪推定原则之下,只要没有达到有罪证明标准,就应按照疑罪从无的原则判决被告人无罪,因此,无罪判决其实就是未达到有罪证明标准的一种反射性说法,本身并无独立的证明标准。但是,按照菲利的观点,刑事诉讼将分为"有罪判决、无罪判决以及证据不足的疑罪判决"三种判决形式,并分别享有独立的证明标准。而"证据不足的疑罪判决"实际上就是为刑事证明标准的降格适用提供了正当化的理由。应该说,菲利的这一思想特别能够迎合强调社会防卫的法官心理,而这种心理在我国独特的司法制度环境下体现得更为突出。第一,公检法机关实行的业绩考评机制强化了法院作出有罪判决的思维定势。尽管法院内部并不会对作出无罪判决予以直接的否定或惩罚,但是作为控方,侦查机关和起诉机关却会因为法院作出的无罪判决而遭受业绩考评上的不利对待,从而失去评选先

---

① 其实这种思想在英美法系国家也不乏支持的声音。比如美国联邦最高法院杰克逊大法官就认为,如果联邦最高法院不在其教义逻辑中考虑实践智慧的话,就会把权利法案变成一份自杀契约。波斯纳法官也主张,可以对恐怖主义嫌犯采取刑讯逼供的手段,而不用保护其基本人权。参见〔美〕理查德·波斯纳:《并非自杀契约:国家紧急状态时期的宪法》,苏力译,北京大学出版社 2010 年版,扉页、第 13 页、第 86 页以下。

② 〔意〕恩里科·菲利:《实证派犯罪学》,郭建安译,中国人民公安大学出版社 2004 年版,第 113 页。

进、晋升职务等各种机会,在利益机制的作用下,如果法官严格按照法律要求作出无罪判决就等于在挑战整个政法体制,因此,只要案件具有一定的证据基础,即使存在某些疑点,法院一般也会作出有罪判决,或是隐含式的无罪判决(如定罪免刑、缓刑或实报实销的判决)。① 第二,流水作业式的诉讼构造决定了法官并非纯粹的中立裁判机构,而是犯罪控制的天然斗士,由于侦查、审判机关在实践中的相互配合,传闻证据规则的尚付阙如,以及侦查笔录中心主义的盛行,法官往往带有警察的侦查思维,以破案线索代替定罪根据,以情理推断代替客观证明,从而实质性地降低证明标准。

众所周知,司法错误由错误释放和错误定罪两部分组成,立法者提高证明标准的改革方案只考虑了减少错误定罪的需要,但其后果却是增加司法错误的总体比例,法官因此被迫承担了重新分配司法错误比例的制度角色。在证明标准设置的问题上,有罪和无罪是一种此消彼长的零和关系。证明标准设置得越高,定罪就会越困难,也就越能保护无辜者不被错误定罪的实体权利。② 但同时,过高的证明标准也会增加对有罪者定罪的难度,从而增加错误释放的风险。因此,在设定证明标准时,立法者就应分配好两种司法错误的合理比例关系,而不能仅仅关注较高证明标准对于避免错误定罪的正面作用,而有意忽略其放纵罪犯的负面后果。但是,根据美国学者的研究,提高证明标准将会增加司法错误的总体比例③,而降低证明标准,在被告人是真正罪犯的案件占全部案件的比率不变的前提下,将会减少司法错误的总体比率。但遗憾的是,由于立法者对法官制度角色的期待,其只能选

---

① 参见陈瑞华:《刑事程序失灵问题的初步研究》,载《中国法学》2007年第6期。
② See Daniel Shaviro, supra note 17, 530, 530. Richard J. Allen, supra note 17; Henry A. Diamond, Note, supra note 17.
③ "如果在某种程度上提高证据的证明标准……将导致被错误释放的真正罪犯的数量与被错误定罪的无辜者的数量之间的比率增加一倍左右。"参见〔美〕布莱恩·福斯特:《司法错误论——性质、来源和救济》,刘静坤译,中国人民公安大学出版社2007年版,第79—86页。

择在死刑案件中盲目提高法定证明标准,甚至提高到"排除一切怀疑"的"绝对确定"程度,而由此造成的司法错误比例失衡的问题只能交由法官在操作过程中加以重新分配,这就势必造成证明标准降格适用的结果。

通过以上分析,不难看出,在制度层面上,立法者更为关注理念的先进和逻辑的自洽,如何通过制度设计保护无辜者不受错误定罪的实体权利是其考虑的首要价值;而与之相对的是,司法者则更为关注制度的社会制约条件和可能产生的实践后果,如何通过实践运作有效地惩罚犯罪是其考虑的首要价值,保护无辜者在这种思维影响下只不过是准确惩罚犯罪的另一种提法和反射性效果而已,并不具有独立的意义。在立法与司法层面对法官制度角色定位差异的背后,其实隐藏的是立法思维和司法思维的重大区别——立法者更为关注制度制定的正当性问题,坚持"向前看"的"法治主义"立场,其推动力往往是"保障人权"的意识形态话语;而司法者则更为关注制度实施的实效性问题,往往采取"向后看"的"后果主义"立场,其推动力往往是"社会防卫"的后果主义思维。[①] 两者之间在制度设计和运作中几乎必然形成持续的张力,产生制度反对实践和实践反对制度的"悖反现象",并在实践中创设出"证据不足的疑罪判决"的判决形式,对法定证明标准予以降格适用。

4.3 法官的制度能力

历史经验证明,法官往往无法满足立法者的制度角色期待,同时,如果法律对证明标准的设置过于严格,以至于法官的制度能力也

---

① 前者是指某一制度是否能够发挥人权保障和权力制约等现代法治功能的问题,后者则是指某一制度是否能够实现犯罪控制和社会防卫等实际功效的问题。

无法达到要求,从而无法完成证明和定罪任务时,也必然会出现对法定证明标准的降格适用。需要予以交代的是,这里所谓的制度能力,是指法官运用现有诉讼制度提供的技术手段准确认定案件事实的能力。比如,在法定证据制度下,证明标准规定得甚至比以往任何历史时期都要严格,有罪判决必须达到"完整的证明"方可作出,控方提供的证据必须"像正午的太阳一样清晰"[1]……但是,与这种制度规定不同的是,法定证据制度下的司法实践却更多地将严格证明标准予以降格适用,在证据不足时对被告人从轻判决[2],从而产生了表达与实践的"悖反现象"。[3] 比如,在法定证据制度时期的代表性法典《加洛林纳法典》颁布后不久,德国司法实践中就出现了很多案件,在没有达到法定证明标准的情况下对被告人作出了从轻的判决,而不是无罪释放。这种疑罪从轻的做法在法国也同样存在,只是适用要比德国略显宽松。[4] 从某种程度上说,法定证据制度所规定的严格证明标准已经丧失了生命力,只是作为一种书本上的法律而继续存在,在实践中,早已被废弃不用。可见,当立法者对法官的角色期待决定了其必然要提高证明标准时,法官是否具有满足这种角色期待的制度能力,将是决定立法与司法悖反与否以及悖反程度的重要标尺。在严格实行当事

---

[1] James A. Brundage, Medieval Canon Law, at 142(Longman Group Limited,1995).
[2] 陈光中、徐静村主编:《刑事诉讼法学》(修订二版),中国政法大学出版社2002年版,第33页。
[3] 这一点在死刑案件中体现得尤为明显,尽管死刑案件具有最高的证据要求,但是13世纪的学者仍然认为,在证据不足的条件下从轻量刑也是可以接受的。甘迪努斯对帕尔马作出的一个判决为例,说明对杀人罪被告人不用充分的证据就可以对其定罪。更为重要的是,作者揭示:这种情况在意大利并非个例,而是一种相当普遍的实践做法,在证据不足时,罪犯不会被无罪释放,而是会被判处罚金。这种对严格的证明标准进行降格适用的做法在学者中得到了普遍的肯定。正如达马斯卡教授指出的那样:"温和的刑罚开辟了一条中间道路,当法官不能收集到充分的法定证据,但是主观上已经认为被告人犯罪时,法官不再被迫作无罪判决,他们能够对被告人定罪并处以温和的刑罚。"转引自〔美〕米尔吉安·R.达马斯卡:《比较法视野中的证据制度》,吴宏耀、魏晓娜等译,中国人民公安大学出版社2006年版,第311页。
[4] 参见〔美〕米尔吉安·R.达马斯卡:《比较法视野中的证据制度》,吴宏耀、魏晓娜等译,中国人民公安大学出版社2006年版,第312—313页。

人主义的诉讼环境下,也许对于控方过高的证明要求并不会成为法官的问题,但是在我国法官实际承担打击犯罪和分配司法错误这一制度角色的情况下,其必然要为控方举证不能的后果进行"兜底",而不敢以中立裁判的名义作出无罪判决,正是在这个意义上,法官的制度能力才和其制度角色发生了内在的关联。在本部分中,笔者将以制度能力为视角,从我国证明标准的制度要求和证明难度入手,对证明标准降格适用的成因作出尝试性的分析。

首先,在证明对象上,我国四要件式的犯罪构成体系对认定犯罪科加的证明负担过重,司法实践中法官往往运用事实推定的方法加以规避。大陆法系国家和地区采取的是构成要件该当性、违法性和有责性的三阶段递进式犯罪构成体系,普通法系的犯罪成立条件则包括犯罪本体要件和责任充足要件的双层要求。而我国,由于历史和理论上的各种原因,采取的是与德、日"三阶层"犯罪论体系完全不同的平面式构成要件理论。与其他两种犯罪论体系相比,我国的犯罪构成体系为控方科加了过重的证明负担,具体表现在:第一,犯罪构成要件之间缺乏推定机制,导致控方必须要对全部要件举证。按照大陆法系三阶段递进式犯罪构成体系的内在理论逻辑,控方只需要先就构成要件该当性的客观事实进行证明,一旦证明成立,就可以推定行为人具有违法性和有责性,只有在被告方对违法和有责问题提出质疑时,控方才需要进一步对其加以证明。[①] 而按照我国平面式构成要件理论的要求,缺乏在各要件之间必要的推定机制。控方必须就犯罪构成的四个要件进行全面举证才能认定犯罪成立,"证明标准的规定,适用于全部要件事实的证明"[②],这就决定了我国证明犯罪的成立要面对比西方国

---

① 参见李静:《犯罪构成体系与刑事诉讼证明责任》,载《政法论坛》2009 年第 4 期。
② 龙宗智:《推定的界限及适用》,载《法学研究》2008 年第 1 期。

家更为艰巨的任务。① 第二,主客观相统一原则下主观构成要件的可证明性较差,难以依据有限的立法推定完成证明任务。与德、日刑法不同,我国刑法中的犯罪构成是判断犯罪成立的唯一依据,而根据主客观相统一的原则,现行刑法中的犯罪几乎都以过错责任作为主要责任形式,而很少规定严格责任。根据付立庆教授的研究,在我国17种法定目的犯中,几乎所有的目的都属于主观构成要件,而非刑罚加减事由,这就意味着,控方必须证明被告人的主观心理状态才能成功完成指控。② 而主观心理状态具有内在性和隐蔽性,在所有的证据种类中,只有犯罪嫌疑人、被告人供述才可以深入被追诉人的内心世界,在控方缺乏更为有效的心理强制方法以获取自愿供述的情况下,很多案件都将面临证明不能的尴尬境地。正因如此,日本刑法学者泷川幸辰教授才感叹:"主观要素的证明是不恰当的。"③为了解决控方证明负担过重的问题,立法机关制定了许多推定规范,但毕竟范围有限,难以满足实践中各类犯罪的证明和审理需要。实践中法官往往运用所谓事实推定的方法对其加以解决,即在没有法律明文规定的情况之下,仅仅根据某些基础性事实的存在就直接推论某一要件事实的成立,这种事实推定混淆了推定和推论的区别,省略了证明过程,从而改变了客观证明机制,转移了证明责任,也因此降低了证明标准,因而不具有正当性。④ 第三,四要件犯罪构成体系导致证明责任未能得到精细划分,控方几乎承担了刑事诉讼中的全部证明责任,在面对辩方提

---

① 参见周光权:《论通过刑法减轻控方责任——兼及刑法与刑事诉讼法的协调》,载《河南省政法管理干部学院学报》2007年第5期。
② 参见付立庆:《主观违法要素理论——以目的犯为中心的展开》,中国人民大学出版社2008年版,第200页。
③ 在美国,刑法禁止将近7 000种行为,如果对于每种行为实施者当时的形态分别加以规定并要求证明,也将是不切实际且代价高昂的。参见李立丰:《美国刑法犯意研究》,中国政法大学出版社2009年版,第229页。
④ 参见龙宗智:《推定的界限及适用》,载《法学研究》2008年第1期。

出的"幽灵抗辩"时几乎无力查证。在我国台湾地区,曾经发生过一起走私案。在法庭上,被告方提出的答辩理由是:当时他们在海上捕鱼,被一群海盗以武力威胁,以走私香烟换取捕鱼所获,因而属于强迫交换,他们也是受害人,而非走私犯。由于在刑事诉讼中,由控方承担证明责任,但此案时过境迁,控方根本无法查证这种说法是否有事实根据,而根据证明理论,只要控方无法排除这种可能性,就构成定罪的合理怀疑,控方就要面临指控失败的风险。这显然对控方是不尽公平的,但根据目前的证明理论,确实没有办法解决这一证明难题。所以,在诉讼法理论上,人们就把这种针对控方的有罪指控提出的像幽灵一样难以查证的抗辩,统称为"幽灵抗辩"。① 过于僵化的证明责任理论导致一旦被告方提出这类抗辩,控方就将陷入证明困难的尴尬境地。在司法实践中,最常见的幽灵抗辩如:针对犯罪构成要件当中的主观要素,抗辩自己不具备"非法占有的目的"或者不具备"明知"要素;针对财产类犯罪,抗辩自己持有的物品是"善意取得";针对职务犯罪,抗辩钱财已经"用于公务支出",等等。

其次,在证明模式上,我国传统的印证证明模式对证据充分性的要求过高,因而司法实践中往往降低对证据锁链封闭性的要求。根据龙宗智教授的研究,我国的司法证明属于印证证明模式,该模式要求具有客观性和相关性的证据必须得到其他证据的佐证、印证,才能形成证据锁链,证明待证事实的真实性。② 印证证明模式因为以下两个方面的要求而在实践中面临来自法官制度能力的挑战:第一,证明待证事实的证据必须具有一定的数量充分性。与根据基础性事实即可推断待证事实成立的推定机制不同的是,印证证明属于典型的客观证明机制的范畴,这种证明模式忽视单个证据的原子式审查,而着眼于

---

① 参见万毅:《"幽灵抗辩"之对策研究》,载《法商研究》2008 年第 4 期。
② 参见陈一云主编:《证据学》,中国人民大学出版社 1991 年版,第 236 页。

所有证据的整体式审查,在证据证明方向的整体性判断中确定单个证据的证明力,因此,必然隐含着不能仅凭一项证据定案的证据最低数量规则。① "孤证不能定案"就是该模式的具体制度体现。在缺乏直接证据或者只有一份直接证据的场合,由于必须依靠间接证据对直接证据所反映的案件主要事实加以印证,而间接证据又只能证明要件事实的某一个极为微小的部分,所以,这种印证必然是片段式而非整体式的,有时甚至还会发生局部的矛盾,因而要求更多的间接证据以排除矛盾,因此,基本上每个案件都要具备足够的证据数量才可能达到证据充分性的要求,这就给侦查人员的取证、检察人员的举证和裁判人员的认证带来了极大的困难。尤其是实践中经常发生的"一对一"案件,由于行贿人和受贿人往往各执一词,认定被告人有罪的证据和无罪的证据形成完全对立和相互否定的局面,因此往往无法轻易下判,使得利用刑事司法打击犯罪的难度大为增加。比如,在一起受贿案件中,为认定犯罪嫌疑人耿某某非法收受他人 27 万元人民币的犯罪事实,控方提交了行贿人的证言等直接证据,还有财会人员等知情人的证词以及记账凭证、犯罪嫌疑人财产状况等足以证明赃款来源、去向的间接证据,这些证据彼此能够互相印证,但因为犯罪嫌疑人翻供,否认收钱事实,该案最终被认定为证据不足。② 第二,证明待证事实的证据必须具有方向的一致性,并得出唯一性和排他性的解释。

---

① 参见李建明:《刑事证据相互印证的合理性与合理限度》,载《法学研究》2005 年第 6 期。
② 比如,几位农民欲找一位处长办事,在几次被严词拒绝之后,一起凑了 2 万元钱,由其中两人进行运作,试图行贿。在把钱送到处长办公室时,一人在办公室外把风,另一人进入办公室送钱。次日,这几位农民再去找该处长时,处长态度发生了巨大的转变,端茶倒水,态度热情,还亲自给有关单位、部门打电话、写条子,嘱咐要尽快把事情落实。但是,在后来案发后,处长却坚持说他没有受贿,而行贿人又说将钱亲手交给了该处长(以下简称"贿赂处长案")。在客观证明机制和印证证明模式之下,本案是很难定罪的,在实践中,法官往往隐性地放松印证要求,而以行贿人将行贿情节转述给其他人之后形成的若干份证人证言相互印证直接下判,这种证明方式由于违背了不得以同一来源的证据相互印证的印证要求而实质性地降低了证明标准。参见郭有评:《受贿案件证据问题研究》,载陈兴良主编:《刑事法判解》(第 6 卷),法律出版社 2003 年版,第 235 页以下。

但在实践中这一要求几乎也总是难以达到。虽然证明某一事实的证据具有了一定的数量,且相互之间也能形成相互印证的关系,但是,可以说,控方的证据体系或多或少总是会存在一定的缺陷,任何一份相反证据的存在都会使证据锁链发生中断,我国尚未确定"排除合理怀疑"证明标准,而现有的证明标准又要求证明结论的唯一性和排他性,因此只要被告方坚持提出对控方证据的反驳,控方几乎就必须承担证明责任去排除该怀疑,法官在定案时也必须排除任何矛盾之处,这就给认定犯罪科加了过重的举证负担,从而使得证明无法实现。因此,在司法实践中,法官为了完成定罪任务,往往在证据之间存在明显矛盾无法印证的情况下,对矛盾和疑点事实作出排斥性处理,直接根据部分证据作出推断,从而酿成错案。比如在云南省杜培武案件中,杜培武多次供述前后矛盾、公安局两次警犬嗅觉报告相互否定、犯罪动机与犯罪现场严重不符(控方指控杜培武因报复妻子外遇而杀死妻子及其情人,但女性被害人尸体有被猥亵的痕迹,犯罪动机与尸体检验结果之间的关系与常理不符),面对这些相互矛盾的疑点,一审法院强行推断出杜培武作案的"事实",最终酿成了冤案。① 第三,印证证明模式还要求在故意杀人等严重暴力犯罪案件当中必须搜集到被害人的尸体、杀人的凶器及指纹等物证,但很多案件时过境迁,或者搜索范围无法确定,根本无法完成这一取证任务,从而无法定罪。一名村干部刘某因调解村民纠纷而被村民一家人打伤,牙齿被打脱落7颗。经司法鉴定,行凶者已构成重伤害。刘某住院治疗两个多月,医疗费已花费近15 000元。刘某的亲属多次找县公安局无果。最后,刑警大队正副队长都对刘某说,办案要重证据,现在打人者不承认行凶,找不到凶器和被打掉

---

① 本案详情可参阅顾永忠主编:《中国疑难刑事名案程序与证据问题研究》(第一卷),北京大学出版社2008年版,第2—34页。

的牙齿,案子确实没办法办。① 实践中,为了解决这一取证的困难,侦查人员往往通过刑讯逼供的方式获取此类物证,也正是因为这几乎是仅有的取证渠道,所以我国的非法证据排除规则曾一度并不排除以刑讯方式得来的凶器和赃物,法院在定案时仍可以其为定案依据,本意是为了保护被告人权利的印证要求,实际上却成为被刑讯逼供的主要原因。②

最后,在证明方法上,我国证明标准的客观证明机制排斥情理推断的运用,使得非证据事实无法成为证明的基础和依据,司法实践中法官往往运用经验和常理断案,将刑事证明标准降低到类似民事诉讼的程度。我国三大诉讼法规定的证明标准都是"案件事实清楚,证据确实、充分",根据经典证据法教科书的解释,刑事诉讼中"案件事实清楚,证据确实、充分"有以下一些具体要求:(1)据以定案的证据均已查证属实(单个证据的客观真实性);(2)案件事实均有必要的证据予以证明(证明对象的全面性);(3)证据之间、证据与案件事实之间的矛盾得到合理排除(证明模式上的印证要求);(4)得出的结论是唯一的,排除了其他可能性(证明结论的客观性)。③ 不难看出,根据这

---

① 参见刘晓军:《村干部被打掉7颗牙 民警称找不到牙就没法办案》,载中国新闻网(http://www.chinanews.com/sh/news/2008/03-11/1187882.shtml),访问日期:2018年6月1日。
② 又如,在安徽省合肥市韩某某被控以危险方法危害公共安全一案中,辩护律师针对方指控的被告人拔掉天然气软管后点燃天然气造成爆炸的事实,指出控方证据体系是以多取胜,而在证明"拔掉软管"这一核心行为上证据数量却几乎为零。本案系天然气爆炸,被告方本就不持异议,但是,控方提交的合肥市公安局制作的《刑事科学技术检验报告》却证明此案并非炸药爆炸,而对指控被告人是否实施拔掉软管的行为毫无证明价值,因此只能作为刑事侦查中的排除方法加以使用。但是,稍有生活常识的人都知道,天然气软管非经人为拆换是不可能自然脱落的,在一个可以排除其他人进出可能性的密闭环境中,律师对证据的这种质疑是否构成"合理怀疑"当有探讨的空间。而且,质疑控方没有收集"拔掉软管"这一行为的相关证据,是以控方能够收集而未收集为前提的,如果控方无论通过什么方式都无法获得任何证据能够直接证明这一事实的时候,我们对待这一案件的证明要求,又会不会有不同的理解?如果我们不是教条式地理解无罪推定,面对这一问题,都会感到一种两难。参见倪泽仁、梁伟峰:《合肥:被告人韩某某被控危害公共安全一案辩护词》,载华律网(https://www.66law.cn/goodcase/8369.aspx),访问日期:2017年11月7日。
③ 参见陈一云主编:《证据学》,中国人民大学出版社1991年版,第119、120页。

一被广为接受的经典解释,我国的诉讼证明追求客观真实,要求对事实的认定应该达到百分之百的确定,强调以客观证据为基础的证实,而非主观的确信,除少数立法推定的情形以外,以裁判者主体判断为中心的常识推理、经验法则、自由心证等非客观性的裁判依据在理论上几乎都不被承认。可以说,我国的证明标准是一种证实标准,而非确信标准,它强调的是建立在论证基础上的证明,而非推论基础上的认定。按照某学者的分类,我国证明标准所内含的证明机制在理论上应当属于"客观证明"的范畴,而与承认自由心证的"情理推断"模式有所区别。① 正是这种在证明目的上对客观真实的追求和在证明方法上对客观证明的坚持使得法定证明标准几乎不具有可操作性,以至于其保证事实认定准确性的良好愿望无法在实践中得到贯彻和实现。实践中法官往往抛开制度层面的客观证明要求,而将情理和经验作为定罪的根据。但由于缺乏对情理推断的制度约束,既没有严格的表决规则使这种情理推断客观化,也没有严格的说理制度使其公开化,从而导致自由心证往往被法官滥用,从而实质性地降低了法定层面的证明要求。在放松了对证据充分性和确实性的基本要求的情况下,仅仅为了实现犯罪控制的任务就匆忙进行所谓的情理推断和自由心证,将存在着巨大的风险。据此作出的判决,存在着冤枉无辜者的巨大可能。②

---

① 参见周洪波:《客观证明与情理推断——诉讼证明标准视野中的证明方法比较》,载《江海学刊》2006 年第 2 期。

② 比如前文 2.2.1"自行车驮尸案",法院认为,在该案中,被告人杀人的可能性要大于其没有杀人的可能性,最后实际上是以"优势证据标准"给被告人定罪的,从而将错误判决的风险全部加给了被告人。参见陈光中:《构建层次性的刑事证明标准》,载陈光中、江伟主编:《诉讼法论丛》(第 7 卷),法律出版社 2002 年版,第 6 页以下。

4.4 角色与能力的错位：证明标准改革方案之评价

综上可见，在法官的制度角色和制度能力之间固有的张力使得一切局限于证明标准本身的改革陷入了一种"柏油效应"之中——越是试图挣扎，越是无法自拔。但是，令人感到遗憾的是，尽管迄今为止关于刑事证明标准改革的探讨不无意义，也屡有理论上的建树，但从解决问题的角度来看，似乎也并未找准这种"悖反现象"发生的真正原因，从而开出了一系列错误的药方。

首先，提高法定证明标准的改革思路未能顾及法官控制犯罪和分配司法错误比率的制度角色，盲目提高法定标准只会进一步加剧其被规避的后果。实践中发生的一系列误判并非由于法定证明标准设置过低，而恰恰是既有的证明标准没有得到严格贯彻的结果。可以设想，如果现有的证明标准都无法加以严格贯彻，将证明标准设置得再精妙也只能是一个摆设。可以说，在法官注重犯罪控制和分配司法错误比率的制度角色没有得到根本改变的情况之下，如果我们仅仅将目光局限在证明标准的制度表达上，而不是从表达与实践互动的角度去寻找改革灵感的话，盲目提高证明标准只会进一步加剧其不可操作性，最多只能起到"取法乎上，得乎其中"的折中效果，而无法从根本上缓解证明标准降格适用的"悖反现象"，甚至还会与改革的初衷相悖，给刑事司法体制带来深层次的合法性危机。以死缓案件的证明标准为例，为了提高死刑案件判决的合法性，"让一部分案件先公正起来"，理论界出现了一种提高死刑案件证明标准的呼声，但是，提高死刑案件证明标准以后，定罪变得更为困难，而法官又不愿也不敢承担错误释放带来的巨大风险，因此会对一些没有达到法定证明标准的案件改判死刑缓期执行。

这就等于在死刑判决上形成了死刑和死刑缓期执行两种不同的证明标准。① 死刑缓期执行变成了一种事实上独立的刑罚,而这种证明标准却又游离于法律规定之外,既不同于普通刑事案件适用的一般证明标准,又不同于死刑立即执行案件的证明标准,其本身就是对刑事司法体制正当性的巨大消解。

其次,提高法定证明标准的改革思路未能着眼于法官制度能力的提升,盲目提高证明标准只会进一步加剧其不可操作性。证明标准被降格适用并非因为法定证明标准过高,而恰恰是因为法官缺乏相应的制度能力来满足更为严格的证明要求。因此,在短期内无法有效提高法官制度能力的情况下,如何通过制度的设置和互动来弥补其制度角色和制度能力之间的鸿沟就应当是改革重心之所在。审判组织表决规则的设计就是这样一个重要的制度装置。与法定证明标准表面的严格要求相反的是,我国在表决规则的设计上显得极为宽松,在合议庭只能由单数构成的制度背景下,简单多数的表决规则使得判断被告人有罪与否的裁断实际上仅有一票的区别。由于每个法官的性情、阅历都不相同,不同法官可能需要数量和力度不同的证据才能被说服,他们对于证明标准在操作层面上的理解是各不相同的。所以在很多案件的处理上,如果有两名法官的意见完全相左,那么另一名法官的意见就将影响整个案件处理的结果,一人的坚持就能够改变整个案件的命运,这是非常不慎重的。实践证明,越是合议庭意见不一致的案件,其疑难、复杂程度越大,而这个时候由一名法官投票的去向来决定是否对被告人定罪,根本无法贯彻严格的证明要求,可能判处死刑的案件更是如此。尽管有人会反驳说可能判处死刑的案件一般都会

---

① 实际上在中国,死刑已经实质性地分为了死刑立即执行和死刑缓期执行两种,并分别适用不同的证明标准,这已经成为一种实践潜规则,甚至在官方文件中也反映了这种倾向。江苏省高级人民法院颁布实施的《关于刑事审判证据和定案的若干意见(试行)》第66条就明确规定,对死刑案件应当做到案件事实清楚,证据确实、充分,排除一切合理怀疑,否则不能判处死刑立即执行。

上交审判委员会讨论决定,因此合议庭实行什么样的表决规则对类似死刑这样重大案件的判决结果并无实质意义上的影响,这一反驳表面上看来是强有力的,但是我们必须注意以下事实:尽管可能判处死刑的案件或其他类似重大案件最终要上交审判委员会讨论决定,但是审判委员会讨论案件的机制和审判委员会人员组成及其专业背景和知识结构等问题的存在,使得在实践中审判委员会委员也会非常看重合议庭对此案的倾向性意见,大多数审判委员会委员在对案情定性等专业问题把握不准的时候,往往会不自觉地根据在合议庭中占主导地位的意见作出表态,因此,我们不能说合议庭成员在此类案件上的表决结果(规则)对案件的最终处理是毫无意义的。事实上,这种表决结果(规则)还会通过汇报技巧等方式反过来影响审判委员会的表决。因此,我们可以认为,在合议庭中允许以一票之差而作出剥夺自由甚至生命的判决在现行体制下的正当性值得质疑。① 如果说表决规则构成了证明标准的外在尺度的话②,我国就是在用民事诉讼要求较低的表决规则在执行刑事诉讼较高的证明标准,证明标准在实践中的降格适用就几乎是必然的结果。如果我们能够对表决规则提出更为严格的要求,就可以避开短时期内无法解决的法官制度能力问题,以最小的成本解决法定证明标准的可操作性问题。

最后,保持甚至降低定罪标准而提高量刑标准的改革思路颠倒了法官制度角色和制度能力的逻辑关系,是"逆向推进式"错判防范机制的一种翻版,以往由定罪证明标准防止冤枉无辜的诉讼机制转由量刑

---

① 参见姚莉:《刑事审判组织表决规则研究》,载《法学研究》2009年第1期。
② 我国已有学者意识到了表决规则与证明标准之间的这种关联,并认为,陪审制度在诉讼证明标准体系中构成了一种判断手段,因此刑事诉讼以陪审团达成一致意见作为达到证明标准的标志,而民事诉讼则仅要求达成多数一致以吻合优势证据的证明标准。参见姚莉:《中国陪审制度的理论反思和制度重构》,载《法学家》2003年第6期。

证明标准加以承担,是刑事诉讼防止给无辜者定罪防线的又一次严重倒退。在死刑案件证明标准的改革中,一种最为常见的改革建议就是提高死刑案件量刑标准,其潜台词就是定罪标准可以低于量刑标准,但这在逻辑上是有严重问题的。① 以笔者视角观之,保持甚至降低定罪标准并提高量刑标准仍然把改革目光局限在证明标准本身,放松定罪阶段的证明要求,其本质是为了迁就法官的制度能力而损害其保护无辜者和分配司法错误比率的双重制度角色。这一改革措施不但会产生极其负面的改革后果,而且在制度角色和制度能力之间仍然没有形成有效的互动。前文已述,我国更重视通过救济审程序而不是审前程序防止事实误判,更重视的是事后对错误定罪的纠正,而非事前对无辜者的程序分流。以死刑案件为例,最高人民法院从收回死刑复核权、统一死刑适用标准,到死刑二审案件开庭审理,清晰地展示出一种"逆向推进式"的改革思路。证明标准问题也是一样,最高人民法院已经在与最高人民检察院、公安部、司法部联合印发的《关于进一步严格依法办案确保办理死刑案件质量的意见》中明确提出提高量刑标准而保持定罪标准不变的规范性意见②,再一次显示出其防止事实误判的逆向式思维特征。但是,这一改革思路却会造成非意图的负面后果。众所周知,定罪与量刑是一个前后相继的诉讼阶段,被追诉人的罪行只有先经过定罪证明标准的检验,构成犯罪之后才可以进入量刑阶段,接受量刑证明标准的检验。如果在定罪问题上尚存疑点,就应按照疑点有利于被告人的原则直接将其无罪释放。但是,保持定罪证明标准不变而提高量刑标准的改革建议,实质上等于默许了在定罪证

---

① 参见陈虎:《提高死刑案件证明标准:一个似是而非的命题》,载《中外法学》2010年第3期。
② 该意见第35条明确指出:"人民法院应当根据已经审理查明的事实、证据和有关的法律规定,依法作出裁判。对案件事实清楚,证据确实、充分,依法律认定被告人有罪的,应当作出有罪判决;对依据法律认定被告人无罪的,应当作出无罪判决;证据不足,不能认定被告人有罪的,应当作出证据不足、指控的犯罪不能成立的无罪判决;定罪的证据确实,但影响量刑的证据存有疑点,处刑时应当留有余地。"(着重号为笔者所加)

明上尚有疑问的案件进入量刑程序,而用量刑上的折扣来抵消其对定罪不确定性的恐惧,这无疑冲击了无罪推定原则存在的空间,是一种用学术外衣包装的、极为有害的留有余地的裁判方式。不仅如此,我国审判前程序的诉讼化程度还比较低,控辩地位也严重不平等,程序分流机制还极为欠缺,在这一制度前提下,案件质量是很难得到保证的。毫不夸张地说,实践中曝光的很多冤案,其实在侦查阶段就已经埋下了种子,因此,我们更应发挥定罪证明标准作为第一道防火墙的作用,以对审前程序进行实质性的审查与纠错,将存在错误可能的案件拦截在定罪阶段。但是,保持定罪标准不变而仅仅提高量刑标准的改革建议却使得大量存在错误可能的案件进入定罪后的量刑阶段,危害不可谓不大。以此视角观之,学界提出的将现有证明标准予以主观化改造,以容纳情理和经验判断的改革思路在诉讼结构和救济模式没有得到根本改变的前提之下,也将会在有效打击犯罪的同时大幅度增加冤枉无辜者的比率,从而加剧刑事司法的合法性危机。我国审前程序尚未具备诉讼化构造,也缺乏对无辜者的程序分流措施和以保护被追诉者实体权利为目的的审查起诉程序,在这种情况之下,如果只是单纯地将证明标准予以降低[①],以缓解证明的难度,这就等于将无罪推定为控方设置的种种定罪障碍一并加以拆除,而让其得以一马平川地直接进入量刑阶段,侦查起诉甚至是定罪环节都将失去对控方的一切束缚,而让量刑证明标准承担防止事实误判的责任。这必然会因为审前和定罪要求的双重降低而进一步加剧错判的风险,造成更多的冤假错案。

[①] 参见魏晓娜:《"排除合理怀疑"是一个更低的标准吗?》,载《中国刑事法杂志》2013年第9期。

4.5 制度角色与制度能力冲突之缓解

如上文所述,现有的证明标准改革方案无力解决法官制度角色和制度能力之间的张力,无论是着眼于法定证明标准的提高以改变法官的制度角色,还是着眼于司法证明机制的完善以提高法官的制度能力,都无法取得良好的改革效果。我们必须有更为宏观的理论视野,在刑事诉讼的整体框架中,寻找解决二者张力的有效途径。

其实,刑事证明标准降格适用的现象并不为我国所独有,对其他国家解决方案的考察,也许可以帮助我们找到可资借鉴的改革思路和灵感。以英国为例,对证明标准降格适用在司法实践中也偶有发生。在英国,"在一小部分,但并非不重要的案件中,陪审团在存在疑问时的情形下认定了犯罪"①。比如,1953年,英国一位名叫戴瑞克·本特雷的19岁智障男孩被指控与另一被告人共同抢劫一仓库,并开枪打死一名警察。该案中,本特雷是否参与了谋杀存在很多疑点,而且英国法律也有为智力缺陷的人提供减免刑事责任的法律依据,但英国的法官出于一种对充满反抗精神的失业青年的恐惧心理而最终将其定罪。② 但是,西方证明标准的司法实践却并未出现与制度设计的"常态性悖反",至多只能算作一种"偶发性悖反"。究其原因,主要是下列机制的存在有效地减少了立法被实践规避和搁置的现象发生。本部分拟

---

① 〔英〕麦高伟、〔英〕杰弗里·威尔逊主编:《英国刑事司法程序》,姚永吉等译,法律出版社2003年版,第364页。

② 参见〔美〕保罗·伯格曼、〔美〕迈克尔·艾斯默:《影像中的正义:从电影故事看美国法律文化》,海南出版社2003年版,第48—55页。这一判决并非一个孤立的事件,无独有偶,1901年,英国一位名叫阿道夫·贝克的人涉嫌诈骗,在该案的审判中,控方证据存在20多处疑点,但被告人最终还是被法庭定罪。之所以如此,是因为控方认为,被告人有过犯罪前科,因此他是否承认自己实施了被指控的犯罪行为反而并不重要。参见张成敏:《案史:西方经典与逻辑》,中国检察出版社2002年版,第292—308页。

对其缓解法院制度角色和制度能力之矛盾的内在机制作出深入揭示,以期对我国相关问题的解决提供某种借鉴。

首先,在错判风险的防范机制上,英美法系国家更注重发挥审前程序的过滤功能,及时对无辜者进行程序分流,从而缓解了证明标准承载的准确认定事实的压力,降低了对法官控制犯罪这一制度角色的期待。[①] 与我国更加注重通过救济程序保护无辜者的做法不同,英美法系国家更为注重通过防止审判前的错误指控来达到这一目的。以美国为例,在没有合理理由确信某人有罪时,禁止警察为了指控监禁犯罪嫌疑人;重罪指控要在预审阶段由治安法官进一步审查,或者由大陪审团对控方证据进行审查,以确定是否有足够的理由提起大陪审团起诉……所有这些审前阶段的制度设计都致力于在诉讼的早期阶段甄别无辜者并使其摆脱被追诉的风险,因此进入法庭的真正有罪者的比例大为增加,从而缓解了证明标准所承载的过于沉重的准确认定事实的压力,使得在立法上不用盲目提高证明标准以防止错判无辜。可以说,审判前阶段为审判阶段输送的被告人和无辜者的比例关系将直接决定判决结果的错误率。很难想象,在侦查结论错误百出的情况下,在审前程序缺乏有效分流机制的制度环境下,一旦有更多无辜被告人进入审判阶段,竟能仅仅依靠提高语义模糊的证明标准就能降低误判概率。只要侦查的结论不准确,即使在审判阶段裁判者没有任何过错,审判结果仍然有可能是错误的。既然更多误判都是出于结构性的因素,寄希望于改革证明标准来降低误判概率就只能是一个乌托邦。因此,只有将避免误判的重心放在审前阶段的改革才可能取得实质性的效果。

其次,在证明标准的证明机制上,英美法系国家采取排除合理怀

---

① 参见张小玲:《刑事诉讼中的"程序分流"》,载《政法论坛》2003年第2期。

疑的证明标准,适度容忍一定的错判风险,为情理推断和经验证明开辟了一个制度出口,从而满足了实践对打击犯罪的需要,并由此兼顾了法官控制犯罪和重新分配司法错误比率的制度角色。应该承认,在审前程序法治化和诉讼化的前提下,即使审判阶段很少作出无罪判决,也不会造成公众对于刑事司法体制的信任危机,比如日本在审前程序形成精密司法的条件下,审判阶段的有罪判决率甚至高达99%以上,但却并未因此而造成更多的冤假错案。① 只有在这一前提之下,为了降低证明难度,对法定证明标准进行适度降低以提高法官的制度能力才具有正当性。正因如此,英美法系国家才没有采取"排除一切怀疑"的客观真实证明标准,而采取了"排除合理怀疑"这一相对较低的证明标准。换句话说,英美法系国家将维系刑事司法正当性的任务转移给了审前程序,而由证明标准分担了部分控制犯罪的任务。正是在这一主观证明标准之下,情理推断和经验证明才得以进入事实认定过程,通过自由心证发挥作用,使得在客观证明机制之下无法定罪的案件得到有罪判决。尽管存在造成误判的可能,但由于审前程序发挥了过滤功能,这一风险被降至最低,从而在保障无辜的"合法性"和打击犯罪的"实效性"之间取得了一定程度的平衡和双赢,并有效减小了立法和司法之间、制度角色和制度能力之间的张力,减少了证明标准表达与实践之间的"悖反现象"。反观我国,从司法改革的"逆向推进式"策略中不难看出,我们对审前程序的改造尚未形成具体的方案,而更多地希望借助证据规则,尤其是非法证据排除规则来产生一些间接的影响和辐射,而在未对审前程序进行实质改革的前提下,尤其是分流机制没有建立起来的前提下,也希望通过对证明标准进行主观化的改造来容忍一定程度的情理推断,势必会收到和英美等国完全不同的制度效果。

---

① 〔日〕松尾浩也:《日本刑事诉讼法(上卷)》(新版),丁相顺译,中国人民大学出版社2005年版,第17页。

最后,在证明标准的操作手段上,英美法系国家采取了一致同意的表决规则,在证明标准容纳一定情理推断的同时,坚持在集体判断的层次上防止对经验常识等非证据因素的滥用,从而避免直接提升证明水平这一不可能的任务,回避了法官制度能力这一难题,同时收到了很好的分配错判风险的效果,兼顾了法官的制度角色需求。在这一点上,美国的情况似可为我们提供一个很好的参照。实际上,排除合理怀疑最初就是为了保障死刑判决的准确性而产生的证明标准[1],只是后来,因为该标准逐渐适用于所有类型的刑事案件,其在实践中的操作标准也逐渐降低。因此,美国出现提高死刑案件证明标准的呼声正是因为急需提高证明的确信程度,以弥补该标准在实践中的降低程度。值得我们注意的是,美国最高法院和国会都认为现有的标准已经足够了,而相关改革措施也大多不是围绕提高法定证明标准展开的,而是着眼于如何贯彻已有的证明标准,要求在死刑案件中沿用一致裁断原则而不容违反。[2] 在他们看来,合理怀疑虽然是一个主观的标准,但也完全可以通过证明标准的设置客观化。只要有一个裁判者持不同意见,就表明对于犯罪成立还存在合理怀疑,因而需要通过评议加以排除,否则就不能认定被告人罪名成立。所以,尽管美国采取了相对模糊和较低的主观标准,但同时执行了最为严格的表决规则,从而能够最大限度地降低证明标准降格适用的危险。[3] 更为重要的原因是:裁判者运用情理推断

---

[1] See Larry Laudan, Is Reasonable Doubt Reasonable?,9 *Legal Theory* 295, 297 (2003),该文认为排除合理怀疑最初只适用于死刑案件,而不适用于上诉程序;see also Erik Lillquist, Recasting Reasonable Doubt: Decision Theory and the Virtues of Variability, 36 *U. C. Davis L. Rev.* 85, 148–49(2002); Steve Sheppard, The Metamorphoses of Reasonable Doubt: How Changes in the Burden of Proof Have Weakened the Presumption of Innocence,78 *Notre Dame L. Rev.* 1165,1170–73(2003),该文认为,排除合理怀疑在早期甚至仅仅适用于死刑案件。

[2] See Leonard B. Sand, Danielle L. Rose, Proof Beyond All Possible Doubt: Is there a Need for a Higher Burden of Proof When the Sentence May Be Death?, 78 *Chicago-Kent L. Rev.* 1365(2003).

[3] 实际上,英美等国历史上一直适用一致裁断作为刑事案件证明标准的保障手段,即使在该规则日益松动的今天,在死刑案件的表决中仍然保留了一致裁断的要求。

认定案情极为容易导致自由心证的滥用,而缺乏外在的有效制约条件,但是,一致裁断规则认为,只要裁判者都能够运用情理得出同样或类似的结论,这种情理就会在最大限度上具备某种客观性,从而有效解决了证明标准的操作问题和错判风险的平衡问题。简言之,一致裁断的表决规则不仅使得排除合理怀疑这一主观证明标准得以客观化,而且由于裁判主体的一致性保障了评议的实质性和标准贯彻的严格性,这种立足于保障贯彻现有证明标准而不是随意提高证明标准的改革思路足以引起我们的深思。相比之下,我国虽然在立法中规定了看似更为严格的客观证明标准,但由于没有类似的配套措施,而仅仅要求少数服从多数的表决规则,因此,往往形成"高标准、低要求"的"悖反现象",并在证明标准降格适用后又陷入提高法定证明标准的恶性循环。

通过上文分析,我们可以发现,英美法系国家之所以较好地解决了证明标准降格适用的问题,源于其通过审前程序与救济程序的功能配置平衡了错判定罪与错误释放的风险分配,通过主观证明标准的确立减小了客观证明与情理推断之间的固有张力,通过表决规则的要求填补了证明要求与实际操作之间的天然鸿沟。由此,一种制度角色与制度能力趋于吻合的制度设计得以在实践中焕发生命力,从而在一定程度上摆脱了"法律一旦颁布即告失灵"的千古难题,减小了法官在制度角色和制度能力之间的差距。

4.6 程序失灵的另一种解释:制度角色与制度能力的互动

近年来,虽然学界在证明标准改革的问题上奉献了大量的文献,也作出了颇多具有价值的理论贡献,但也存在着一个共同的理论缺憾:既有的讨论往往将目光局限在证明标准本身,仅仅在中西两种制度表达之间进行简单的比较和取舍,而未将目光投向丰富的实践,更没有从表达与实践互动的角度寻找理论和改革的灵感。其实,不论是英美法系的"排除合理怀疑"还是我国的"案件事实清楚,证据确实、充分",都只是各自话语系统中不同的表述而已,而单纯在两种话语之间进行正当性和可欲性的比较,意义是极为有限的。① 须知,每一种证明标准的设置都需要相应的制度能力加以支撑,如果不考虑制度角色和制度能力之间的这种对应关系,而只是简单地移植一种话语表述,那么,可以想见的是,几乎每一种西方制度在中国的移植,在实践中都会立即遭到被搁置和被规避的命运。②

实际上,本章虽然以刑事证明标准为分析对象,但理论关怀却并不止于此,本章的结论也可以用来解释在中国大面积发生的程序失灵现象。可以说,只要我们的立法仍然固守僵化的思想,而拒绝与实践逻辑妥协,尤其是拒绝关注实践的制度能力的话,就必然面临被架空的命运。这一点在历史上曾经有过深刻的教训。比如,在启蒙运动时期,欧洲就已经确立了"精神病人不负刑事责任"的刑法原则,这被认为是刑法文明的重要象征。但是,我们却很少思考这样一个问题:理念的先进和理论的自洽是否可以代替实践中的可行?须知,精神病学是20世纪30年代才诞生的一门新兴学科,它一直被称为21世纪的医学,发展时间十分短暂。即使到目前为止,该领域的医学发达程度仍然较低③,我们很难想象,在精神病学尚未发展起来的启蒙运动时

---

① 正如有学者指出的那样:"目前相对真实论在两个方面的论证是不能令人满意的:一是,什么是相对真实这种证明标准的具体依据?二是,它如何能够区分有罪与无罪?尤其是如何避免导致将无罪者判有罪而冤枉无辜?"左卫民、周洪波:《证明标准与刑事政策》,载《比较法研究》2006年第2期。

② 包括当年"客观真实"与"法律真实"的论战,双方都没有进一步挖掘两种证明标准在实践中的运作效果和制度功能,也没有对理论和实践的"常态性悖反"给予相应的关注和合理的解释,而仅仅将目光停留在两种证明标准何者更具有可操作性这一层次。

③ 参见〔美〕欧内斯特·范·登·哈格、〔美〕约翰·P.康拉德:《死刑论辩》,方鹏等译,中国政法大学出版社2005年版,第317—323页。

期,人们如何鉴别一个人是否精神正常,尤其是实施犯罪行为时精神是否正常。尽管也有资料显示,在德国日耳曼法时代就有请法庭医师陈述有关精神鉴定意见的做法,但是仅仅根据当时精神医学的发展水平也可以想象这种意见有多大成分是个人臆测而非科学检测的结果。① 显然,当时这一原则在立法上的确立更多的是具有一种与旧刑事司法在理论上彻底决裂的象征功能,但在实践中,在没有医学的发展作为重要支撑的情况下,一个仅仅在理念上先进的法律原则会对社会造成如下不可欲的后果:其一是该规定在司法中被弃用,仅仅作为立法文明的象征机制存在;其二是在司法中被随意适用,造成大量的被告人利用精神病的抗辩而逃脱法律的制裁,从而危害社会安全。正是这种对"先进制度"的持续性抗拒,促使很多立法规定都在实践中被进一步架空,并形成一种在实践中行之有效的"潜规则",为诉讼程序和证据规则"二次立法"。在刑事诉讼领域里大面积发生的程序失灵现象,其背后的逻辑也有相似之处。

因此,我们应该在西方的表达与西方的实践、中国的表达与中国的实践之间,甚至是在西方的表达与中国的实践之间,进行比较、分析、权衡与扬弃,以寻找可资分析的"悖反现象"。也许,只有在这种悖论中,我们才能发现既有理论的危机,并找到程序失灵的深层原因,从而告别一厢情愿的改革建言,奉献有意义的知识增量。在程序失灵问题上,一些著名学者已经做出了非常有意义的探索,并提出了程序规则缺乏制裁后果、遵守程序所带来的成本支出和利益损失,以及两种法律传统的博弈等多种解释②,本书可以算作这一研究脉络的有益补充,为透视程序规避问题提供了基于制度角色和制度能力紧张关系的

---

① 参见张丽卿:《司法精神医学——刑事法学与精神医学之整合》,中国政法大学出版社2003年版,第261页。

② 参见陈瑞华:《刑事程序失灵问题的初步研究》,载《中国法学》2007年第6期。

另一重视角。行文至此,不妨再次强调一遍在本书开头提出的核心观点:在制度规定和司法实践之间的悖反往往源于立法者和司法者对制度角色定位的不同,而非法治理念的差异。司法实践对程序规则的规避,其原因也往往是其制度角色与制度能力之间的错位,而非司法技术的缺失。

5 提高死刑定罪证明标准之理论误区

前章的分析表明:我国法定证明标准在实践中被降格适用是现行体制下常见的现象。只要我们仍然对法院科以更多的政策任务,只要我们仍然寄希望于通过救济程序控制判决质量,只要我们仍然坚持不可操作的客观证明标准,只要我们的侦查机关取证能力仍然得不到实质性的提高,在证明标准的改革问题上就会面对这种理论和实践悖反的尴尬局面。

为此,学界普遍提出了提高死刑案件证明标准的理论主张。2000年6月中旬,以美国哥伦比亚大学法学院刑事法学者为主体发起的对美国1973年到1995年判处的全部死刑案件进行的研究结果表明,美国死刑误判率竟高达68%,其中有三个州的死刑案件居然全部判错。该项报告还显示,自1973年到1995年,美国每执行7至8名死刑犯,就有一名无辜者。① 根据后续报告Ⅱ,自1973年到2002年1月第一周,全美有99名死刑犯被证明是无辜的。② 正是这一令人触目惊心的调查结果促使美国司法界和学术界围绕着如何降低死刑误判率的问题展开了旷日持久的激烈争论。在立法暂未废除死刑的既定语境下,对于死刑的程序控制成为美国学者普遍达成的共识,提高死刑案

---

① See James S. Liebman, Jeffrey Fagan, Valerie West, A Broken System: Error Rates in Capital Cases 1973–1995, Columbia Law School, Public Law Research Paper No. 15.

② See James S. Liebman, Jeffrey Fagan, Valerie West, A Broken System, Part II: Why There Is So Much Error in Capital Cases, and What Can be Done About It.

件的证明标准则成为其中十分重要的控制手段。① 如美国纽约州上诉法院要求在死刑案件中,陪审团必须"排除一切合理怀疑"才能给被告人定罪。② 几个月后,马萨诸塞州州长委员会也提议:如果该州恢复死刑,则应该采取"确定无疑"的证明标准以取代先前在所有刑事案件中统一适用的"排除合理怀疑"的证明标准。而伊利诺伊州则已经启动了相关的立法程序。③ 在美国学术界,很多学者也为证明标准的提高而奔走呼吁。④

不仅仅在美国,出于对死刑的慎重态度,根据刑事案件严重程度和案件类型而适用多元化和层次化证明标准的要求在全球范围内也日益涌现。如联合国《关于保护面对死刑的人的权利的保障措施》就要求对死刑案件的证明必须达到"对事实没有其他解释的余地"的程度。我国江苏省高级人民法院颁布实施的《关于刑事审判证据和定案的若干意见(试行)》第 66 条也明确规定,对死刑案件应当做到案件事实清楚,证据确实、充分,排除一切合理怀疑,否则就不能判处死刑立即执行。著名学者陈光中教授也认为刑事诉讼中的证明标准可分为三个层次:确定无疑的证明标准、接近确定无疑的证明标准以及有确实证据的推定的证明标准。其中确定无疑的证明标准被视为有罪判

---

① 参见陈永生:《死刑与误判——以美国 68% 的死刑误判率为出发点》,载《政法论坛》2007 年第 1 期。

② Brief for Appellant, at 338, *People v. Mateo*, 2 *N. Y. 3d* 383 (2004) (No. 21). William Glaberson, Killer's Lawyers Seek to Raise Standard of Proof for Death Penalty, *New York Times*, 11 Jan. 2004, at 27.

③ Massachusetts Governor's Council on Capital Punishment, Final Report 22 (2004), available at http://www.mass.gov/Agov2/docs/5-3-04%20MassDPReportFinal.pdf.

④ 感兴趣的读者可参阅以下文献:James S. Liebman, A Broken System, Part II: Why There is So Much Error in Capital Cases, and What Can be Done About It, 397-99 (2002); Craig M. Bradley, A (Genuinely) Modest Proposal Concerning the Death Penalty, 72 *IND. L. J.* 25 (1996); Margery Malkin Koosed, Averting Mistaken Executions by Adopting the Model Penal Code's Exclusion of Death in the Presence of Lingering Doubt, 21 *N. ILL. U. L. Rev.* 41 (2001); Elizabeth R. Jungman, Note, Beyond All Doubt, 91 *GEO. L. J.* 1065 (2003); Jon O. Newman, Make Judges Certify Guilt in Capital Cases, *Newsday*, 5 July 2000, at A25; Urban League Leader Advocates New Standard in Capital Cases, *New York Times*, 31 July 2000, at B6.

决的最高标准,死刑案件必须达到绝对确定的程度才能判决。

5.1 死刑案件证明标准的程序功能:传统假设

在这种提高死刑案件证明标准的普遍呼声之中,各国学者几乎都将提高死刑案件证明标准的正当性建立在以下基础之上:第一,提高死刑案件证明标准有利于防止误判。"如果像二百年前的布莱克斯通所说的那样,宁可错放十个有罪的人也不枉判一个清白的人,我们就应该不断提高我们的证据标准,只要这样做能够多挽救一个无辜者而不用花费到错放十个人的代价。我们最后会有一个相当高的证据标准。"①显然,在刑事案件举证责任由控方承担的前提下,提高死刑案件的证明标准有利于增加控诉成功的难度,避免在尚存疑问的情况下剥夺被告人的生命,因而当然有利于防止死刑误判,避免不可挽回的生命剥夺。而且,我们不能仅仅寄希望于死刑复核或死刑案件三审制的改造来达到防止误判的目的,原因是,很多被告人之所以被判死刑并非因为事实认定或法律适用出现了错误,而恰恰是因为较低的证明标准放松了对事实认定确定程度的要求,如果证明标准不加以改变,各个审级仍然会在事实认定上根据同样一个标准延续同样的错误,因此,至少有一部分案件的误判并非源于审级制度,而是证明标准设置过低导致的必然结果。② 因此,避免这样的误判当然应该从提高证明标准上着手。第二,提高死刑案件证明标准有利于在控方和辩方之间合理分配由误判所产生的错误风险。由于诉讼程序不可避免地会出现一定程度的错误,因此证明标准的设置最为重要的程序功能就在于通过不同

---

① 〔美〕大卫·D.弗里德曼:《经济学语境下的法律规则》,杨欣欣译,法律出版社 2004 年版,第 2 页。
② 参见刘梅湘:《死刑案件证明标准检讨——以高攀死刑案为范例》,载《人民检察》2006 年第 7 期。

程度的证明标准的设置来分配错误风险。① 由于民事案件和刑事案件所涉及的利益重要性有根本的区别,因此世界各国普遍对民事案件和刑事案件科以不同程度的证明标准。以美国为例,民事案件仅要求优势证据,即51%对49%的微弱证明优势就可以对案件作出判决。这实际上是通过这种证明标准在原告和被告之间平均地分配审判可能带来的错误风险。而刑事案件由于涉及被告人的人身、财产甚至生命价值,发生错误后所产生的影响十分巨大,非民事案件可比,因此通过科以排除合理怀疑或内心确信等高标准的证明要求将误判的风险分配给了占据优势资源的公诉机关,在这种证明标准下,被告人能够尽可能少地被错误定罪,因此承担了尽可能低的错误风险,因而被认为是一种符合刑事诉讼本质的证明标准。② 按照这一证明标准的设置逻辑,涉及利益越重要,证明标准就应越高,那么死刑案件自然应该有不同于一般刑事案件的更高的错误风险的分配比率。因此,应当提高死刑案件的证明标准。第三,提高死刑案件证明标准有利于在立法尚未废除死刑的背景下通过程序控制减少死刑适用。正如我国学者杨宇冠教授指出的那样,学界普遍认为,"在死刑案件中,增加证明的难度不仅可以减少死刑案件的错案,而且可以起到控制死刑的作用"③。这一程序功能主要通过两个渠道发挥作用:一个是直接从审判结果上控制死刑判决数量,一个是间接从起诉入口处控制死刑起诉数量。前者很容易理解,一旦案件以死刑起诉,定罪标准的提高,会给法官定罪增

---

① See, e. g. , Ronald J. Allen, Evidence: Text, Problems and Cases, 822-23 (3d ed. 2002),该文认为,优势证据标准在原告和被告之间平等地分配了错误风险。
② See, Erik Lillquist, Recasting Reasonable Doubt: Decision Theory and the Virtues of Variability,36 *U. C. Davis L. Rev.* 85, 148-49, nn. 206-07 (2002), at 104, 105; D. Michael Risinger, John Henry Wigmore, Johnny Lynn Old Chief, and "Legitimate Moral Force"—Keeping the Courtroom Safe for Heartstrings and Gore, 49 *Hastings L. J.* , 403, 442-43, n. 98 (1998).
③ 杨宇冠:《死刑案件的程序控制若干问题——刑事司法国际准则角度》,载《比较法研究》2006年第5期。

加难度,提高要求,因此从总体上而言,提高定罪阶段证明标准是有利于控制死刑数量的;至于后者,由于提高死刑案件证明标准极容易导致放纵罪犯的后果,如果指控不成功,被告人就会被无罪释放,因此过高的风险会促使检察官极为谨慎地使用死刑的量刑建议权,这样就会增强进行辩诉和解和协商的制度性动机,从审判入口环节上减少死刑的指控进而减少死刑的适用。第四,提高死刑案件证明标准有利于提高刑事司法体制的正当性。由于死刑一旦错判并加以执行,其错误是无可挽回的,因此,在死刑案件中对被告人权利的保障程度是检验一个国家法治程度的重要标尺,如果死刑诉讼程序过于随意,公众就会对刑事司法体制的正当性产生怀疑,因为国家可以随意地剥夺一个人的生命而不尽到应有的谨慎义务。相反,如果刑事程序对死刑案件的诉讼程序加以特殊设计,严格保障被告人享有的各项权利,使死刑案件误判的可能性降到最低,自然会树立公众对于刑事司法的信心和敬畏心,从而确立刑事司法体制的正当性,使被告人和公众都更容易接受死刑判决。正是由于以上四点理由,各国普遍出现了一股提高死刑案件证明标准的理论呼声。我国亦然。

尽管学界对于提高死刑案件证明标准有助于实现上述目标已经形成了普遍的共识,且提高死刑案件证明标准被列为与收回死刑复核权、死刑案件强制上诉等制度并列的死刑程序控制的手段之一,笔者仍然对于其程序功能抱持怀疑态度。本书将要论证:死刑案件判决准确性和正当性的提高是一项极为复杂的工程,我国学者尽管与西方学者分享了以上这些共同的理论基础,但是由于我国相关配套制度的不协调,学界提高死刑案件证明标准的以上几个理由在我国的制度环境下都是不能成立或至少是存在严重缺陷的。在西方能够成立的理论依据和制度做法一旦不顾中国的制度逻辑强行移植入中国,可能不但无助于实现其所期望实现的程序功能,相反,其实际运作还极有可能产生难以预料的负面效果,从而与人们的改革初衷相去甚远。

5.2 提高死刑案件证明标准有利于避免误判吗?

前文已经交代,学界对于提高死刑案件证明标准的程序功能抱有极高的期望,认为这一改革可以有效避免死刑案件的误判,但是笔者对这一论断却持谨慎的怀疑态度。笔者的基本判断是:提高死刑案件证明标准只应被看作对判决质量进行总体控制的一环,其自身并不能有效避免误判,甚至还会带来更多误判的可能。美国学者福斯特教授曾根据现有的定罪率水平,通过假定的形式计算出了证明标准提高后的错误比率。研究者假定采用排除合理怀疑的证明标准的定罪率为70%,而80%接受审判的被告人事实上实施了被指控的犯罪行为,而有99%的被定罪的被告人是真正的罪犯。这样,在1 000名提交审判的被告人中,有10.7%的事实上有罪的被告人被错误地释放,而有0.7%的事实上无罪的被告人被错误地定罪,每当有15个真正的罪犯被错误地释放,就有1个真正的无辜者被错误地定罪,所有案件在总体上的错误率为11.4%(见表5.1)。而在证明标准提高后,只有50%的被告人被定罪,每当有1个真正的无辜者被错误地定罪,就有更多的事实上有罪的被告人被错误地释放,具体的比率被提高为61∶1,这时,尽管被错误定罪的真正的无辜者数量减少了2个,但是,逃避定罪的真正罪犯的数量却增加了198个,因此,所有案件在总体上的错误率由11.4%上升为31%(见表5.2)。而一旦进一步提高证明标准,有40%的被告人被定罪,错误比率将进一步提高,所有案件总体错误率上升为40.8%(见表5.3)。①

表 5.1:70%的定罪率,80%真正的罪犯,1%的错误定罪率

	事实上有罪	事实上无罪	总量
被定罪数	693	7	700
无罪释放数	107	193	300
总量	800	200	1 000

表 5.2:50%的定罪率,80%真正的罪犯,1%的错误定罪率

	事实上有罪	事实上无罪	总量
被定罪数	495	5	500
无罪释放数	305	195	500
总量	800	200	1 000

表 5.3:40%的定罪率,80%真正的罪犯,1%的错误定罪率

	事实上有罪	事实上无罪	总量
被定罪数	396	4	400
无罪释放数	404	196	600
总量	800	200	1 000

提高证明标准后总体错误率还会上升的根本原因是:"误判"本身是一个有着丰富内涵的概念,它不仅包括无辜者被定罪这种情况,还包括有罪者被释放和罪不至死者被判处死刑这两种情形。在上述立法建议理由中,学界普遍狭隘地理解了"误判"一词的含义,只注意到

---

① 福斯特教授用 P(G) 代表被告人事实上有罪的概率,用符号 P(~G) 代表被告人事实上无罪的概率,用符号 P(C) 代表定罪的概率,用符号 P(~C) 代表被告人并未被定罪的概率,并用符号 P(~G/C) 代表错误定罪率,那么,总体错误率就可以表示为:$P(G) - P(C)[1 - 2P(~G/C)]$。参见〔美〕布莱恩·福斯特:《司法错误论——性质、来源和救济》,刘静坤译,中国人民公安大学出版社2007年版,第81页。

了较高证明标准对于避免错误定罪的正面作用,却有意无意地忽略了较高的证明标准同时具有的放纵罪犯的负面后果①,而后者无疑也应属于"误判"的一部分,都是提高证明标准后可能导致的程序后果,我们没有理由不对这部分误判加以细致的考察。提高死刑案件证明标准是否有利于避免误判,结论的得出必须结合以上三种情形进行总体的考量,才能够避免对死刑案件证明标准程序功能定位的错误。② 正是因为上述情况的存在,笔者认为:

第一,刑事诉讼的基本原理在于既不能冤枉无辜者,也不能让罪犯受益。③ 二者具有同等重要的价值,在证明标准的设置中应尽量平衡二者的关系而不能有所偏废。学界通说认为,刑事案件的证明标准仅指定罪标准,即有罪证明标准,而并不存在一个独立的无罪证明标准,如没有达到有罪标准的要求自然就符合了无罪释放的条件,而不需要专门设置无罪证明标准,这样的话,有罪和无罪就形成了此消彼长的零和关系。表现在证明标准的设置上就会出现这样的效果:如果有罪证明标准设置得过高,那么它就会在增加给无辜者定罪难度的同时同样增加对真正有罪者定罪的难度,并在避免对无辜者误判的基础上增加放纵有罪者的风险。正因如此,历史上各国都没有对刑事案件科以最高的绝对确定的证明标准,而是在避免误判无辜者和避免错放罪犯之间寻找一个恰当的平衡点并据此设计证明标准。排除合理怀

---

① 当然,可能有人会认为这似乎有些书生之见,因为在实践中法官对于存在疑问的被告人并非如理论上要求的那样判决无罪释放,而是从轻量刑,以消解由不确定性带来的后果,笔者也承认这一现实情况的存在,但是即使考虑了这一情况,我们认为在理论上仍然存在着无法解决的矛盾,而且,即使在实践中,宁可错判也不放纵罪犯的做法正是以牺牲刑事司法的正当性为代价的。关于此问题,笔者将在本章第四部分予以详细阐述。

② 实际上,西方学者也意识到了这一严重的问题。see Erik Lillquist, Recasting Reasonable Doubt:Decision Theory and the Virtues of Variability, 36 *U. C. Davis L. Rev.* 85, 148 – 49, nn. 206 – 07 (2002), at 89, nn. 11 – 13,该文探讨了高度确信和错放罪犯之间的利益关系。

③ 〔美〕阿希尔·里德·阿马:《宪法与刑事诉讼:基本原理》,房保国译,中国政法大学出版社2006年版。

疑正是因此取代了绝对确定而成为了英美法系各国普遍采纳的刑事证明标准。从这个角度而言,片面强调提高死刑案件证明标准实际上会导致倡导者始料未及的严重后果,我们在保护了无辜被告人的同时却更有可能放纵罪犯,从而危害社会的安全利益。美国有学者在进行了细致的实证研究之后得出结论:"如果在某种程度上提高证据的证明标准……将导致被错误释放的真正罪犯的数量与被错误定罪的无辜者的数量之间的比率增加一倍左右。"①改革后的证明标准越高,在保护无辜者和保卫社会利益之间的失衡就会越严重。被告人的权利的确应当保护,但是这种保护应当在社会安全利益不致受到严重的不合理僭越的前提下实现。但是,片面提高死刑案件证明标准只会由此失去其在被告人利益和社会利益之间最为重要的平衡功能。第二,即使仅仅考虑避免冤错的情形,学界的理由仍然是不成立的,因为冤错案件还应包括对罪不至死的被告人判处死刑,对于这种情况同样应该加以避免。对于并非全然无辜,而只是在某些重要的量刑情节上罪不至死的被告人而言,定罪是正确的,而只是在量刑上应该有所宽宥。而片面强调提高死刑案件证明标准的建议却忽视了这样一个十分重要的问题。在以死刑罪名起诉之后,证明标准也就是有罪标准提高,从而使得这一类型的被告人连定罪的标准都达不到,进而逃避了其应该承担的刑事责任。第三,学界普遍认为,证明标准越高,越能够避免错误的审判结果,笔者对这一论断持保留态度。退一万步说,即使我们承认由于标准的"显著"提高,排除合理怀疑的证明标准显然要比优势证据的证明标准更有利于避免错误的审判结果,但是有些学者据此推断出排除一切怀疑的证明标准就一定会比排除合理怀疑的证明标准更能避免误判,则是不能成立的。原因是:证明标准的设置不

---

① 〔美〕布莱恩·福斯特:《司法错误论——性质、来源和救济》,刘静坤译,中国人民公安大学出版社 2007 年版,第 79—86 页。

存在一个严格的数量界限,所谓51%和95%的确信程度都是学者的理论构建,在实践中根本无法被法官严格遵守,也没有客观的标准可供遵循,因此,如果要求的确信程度在理论上差别很大的话,其对避免错判的正面作用还是很明显的。但是,如果在理论上这种确信程度的差异很小的话,其实质的操作标准就会极为接近甚至重合,二者在增加判决准确性和避免误判上的差别也就没有任何实际意义。所以,与排除合理怀疑并无实质差别的绝对确定标准并不可能显著降低错判数量。此外,期望通过证明标准的提高避免误判是基于这样的前提假设,即所有的或大多数的刑事案件误判都是由于审判阶段的错误而产生的,因此通过提高裁判者的内心确信程度就可以有效避免错误判决的结果,但是这一理论前提却是大有疑问的。错误的判决结果从来都是结在错误的侦查枝头上的。西方学者也发现,即使是在审判阶段裁判者没有任何的过错,审判结果仍然可能是错误的。[1] 如果我们承认有些误判,甚至大部分误判是刑事诉讼制度设计所导致的结构性误判的话,那么通过提高证明标准来降低误判概率的效果就会大打折扣。

　　至于学界所持的第二个理由——涉及的利益越重要,证明标准就应越高,因而死刑案件应该有比一般刑事案件更高的证明标准——也是不能成立的。美国学者弗里德曼指出,证明标准的设置并非根据涉及利益的重要程度而有所区别,他举例说,刑事定罪并不总是比民事惩罚更严重,一个涉及百万美元的损害赔偿的民事判决对于大多数人而言,要重于在监狱中被监禁一周。因此,刑事案件的证明标准比民事案件的证明标准要高就不能从这种理论中得到合理的解释,正确的解释应该是:民事案件即使判错,也只会使得金钱支付在原告和被告之间流转,而不会导致社会财富总量的变化,但是刑事案件一旦判

---

[1] See Andrew D. Leipold, How the Pretrial Process Contributes to Wrongful Conviction, 42 *Am. Crim. L. Rev.* 42 (2005).

错,一个人的损失不会成为另一个人甚至社会的收益,刑罚大多是有其净成本的,而非转移,所以对施以刑罚应当更加谨慎。① 这一观点是十分具有启发意义的。值得注意的是,美国甚至有学者对生命利益比一般自由利益更高的传统观点也提出了质疑②,另外,并非所有的死刑案件的错误定罪都会导致死刑的错误执行,因为有些死刑判决在后来被推翻,也有些被告人在执行死刑之前就自然死亡。由于存在着没有执行死刑的情况,所以其所产生的损害未必一定比普通刑事案件判处监禁刑所产生的损害要大③,至少,死刑案件错误定罪所产生的实际损害比上述假设要小。因此,死刑案件证明标准是否应当提高还值得进一步商榷。但是,可以肯定的是,死刑案件证明标准的提高不能从这种理论中找到坚实的依据。

因此,笔者的观点是,保护无辜者和保卫社会是刑事诉讼需要统筹兼顾的同等重要的价值目标,西方过去在保护被告人权利的道路上走得过远,现在已经逐步退回保护社会的道路上来。④ 如果说我们的法律制度有时客观上的确保护了有罪者的利益,那也只能看作在判决前无法准确甄别有罪和无罪的一种无奈选择,有罪者所享受的只能是保护无辜者的反射性利益而已。⑤ 刑事司法立足的绝对不是片面的打击犯罪,也不是片面的保护人权,而是"准确地"惩罚犯罪。法律本身绝对不能把保护"罪犯"作为单一目的主动加以追求,这一原理应该说是得到学者的普遍认同的。具体到本书论题上来,"较高的证明标准唯有符合下列条件方为有益:其所减少的错误定罪的数量要大于其所

---

① 参见〔美〕大卫·D.弗里德曼:《经济学语境下的法律规则》,杨欣欣译,法律出版社 2004 年版,第 2—3 页。
② See Erik Lillquist, Absolute Certainty and the Death Penalty, 42 *Am. Crim. L. Rev.* 45(2005).
③ 被告人被错误判处死刑在情感上所受到的损害可能比被告人被错误判处监禁刑的情感损害要大得多。
④ 如美国刑事诉讼制度在量刑阶段就淡化了对被告人利益的保护。
⑤ 参见陈瑞华:《刑事诉讼的前沿问题》,中国人民大学出版社 2000 年版。

增加的错误无罪宣告的数量……如果再假设对法人错误开释的数量多于错误定罪的数量,较高的证明标准只有在错误定罪的成本高于错误开释的成本之时才是合理的"①。但是可惜的是,在死刑案件证明标准的改革问题上,学者却有意无意地放弃了这一基本原理,而把保护被告人权利的价值推至极端,对社会因此而受的损害漠不关心,因而背离了改革的逻辑。提高死刑案件证明标准的主张实际上是一种漠视社会利益的理论诉求,其背后体现了学术研究片面甚至极端强调个人权利,以及以直觉论证假说的倾向,所有这些都让笔者感到了深深的忧虑。

5.3 提高死刑案件证明标准有助于减少死刑适用吗?

应当注意到,提倡提高死刑案件证明标准的司法区在立法上都没有废除死刑,但又几乎都处于要求废除死刑的巨大舆论和国际潮流之中,作为过渡期的一种替代性措施,通过程序控制来达到减少死刑适用的目的应该说是立法者一个折中的做法。因此,提高死刑案件证明标准就被看作通过程序控制实体结果的一种手段。但是这种愿望真的能够实现吗?

证明标准的提高,是学界对于短时间内无法在实体法上废除死刑的一种替代性努力,即必须在减少死刑适用上有所努力和取得成果。强制上诉、三审终审、提高证明标准、死刑复核成了学界这种努力的释放口,多少疏解了废除死刑的立法和政治压力,因此也获得了立法机关的格外青睐。但是我们也必须提醒自己,容易做的事情未必是容易做到的事情,易于开始的事情未必总是能够成功结束。提高证明标准

---

① 〔美〕维克拉玛蒂亚·S.卡纳:《法人刑事责任:目的何在?》,载〔美〕格卢克等:《哈佛法律评论·刑法学精粹》,刘仁文等译,法律出版社2005年版,第254页。

究竟对减少死刑适用有多少实践上的影响,笔者始终抱怀疑态度。它延续了学界在证明标准问题讨论上形成的利益链条,对实践可能没有任何实际的影响而陷入自说自话的尴尬境地。

在进入具体讨论前,我们首先应当明确提高死刑案件证明标准与减少死刑立即执行适用的关系。即使在西方对提高证明标准进行论证的过程中,学者也是普遍将虽被判处死刑但并未被执行的案件排除在外的,而只讨论被错判并错误执行的死刑案件。由于我国存在着死刑缓期执行制度,基本上可以避免被告人被剥夺生命,因此这一部分案件应该排除在外,它在本质上相当于自由刑,因而不具备必须提高证明标准的紧迫性。

我们知道,减少死刑适用有两种具体的途径:一种是通过判决减少死刑的绝对数量,另一种是通过提高证明难度而使得控方一开始就放弃起诉或者放弃死刑量刑建议,从而间接达到减少死刑适用的目的。但是,间接控制是否真能产生预期效果,证明标准的改变是否真的能够影响控辩双方的诉讼策略选择,这仍然只是一个没有实证数字予以支持的假说。[1] 在美国,控方面对高难度的定罪是否更愿意选择辩诉交易,或选择较低指控、建议较低量刑,以及这些连锁反应如何影响到错误比率,都是一个无法策度的问题。[2] 学者对究竟是无辜被告人还是有罪被告人更倾向于选择辩诉交易也没有一致的意见。在我国,间接控制的效果就更值得怀疑。所以,对于提高死刑案件证明标准是否有利于减少死刑适用的问题,应该主要从直接控制的角度加以考察。笔者认为,直接控制的假说至少存在着以下几个不容忽视的

---

[1] See Compare Robert E. Scott, William J. Stuntz, Plea Bargaining As Contract, 101 *Yale L. J.* 1909 (1992) (innocent defendants), with Corinna Barrett Lain, Accuracy Where it Matters: Brady v. Maryland in the Plea Bargaining Context, 80 *Wash. U. L. Q.* 1 (2002) (guilty defendants).

[2] 参见〔美〕布莱恩·福斯特:《司法错误论——性质、来源和救济》,刘静坤译,中国人民公安大学出版社 2007 年版,第 87 页。

问题。

　　首先,提高后的证明标准存在着逻辑上的不自洽性。各国死刑案件证明标准的具体表述尽管各有不同,但基本都可以概括为"确定无疑"的证明要求,即排除一切可能性。要想让提高后的证明标准真的能达到减少死刑适用的目的,该标准一定要能够得到严格的贯彻。但是我们都知道,在诉讼证明中如果想要达到排除一切怀疑的程度是完全不可能的事情①,"除非我们确认一个人有罪,否则就不应对其施以刑罚,但是,据此标准将没有人会受到惩罚,最有力的证据也只是使一种可能性成立"。"如果我们要给一个人定罪,我们肯定是在缺乏绝对证据的基础上进行的。"②正因为如此,英美等国才采用了仅次于"排除一切怀疑"的"排除合理怀疑"作为刑事案件的证明标准。这一证明要求实际上不可能达到,从而导致无法判处死刑的结果,这样从刑事司法的整体来看,似乎问题比我们预想的还要乐观,提高死刑案件证明标准不仅可以减少死刑适用,还可以在司法层面上实际废除死刑,从而缓解死刑立法的国际压力。但是问题也恰恰出在这里,既然该标准严格贯彻后已经失去了判处死刑的可能性,那么立法者为何不直接在实体法中废除死刑,非要转个弯来在程序中规定这样一个制度达到这一目的?有这个必要吗?答案只有一个:立法者之所以仅仅在司法层面上废除死刑而在立法上不废除死刑,是因为这样可以在法律中保留死刑适用的可能性,对公众产生威慑作用,但问题是——如果每个案件都能严格贯彻确定无疑的要求,又怎么可能会有继续适用死刑的可能性,公众又怎么可能会惧怕立法中规定的不可能得到适用的死刑条文呢?可见,威慑力的真正根源还在于绝对确定的证明要求

---

　　① 美国的证据理论中规定了九种证明程度,而绝对确定这一证明程度被认为不可能在诉讼活动中达到。
　　② 〔美〕大卫·D.弗里德曼:《经济学语境下的法律规则》,杨欣译,法律出版社2004年版,第2页。

的适用标准是高度不确定的,在实践中掌握的尺度会因个案的不同而发生变化。因此公众才会因这种不确定性产生畏惧感。而这种死刑证明标准在实践中和原来的证明标准一样都被降格适用的结果是,由于确定无疑和排除合理怀疑的标准本来实质内容就差别很小,在降格适用的情况下就更难有所区别,因此,即使是确定无疑的证明标准在实践的效果上也难以保证能够在整体上减少死刑的适用。如果说这一结论只是理论上的推演而无法以实证调查来加以佐证的话,那么真正有实际意义的问题在于——这种质疑本身对提高死刑案件证明标准逻辑本身的颠覆。它的倡导者将无力回答以下问题:绝对确定的证明标准规定究竟有什么实际意义?它到底能不能得到严格的贯彻?它的理论预设和它的逻辑后果为什么会呈现出这种悖反?

其次,在理论上,现有的刑事案件证明标准已经足够保障判决的准确性和慎重程度,而绝对确定的证明标准与原有的证明标准并无本质的差别,只是一种理论上的建构,并没有多少实际的诉讼意义,因而其适用效果与原有标准无异。新证明标准能否达到减少死刑适用的目的应当与改革前的证明标准进行比较之后才能得出结论。即排除一切怀疑与排除合理怀疑的区别究竟会对诉讼结果产生何种影响。笔者认为这种区别不大,因而对于诉讼结果没有多少实际意义。我国三大诉讼法均规定在证据达到"案件事实清楚,证据确实、充分"的标准时才可下判,学理上对这一证明标准的解释是"已有的证据形成证据锁链,得出的结论具有唯一性和排他性"。应该说,这种要求排除其他一切可能性的学理解释已经蕴含了后来学者提出的"确定无疑"的含义,如果能够准确地加以贯彻,应该说这一标准已经是很高的证明要求了,从理论上而言,这一标准甚至比排除合理怀疑还要高。以西方排除合理怀疑的证明标准为例,人们普遍认为,排除合理怀疑中的"怀疑"一定应是合理的怀疑,而不应包括没有任何根据的、吹毛求疵的怀疑,换句话说,不合理的怀疑不能够影响对被告人的定罪。因此,排除合理怀疑已经是理论上能够想象的最高标准了,而所谓的"排除一切怀疑"的证明标准与其相比,如果说能够体现出证明的更高要求的话,就是还要"排除一切不合理的怀疑"才能给被告人定罪,这种逻辑上的推演是极为滑稽可笑的,并将会导致任何无根据的、猜测的怀疑都可以导致无法给被告人定罪,并最终使得刑事审判演变为一场难以忍受的闹剧。所以美国有学者才为排除合理怀疑标准辩护,认为它实际上已经是最高的标准,其他所谓的更高标准只是一种理论上的建构,而不会对诉讼有任何实质意义的帮助。[①]

最后,在实践中,现有标准之所以不甚理想,根源并不在于既有的证明标准过低,而在于对于证明标准缺乏一个明确的可操作的制度手段,从而导致了实践中对同一证明标准的掌握尺度竟然会有天壤之别,以提高死刑案件证明标准来达到减少死刑适用的目的是找错了病因。[②] 以排除合理怀疑的证明标准为例,该标准的出现与美国和英国的公众对死刑的抵制态度有关,最初就是为了保障死刑判决的准确性和防止罪犯被轻易地判处极刑而专门设置的程序措施,只是后来,由于死刑在司法体系中的作用日益下降[③],该标准才平等地适用于所有类型的刑事案件。但是也正是由于排除合理怀疑的证明标准不再仅

---

① 如美国著名学者福斯特教授就认为:"在坚定的确信和不坚定的确信之间存在的边界本身就不甚确定。"〔美〕布莱恩·福斯特:《司法错误论——性质、来源和救济》,刘静坤译,中国人民公安大学出版社2007年版,第78页。

② 实际上,我们在这种原因下提高死刑案件证明标准恰恰反证了证明标准的不可操作性。不然为什么既有的高标准总是被降低标准适用,照此推理,即使我们规定了一个绝对确定的证明标准,其实际执行的效果也不过就和既有的证明标准不相上下。当然,立法者作为政治机构也正是认识到了这一点才会愿意接受提高死刑案件证明标准的建议,因为如果绝对确定的证明标准真的能够和理论上一样得到真正的贯彻,那无异于在实践中取消了死刑的设置,等于废除了死刑,因为任何的诉讼证明都不可能达到排除一切怀疑的程度,如果这种怀疑与排除合理怀疑不是一回事的话(不合理的怀疑也要排除)。

③ See Larry Laudan, Is Reasonable Doubt Reasonable?, 9 *Legal Theory* 295, 297 (2003), at 324-35,该文表明,美国每年有不到300人被判处死刑。

仅适用于死刑案件,所以对其适用的标准也才逐渐放松。正如 Steve Sheppard 教授指出的那样:由于 19 世纪、20 世纪陪审团指示措辞的变化,"对陪审员判决无罪的责任开始增加,而对定罪的证据要求则开始下降"①。可以说,在过去的 150 年中,排除合理怀疑是一个一直被不断弱化的标准。过去几十年间所做的经验研究也表明,在实践中,陪审员经常在决定给被告人定罪时只要求 70%甚至更少的确信程度,现在法官对陪审员就该标准的指示以及陪审员对该标准的实际应用都比排除合理怀疑在 19 世纪初期的要求要低得多。而美国法律出现以更高的证明标准取代排除合理怀疑的证明标准正与此有关,即在实践中陪审团日益降低了该标准的确信程度,从而使得该标准本来具有的保障事实认定准确性的功能大打折扣,因而急需提高证明的确信程度,以弥补该标准在实践中的降低程度。以此观之,西方对死刑案件证明标准的反思和提高死刑案件证明标准的呼吁似乎有了"取法乎上,得乎其中"的意味,是在证明标准理论与实践掌握尺度有重大区别的前提下对确定性的一种保障手段。这种情况在我国尤甚。尽管理论上对"犯罪事实清楚,证据确实充分"提出了很高的排他性的证明要求,但这一要求却在实践中屡屡被降格适用,有时甚至是官方明确许可的降格适用。被告人利益导向的标准在实践中往往向不利于被告人的方向倾斜,司法机关往往通过降低证明要求的方式提高对被告人的定罪率。甚至在"严打"中出现了所谓的"基本事实清楚,基本证据确实充分"的提法,并将该标准同样适用于死刑案件,明确地将法定的证明标准予以降低。因此,对于我国而言,减少死刑适用的根本途径恐怕也不在于仅仅在立法上提高所谓的死刑案件证明标准,而在于如何保证贯彻落实既有的证明标准要求。如果现有的高标准都无法严

---

① Steve Sheppard, The Metamorphoses of Reasonable Doubt: How Changes in the Burden of Proof Have Weakened the Presumption of Innocence, 78 *Notre Dame L. Rev.* 1165, 1170-73 (2003), at 1169.

格贯彻,即使在纸面上提出更高的证明标准也必然落得同样的结局。不仅如此,只要我们仍然存在着类似的运动式的治理,尤其是对重罪案件的法外控制,证明标准设置得再精妙也只能是一个摆设。①

5.4 提高死刑案件证明标准有利于提升程序正当性吗?

正是一系列死刑案件的误判导致了公众对刑事司法体制的正当性的质疑,也正是在这一背景下,学界才提出了提高死刑案件证明标准的理论诉求,因此,使死刑程序正当化就是这些学者所持的提高死刑案件证明标准的理论依据。该理论认为,证明标准并不具有现实操作性,再高的证明标准也不能保证其在实践中的准确贯彻和运用,而仅仅是体现司法体制慎重程度的一种外在象征,死刑案件的证明标准也是一样,因此,提高该标准的作用既非防止误判,也非减少死刑适用,而仅仅是一种对公众压力的回应方式,是一种对于法律体制的正当化手段。② 正因为如此,不管证明标准在实践中是否能够得到真正完全的贯彻,也不管该标准是否与现有标准有实质区别,只要能够在社会公众心中引发正当化效应就可以了。从这个角度而言,证明标准的可操作性问题在这种理论下就显得无甚意义了。证明标准即使真的只是一种乌托邦的建构,对于正当化功能而言也是必不可少的。既

---

① 在河北省承德市陈国清等4人被控抢劫杀人一案中,检察机关就曾明确表示,"尽管本案在某些证据上存在一些不足和遗憾,但基本事实清楚,基本证据确实充分",从而足以认定犯罪的成立。董文梱"毒贩"案一开始也是一个无任何人证(只有被告人口供)、物证、书证和鉴定结论的"四无"冤案,虽然存在重大疑问,可是一审法院还是判决被告人有罪并处以死刑。因此,有论者认为,我国司法机关对死刑案件定罪处刑所依据的证明标准明显过低,远远没有达到法定的案件事实清楚,证据确实、充分的证明标准。参见《无人证,无物证,无书证,无鉴定,温州一死刑犯屈坐八年大狱》,载中青在线(http://zqb.cyol.com/gb/zqb/content_646517.html),访问日期:2007年7月1日。

② 查尔斯·尼森(Charles Nesson)教授是持此观点最为坚定的学者。See, e. g., Charles R. Nesson, Reasonable Doubt and Permissive Inferences: The Value of Complexity, 92 Harv. L. Rev. 1187, 1195 (1979)。

然这样,一种绝对确定的证明标准对于死刑案件而言就是适当的,正当化理论似乎可以为提高死刑案件证明标准的努力提供最为坚定的理论支持。①

但是,这种正当化理论却隐藏着一个十分难以发现的致命缺陷——死刑案件证明标准的提高会在为死刑程序提供正当化机制的同时,显示出非死刑案件程序控制的弱点,也就是说,其他非死刑案件由于未能达到这一最高证明标准而处于正当化的危机之中,以至于降低人们对这些案件判决的接受程度。死刑案件证明标准提高后,人们会认为:既然存在着更高的证明要求,而普通刑事案件又没有达到这样的证明要求,该判决自然就存在着较大的错误可能,在与死刑案件证明要求的对比当中,当事人往往会对普通刑事案件判决的可靠性产生合理的怀疑。② 毕竟,如果我们对于每一个刑事案件都能尽到百分之百的谨慎和达到百分之百的确信,还谈得上对死刑案件的格外谨慎吗?这种对于死刑案件的"更加谨慎"实际上却是对于"普遍正义"的公然违背。所以对于死刑案件证明标准的提高隐含的其实是这样一个问题:我们对于普通案件的谨慎程度和确信程度至少还是存在着可以提高的空间的。而从证明标准的法律设置上来看,这种普通刑事案件的错误成本似乎是被我们的制度所默认的一种合理成本。

对此,持正当化理论的学者会有两种辩护策略,首先,他们会辩解说,死刑案件证明标准的提高只能为"死刑案件"的正当性提供说明,而无须顾及所有刑事案件,其他非死刑案件自然有其他手段提供

---

① See Carol S. Steiker, Jordan M. Steiker, Should Abolitionists Support Legislative 'Reform' of the Death Penalty?, 63 *Ohio ST. L. J.* 417 (2002), at 421–24; Carol S. Steiker, Jordan M. Steiker, Sober Second Thoughts: Reflections on Two Decades of Constitutional Regulation of Capital Punishment, 109 *Harv. L. Rev.* 355, 371–403 (1995).

② 还有一个很有意思的现象,死刑案件被告人享有比普通案件被告人更多的程序保障,但似乎这些特殊保障并未对普通案件的正当性构成挑战,只有证明标准的区别使得普通案件的正当性产生了动摇。

正当化机制。这种辩解是成立的,但是却有十分重要的条件限定。即该国的刑事司法体制必须已经在总体上为防止各类案件的错误判决进行了尽可能完善的程序设置,普通刑事案件也已根据其牵涉利益的重要程度进行了相应的正当化设计,从而保障了所有类型案件事实认定和法律适用的准确性,因而司法体制不会在死刑案件诉讼程序得到特殊设计的场合出现正当性危机。但是,这一前提却不总是能够得到满足的,在整体正当性保障体制不健全的情况下,这种情况尤甚。以我国为例,有研究表明,我国的刑事诉讼不论是在犯罪控制还是在人权保障上都有着严重的缺陷[1],证人不出庭,控辩不平等,法官庭外调查取证,法院任意变更指控罪名等程序性缺陷在各种案件中都不同程度地存在着,在这种普通刑事案件和死刑案件的诉讼程序正当性水平都很低的背景下单方面提高死刑案件的正当性,自然会加剧死刑案件与普通刑事案件正当性水平的差异,从而突显出后者的正当性危机,因此,解决这一问题的办法应当是对刑事案件正当性保障进行整体提升,避免低水平的均衡,然后在刑事诉讼总体正当性得到提升的前提下再进一步提高和完善死刑案件的程序保障措施。只有这样,我们才能在不损害普通案件的正当性的基础上提高死刑案件的正当性,从而能够真正提升刑事诉讼"整体"的正当性。

另一种辩护可能是,即使提高死刑案件证明标准可能确实会引起普通刑事案件正当性的下降,但是总体而言,这种下降带来的损失要小于死刑案件正当性提高所带来的收益。因而从总体上来讲,这仍然是一项可行的改革措施。但是,笔者认为,事实正好相反,即由普通刑事案件正当性下降而产生的损失要远远大于避免死刑案件错误定罪所产生的正当化收益。在一个特定案件中,由死刑案件错误定罪而产

---

[1] 参见劳东燕:《刑事司法政治化的背后》,载陈兴良编:《公法》(第5卷),法律出版社2004年版,第47—57页。

生的危害可能要远远大于在非死刑案件中正当性下降所带来的危害。但是,由于死刑案件相对来说数量较少①,因而总体来说,由错误的死刑定罪产生的正当性的损害可能的确要比每年不计其数的非死刑案件所产生的正当性损害要小。② 以美国为例,2002 年有 159 名被告人被判死刑,而 2000 年则有将近 925 000 名被告人在州法院系统被定重罪,其中有超过 45 000 名被告人是在审判阶段被定罪,其他的则以辩诉交易结案。

显然,总体而言,证明标准的提高其实带来的并非刑事司法体制整体正当性的提高,而仅仅是死刑案件正当性的提高。如果要用正当性理论解释证明标准的提高的话,我们就必须解释清楚为什么我们可以置更多的其他普通刑事案件于不顾,仅仅着眼于死刑案件的正当性。但是到目前为止,似乎学界并未对这一问题进行深入的思考,也未对此问题提出令人满意的解答,只是匆忙得出了应该提高死刑案件证明标准的结论。

问题还远不止于此,如果我们将视线从理论层面上移开,而转向实践后果的话,就会发现,死刑案件证明标准的提高即使对死刑案件本身也会带来正当性的挑战。死刑案件证明标准的提高不但不会减少死刑的适用,相反,会增加死刑的适用,使得更多达不到死刑案件证明标准的案件被判以死刑缓期执行,从而给我国刑事司法体制蒙上一层更加难以忍受的不正当性。我国法院并非纯粹的司法机关,还是带有强烈的政治色彩的机构,也要承担维护社会治安和稳定秩序的职

---

① 一项最近的研究表明,美国在保留了死刑的州中,以谋杀罪名被逮捕的被告人中只有 2.2% 最终被判处死刑。See John Blume, Explaining Death Row's Population and Racial Composition, 1 *J. Emp. L. Stud.* 165, 171 (2004)。

② See Thomas P. Bonczar, Tracy L. Snell, U. S. Dep't of Justice, Capital Punishment, 2002 app. tbl. 2 (2003), available at http://www.ojp.usdoj.gov/bjs/pub/pdf/cp02.pdf., at 1; Mathew R. Durose, Patrick A. Langan, U. S. Dep't of Justice, Felony Sentences in State Courts 2000, at 8 tbl. 9 (2003), available at http://www.ojp.usdoj.gov/bjs/pub/pdf/fssc00.pdf。

责,相比于其他国家的法院而言,我国法院更加不愿意承担错误释放带来的巨大舆论压力,所以法院在判决时必须考虑社会利益,而死刑案件证明标准提高后法官没有了以往的自由裁量的空间,再加上我国并没有定罪标准和量刑标准的区分,一旦不符合修改后的高定罪标准,被告人就应被宣告无罪并被立即释放,而法官根本不愿也不敢承担错误释放带来的巨大风险,往往在法外寻找途径缓解这一压力,在对证明标准的把握上呈现出了和被告人利益导向的立法标准相背离的一面,"危险性"代替经过证明的犯罪行为成了惩罚的对象,在被告人利益之上强加了社会利益的考量,因此,一些明明不具备定罪条件的被告人被判为死刑缓期执行。这就使得以被告人利益为导向的证明标准设置和以社会利益为导向的证明标准实践出现了严重的悖反,等于在死刑判决上有了两种层次不同的证明标准,从而实质性地将死刑这一单一刑罚变成了"程序法"上的两种刑罚。而恰恰由于判处被告人死刑缓期执行的案件往往都没有达到判处死刑要求的证明标准,因此在法律并没有区别死刑立即执行和死刑缓期执行在证明标准上有任何差别的情况之下,实践中实际上已经对二者适用了不同的证明标准,从而使得即使是死刑也有了两种截然不同的证明标准。更为严重的是,死刑缓期执行的证明标准与一般刑事案件的证明标准也有着本质的差别,这样,死刑缓期执行事实上已然拥有了一种单独的证明标准,但是这种证明标准却游离于法律规定之外,既不同于普通刑事案件适用的一般证明标准,又不同于死刑立即执行案件的证明标准,我国司法实践中已经存在着这种未经明示却普遍适用的多元化证明标准,这种多元化的证明标准游离于法律规定之外,其本身就是对刑事司法体制正当性的巨大消解。

5.5 "排除一切怀疑"可行吗？

证明标准应当根据所涉利益的重要程度加以设置，作为可能剥夺被告人生命权的死刑案件，理应享有比一般刑事案件更高的证明标准，这是提高死刑案件证明标准论者所持有的普遍逻辑和理论依据。"一般刑事案件的证明标准为案件事实清楚，证据确实、充分，排除合理怀疑；死刑案件的证明应当为案件事实清楚，证据确实、充分，具有排他性和唯一性。"[①]"在适用普通程序的刑事案件中，证明标准是排除合理怀疑的证明……在适用死刑的刑事案件中，证明标准则应该是排除一切怀疑的证明。"[②]但是，在本部分中，笔者将通过"客观证明机制"和"情理推断机制"这一对范畴论证[③]，"排除一切怀疑"所内含的证明机制不可能完成其预期的证明任务，因而是个不可行的改革方案。

在理论上，所谓的"客观证明"是实现客观真实证明标准的证明方法，强调运用证据进行逻辑证明，由于运用间接证据进行推论以及根据经验进行推断都不可避免地带有一定程度的或然性，因而为客观证明机制所排斥。而"情理推断"则是实现法律真实证明标准的证明方法，允许在缺乏证据或无法证明的场合运用经验或情理进行推断，以弥补客观证明机制的缺陷。严格而言，前者是证实标准，属于事实证

---

① 黄芳：《论死刑适用的国际标准与国内法的协调》，载《法学评论》2003 年第 6 期。
② 何家弘：《刑事证据的采纳标准和采信标准》，载《人民检察》2001 年第 10 期。
③ 必须交代的是，"客观证明"和"情理推断"这一对范畴由周洪波首先提出并进行了极富启发性的分析，感兴趣的读者可参见周洪波：《客观证明与情理推断——诉讼证明标准视野中的证明方法比较》，载《江海学刊》2006 年第 2 期。虽然也有其他对于证明方法的分类，如西方学者提出的科学知识证明与常识证明（参见熊秋红：《转变中的刑事诉讼法学》，北京大学出版社 2004 年版，第 325—327 页），我国学者提出的"证据证明""经验证明""常理证明"及"实验证明"（参见杜世相：《刑事证据运用研究》，中国检察出版社 2002 年版，第 140—142 页），但由于都没有周洪波的概括准确简洁而未予采纳。

明机制,带有法定证据制度的特征,而后者则是确信标准,属于事实认定机制,带有自由心证的特征。比照上述标准,我国的"案件事实清楚,证据确实、充分"在理论上可以大致归入"客观证明机制"的范畴。而与之相反,英美法系的"排除合理怀疑"则可以大致归入"情理推断机制"的阵营。

当然,上述分析仅仅是理论上的归类,客观证明机制由于完全排斥情理因素的作用,从而使得证明任务往往无法完成,因此,在司法实践中,即使是我国"案件事实清楚,证据确实、充分"的证明标准也并不完全是按照客观证明的机制在运作,而是或多或少地吸收了情理推断机制的若干做法,从而实质性地降低了证明要求,比如:(1)不要求排除证据之间、证据与案件事实之间的所有矛盾,只要主要矛盾得已"合理"排除即可认定案件事实,承认符合情理的矛盾存在。(2)允许使用间接证据通过经验推论认定案情,尽管这种推论存在着虚假的可能。① (3)允许对主观心理状态进行推定,而无须运用证据进行直接证明。② 由于这种推定存在着虚假的可能(其允许对方以相反证据反驳即是明证),因此并不能排除所有的怀疑,做到完全确定。正是实践中情理推断因素的介入,使得我国法定证明标准的客观证明机制受到消解,不再如理论上一样能够保障案件结论的唯一性和排他性,而只是一种高度的盖然性,面对法定证明标准被降格适用的局面,改革论者提出了"排除一切怀疑"的证明标准作为替代性方案。那么,这一证明标准究竟是何含义? 它又有着什么样的证明机制? 它能够完成准确定罪的任务吗?

---

① 参见陈一云主编:《证据学》,中国人民大学出版社1991年版,第119、120页。
② 比如毒品犯罪往往要证明被告人"明知"是毒品而予以携带和运输,才能予以定罪,而这种主观心理状态除非获被告人本人的供述,否则根本无法确定。按照客观证明机制,仅仅通过行为人的外部行为推定而不是直接证明其主观心理状态是不能够定案的,但是,为了降低主观要件的证明难度以完成定罪任务,法律往往会规定某些推定机制,如执法人员检查时,被告人有逃跑、丢弃携带物品或逃避、抗拒检查等行为,在其携带或丢弃的物品中查获毒品的,就可以推定其为"明知"。

我们有必要首先对"排除一切怀疑"的语义进行初步的分析。美国证据法理论将证明标准分为九等,分别是:排除一切怀疑,排除合理怀疑,清晰和有说服力的证据,优势证据,合理根据,有理由的相信,有理由的怀疑,怀疑和无线索。排除合理怀疑中的"怀疑"一定应是合理的怀疑,而不应包括没有任何根据的,仅凭臆测和猜想而提出的怀疑和吹毛求疵的怀疑。如果说,"排除一切怀疑"能够体现出更高的证明要求的话,还要"排除一切不合理的怀疑"才能给被告人定罪,这种要求是极为严苛的。不难看出,"排除一切怀疑"暗含着对于客观真实的绝对追求,任何疑点的存在都将导致无法给被告人定罪。据此,我们可以概括出"排除一切怀疑"的两大特征:第一,"排除一切怀疑"本质上是"客观主义"的证明标准,是证实标准,而非确信标准。"排除一切怀疑"要求事实认定应该达到百分之百的确定,因而其本质是一种"客观主义"的证明标准,是一种"证实标准",采纳这一标准显然可以建立起刑事司法体制的正当性,使被告人和公众都更容易接受死刑判决。正是这种对于客观真实的绝对追求,使得"排除一切怀疑"的证明标准不允许通过转化证明对象的方式降低证明难度,因而是僵硬的客观证明机制。第二,"排除一切怀疑"强调依据证据进行客观证明,而排斥情理推断机制的适用,是证明机制,而非认定机制。仅仅根据基础性事实就直接推定某事实的存在,这使得推定机制必然要以一定的非证据事实作为推论的基础,因此降低了证明要求,具有一定的虚假可能性,而"排除一切怀疑"又要求对犯罪事实而非要件事实的认定达到绝对确定的程度,这样,该标准自然排斥具有一定推测性和假定性的推定机制。事实上,强调绝对确定的"排除一切怀疑",不但排斥法定推定的适用,只要是带有虚假可能性的一切非客观证明机制都在排斥之列,即使根据间接证据进行推论也不被允许。

首先,贯彻"排除一切怀疑"的客观证明机制将无法运用推定完成证明任务。现代刑法均以过错责任为主要责任形式,而很少规定严格责任,以我国刑法为例,在17种典型的法定目的犯中,没有一种目的犯的目的属于刑罚加减事由,而全为主观构成要件,被告人的主观心理状态因此成为绝大部分案件中的证明对象①,但是,主观要素的内在性和隐蔽性决定了对其的证明必然是十分困难的②,正因如此,日本刑法学者泷川幸辰教授才感叹,"主观要素的证明是不恰当的",只能通过行为人的客观行为来推定其主观罪过。正如有学者指出的那样:"要求所有的案件对主观要素的证明都做到证据确实充分是不现实的,根据现有的基础事实,依照推定的有关规则推定出目的的存在,这是在既有证据无法达到质与量上的要求的情况下的一种选择。"③但是,如果坚持按照"排除一切怀疑"所要求的证明机制来认定案件事实的话,将是一个永远不可能完成的任务,比如,在奸淫幼女案件中,法律要求必须证明被告人"明知"才能够定罪,如果不借助于推定机制的话,这一心理状态根本无法仅仅通过外部行为加以确证,在"排除一切怀疑"的证明标准之下,对此类过错责任的犯罪将根本无法予以认定和惩处,也正是因为证明"明知"的困难,有学者才提出了将奸淫幼女罪改为严格责任的观点。④ 在绝对确定的证明标准之下,刑法罪名只有全部修正为严格责任(将特定的目的从构成要件中去除而作为刑罚的加减事由加以规定),或将主观要件完全客观化才有可能在诉讼中得到认定,而这显然是

---

① 参见付立庆:《主观违法要素理论——以目的犯为中心的展开》,中国人民大学出版社2008年版,第200页。
② 在美国,刑罚禁止将近7 000种行为,如果对于每种行为实施者当时的形态加以分别规定并要求证明,也是不切实际且代价高昂的。参见李立丰:《美国刑法犯意研究》,中国政法大学出版社2009年版,第229页。
③ 付立庆:《主观违法要素理论——以目的犯为中心的展开》,中国人民大学出版社2008年版,第248页。另可参见Kevin L. Keeler, Comment: Direct Evidence of State of Mind: A Philosophical Analysis of How Facts in Evidence Support Conclusions regarding Mental State, 1985 *Wis. L. Rev.* 1985。
④ 参见苏力:《司法解释、公共政策和最高法院——从最高法院有关"奸淫幼女"的司法解释切入》,载《法学》2003年第8期。

不可能的,对于绝大部分案件而言,将责任形式修正为严格责任将失去目的要件所具有的防止客观归罪的功能,而将所有过错犯罪的主观要素客观化的努力则会违背刑法条文的简洁价值,也排除了在立法之外由裁判者根据经验和常理进行的事实推定,从而放纵更多的犯罪。①

其次,"排除一切怀疑"的证明标准会给控方科加不合理的举证负担,从而使得证明无法完成。众所周知,证明标准是和证明责任相关联的概念,证明责任主体只有运用证据证明案情达到证明要求之后才能卸除证明责任。"如果我们要给一个人定罪,我们肯定是在缺乏绝对证据的基础上进行的。"②可以说,控方的证据体系或多或少总是会存在着一定的缺陷,在"排除合理怀疑"的证明标准下,被告方提出的怀疑必须是有根据的、合理的怀疑,否则控方没有义务加以证明以排除该怀疑,但是,由于"排除一切怀疑"要求绝对的确定,因此只要被告方坚持提出对控方证据的反驳,控方就必须承担证明责任去排除该怀疑,这就给控方科加了极为不合理的举证负担,从而使得证明无法实现。

最后,"排除一切怀疑"的证明标准可能会导致更多的刑讯逼供。美国著名法律史学家兰贝恩教授认为:一旦严格的证明标准开始被立法所采纳,一种替代证明机制以保证对被告人定罪的刑讯制度就不可避免地产生了。③ 例如,在法定证据制度下,证明标准规定得比以往任何历史时期都更为严格,可以说,法定证据制度的本质就是严格的证

---

① 更何况,有些犯罪的主观构成要件并不要求存在相对应的客观事实,比如目的犯中的目的,并不需要客观上实现其目的,对于这种犯罪,即使是根据基础事实进行推定也变得困难重重,而如果一味排斥情理推断,则根本无法实现定罪任务。参见张明楷:《诈骗罪与金融诈骗罪研究》,清华大学出版社2006年版,第263页以下。

② 〔美〕大卫·D.弗里德曼:《经济学语境下的法律规则》,杨欣欣译,法律出版社2004年版,第2页。

③ 参见〔美〕米尔吉安·R.达马斯卡:《比较法视野中的证据制度》,吴宏耀、魏晓娜等译,中国人民公安大学出版社2006年版,第305页。

明要求。① 比如,刑事案件的证明标准必须达到清楚明确的高度确定性,死刑案件还必须取得犯罪嫌疑人的口供才能判处死刑。起诉方所提供的证据必须"像正午的太阳一样清晰"。但遗憾的是,这种对证明的严格要求在缺乏证人和无法适用传统证明方式的场合,却在客观上刺激了刑讯逼供的兴起,以弥补客观证明的不足。"排除一切怀疑"的证明标准排斥对犯罪主观要件事实的推定,而能够证明被告人主观心理状态的证据只有口供,为了防止无法定罪、放纵犯罪的风险,"排除一切怀疑"的证明机制必然要依靠刑讯逼供制度来弥补客观证明的不足,这种"取法乎上,得乎其中"的结果使证明标准的改革面临"播下龙种却收获跳蚤"的尴尬局面。比如,对于在司法实践中经常发生的故意杀人罪和故意伤害罪的区分问题,理论上一直存在着三种观点:一是目的说,认为两罪的根本区别在于犯罪目的的不同,判断一个案件究竟属于何罪,关键是确定行为人的犯罪目的是要致人死亡还是致人受伤;二是故意说,认为两罪的区别在于故意内容不同,在杀人故意的心理支配下不论造成死亡还是伤害的结果都是故意杀人行为,反之亦然;三是事实说,主张应以案件的客观事实作为依据,而不能以犯罪人的主观故意内容为标准,只要使用可以致人死亡的工具、打击他人的致命部位,就可以认定为故意杀人罪。② 不难看出,在"排除一切怀疑"的证明机制下,事实说只是将主观要素进行了客观化,是对行为人心理状态的一种推定,因而不被采纳,相反,目的说和故意说却由于需要运用证据直接证明行为人的主观心理,而成为被允许的方法,但是,除了被告人本人提供的口供,又有什么证据能够深入行为人的内

---

① 没有被告人的供述和两个目击证人的证言,是不能对重罪定罪的。如《俄罗斯帝国法规全书》第 312 条规定:审理强奸案件必须具备以下情况才能定罪量刑:(1)切实证明确有强暴行为;(2)证人证明被害人曾呼喊救助;(3)她的身上或被告人身上,或者两个人身上,显露血迹、青斑或衣服被撕破,能够证明有过抗拒;(4)立即或在当日报告。
② 参见张明楷:《刑法的基本立场》,中国法制出版社 2002 年版,第 89 页。

心,告诉我们他存有何种性质的故意和目的呢？如果客观情况已经能够认定其具有杀人的性质,案件结局就很有可能往两个方向发展：第一,被告人矢口否认自己有杀人的故意,因此无法给真正的凶手定罪；第二,侦查人员刑讯逼供,获得无辜者的有罪供述从而给其定罪。不论何种结果出现,恐怕都不是我们所期望的。正因如此,我国刑法通说采纳了事实说,以降低证明的难度并避免产生刑讯逼供的后果。

综上,现有证明标准正是由于理论上对客观证明的绝对强调而落入无法操作的尴尬境地,才在学理解释和实践操作中认可了情理推断的存在,从而化解了客观证明的窘境,由此,现有证明标准才与排除合理怀疑产生了逻辑上的勾连。然而,作为改革方案的"排除一切怀疑"又完全采纳了客观主义的证明机制,而完全排斥推定和推断机制的存在,是客观真实论借助死刑案件的一次"绝地反击",必将重蹈原标准的覆辙：要么再次面临被实践架空和降格适用的危险,出现表达与实践的悖反而无助于死刑判决准确性的提高；要么被强行贯彻,导致在绝大部分案件中无法完成证明任务的尴尬境地。

6　提高死刑量刑标准：一个似是而非的命题

为了提高死刑案件的办理质量,减少死刑误判现象的发生,最高人民法院、最高人民检察院、公安部、司法部于 2007 年 3 月 9 日联合印发的《关于进一步严格依法办案确保办理死刑案件质量的意见》,明确指出:"人民法院应当根据已经审理查明的事实、证据和有关的法律规定,依法作出裁判。对案件事实清楚,证据确实、充分,依据法律认定被告人有罪的,应当作出有罪判决;对依据法律认定被告人无罪的,应当作出无罪判决;证据不足,不能认定被告人有罪的,应当作出证据不足、指控的犯罪不能成立的无罪判决;定罪的证据确实,但影响量刑的证据存有疑点,处刑时应当留有余地。"(着重号为笔者所加)这是官方文件中第一次正式认可"留有余地的判决",与刑事诉讼法所规定的"案件事实清楚,证据确实、充分"的证明标准相比,该意见对死刑案件证明标准的表述出现了两个十分重要的变化:第一,将证明标准区分为定罪证明标准和量刑证明标准,并要求量刑证明标准必须排除一切怀疑;第二,对定罪证明标准只保留了确实性,而放弃了充分性的要求。因此,该意见改革的实质就是保持甚至降低死刑定罪证明标准,而提高量刑证明标准。① 如果说这一点在该文件中体现得还不是

---

① 上海市高级人民法院颁布的《上海法院量刑指南——毒品犯罪之一》(试行)第 3 条明确规定:"……(六)认定被告人毒品犯罪的数量主要根据被告人的口供与同案犯(包括上、下家)的供述互相印证,尚无其他证据佐证的;(七)认定主要犯罪事实的证据有瑕疵,量刑上需要留有余地的……"这些规定都暗含了定罪标准低于死刑量刑标准的逻辑。

十分明显的话,部分学者所提出的改革建议则更为直接:他们认为,现有的证明标准并非理论上所能达到的最高证明标准①,因此主张结合独立量刑程序的改革背景,将审判程序分为定罪和量刑两个阶段,并在维持定罪证明标准不变的前提下提高量刑阶段的证明标准。② 其实,美国在死刑案件证明标准改革运动中,也有很多学者主张在定罪阶段保持现有的证明标准不变,而在量刑情节的证明上运用"排除一切怀疑"的证明标准,通过定罪标准与量刑标准的分离作出"留有余地的判决"。③ 如 Koosed 教授、Bradley 教授、Newman 法官和 Leonard B. Sand 法官都曾经提出过类似的建议。④

笔者认同并且钦佩学界为提高死刑案件审理质量,减少死刑适用所做的上述理论努力,但是,任何一项"看上去很美"的改革建议都必须对其进行逻辑和实证的检验和分析。在死刑案件证明标准问题上,定罪标准和量刑标准是一个什么样的关系?量刑证明标准是否能够高于定罪证明标准?提高死刑案件证明标准是否真的能够减少死刑的误判?它会带来哪些非意图的后果?这些问题都必须进行严谨的学术分析而非直觉式的接受……本部分将首先着力分析量刑证明标准与定罪证明标准的关系,并指出量刑标准不可能超过定罪标准。然后,笔者将论证,保持定罪标准不变,而提高量刑证明标准不但不会减少死刑的误判,反而会为实践中留有余地的判决提供正当化的机制。

---

① 参见陈光中:《构建层次性的刑事证明标准》,载陈光中、江伟主编:《诉讼法论丛》(第7卷),法律出版社2002年版,第6页。
② 参见陈卫东、李训虎:《分而治之:一种完善死刑案件证明标准的思路》,载《人民检察》2007年第8期;陈卫东:《刑事诉讼法证据制度修改的宏观思考》,载《法学家》2007年第4期。
③ 参见陈卫东、李训虎:《分而治之:一种完善死刑案件证明标准的思路》,载《人民检察》2007年第8期;秦宗文:《死刑案件证明标准的困局与破解》,载《中国刑事法杂志》2009年第2期。
④ 在一般刑事案件中,美国刑事诉讼是在定罪阶段实行排除合理怀疑的标准,而在量刑阶段实行较低的优势证据的标准。

在进入正式讨论之前,有必要限定一下讨论的语境。即提高量刑证明标准的建议是以最高人民法院即将向全国推广的独立量刑听证程序改革为背景的,因此下文的讨论将不再涉及目前定罪与量刑程序合一的程序环境(实际上,在这一制度环境下,量刑问题是不可能获得独立程序空间的,因而当然不存在独立证明标准的问题,这一点是显而易见的,事实上,提出该改革建议的学者也是以定罪与量刑程序分离作为讨论前提的)。

6.1 定罪程序与量刑程序的关系

应该说,将证明标准区分为定罪标准和量刑标准,并科加不同的证明要求是有一定合理性的。第一,保持定罪阶段证明标准不变虽然仍有可能出现冤枉无辜的情形,但量刑标准的提高,可以最大限度地避免对无辜被告人执行死刑,即使其被错误定罪,也不至于被剥夺生命,这样就可以在刑罚执行过程中通过各种制度途径推翻错判。第二,对虽然有罪但罪不至死的被告人而言,保持定罪证明标准不变,既可以防止放纵犯罪,又可以同时防止其被判处死刑,从而可以有效解决提高证明标准后在避免错误定罪和避免错误释放之间的两难。第三,将定罪标准和量刑标准加以分离,有效地避免了过去由于量刑情节得不到独立审查而提前影响定罪判断的弊端,使得法官可以在相对纯净的环境中单独审查定罪情节并作出有罪与否的判断,可以避免定罪量刑估堆所造成的错误定罪。第四,这一改革方案顺应了最高人民法院在全国法院系统推广独立量刑听证程序改革和死刑案件特殊证据规则这两项司法改革的潮流,具有很强的前瞻性和可行性。

当然,这些积极意义还都是理论上的,在采纳某项立法建议前,我们不仅要进行规范的分析,还要进行细致的、后果主义的分析。笔者的基本观点是:保持定罪标准不变,而提高量刑标准的做法在部分案件中是可行的,但是在更多案件中则缺乏可操作性,甚至会带来十分有害的结果。

众所周知,审判权包括定罪权和量刑权,定罪是量刑的前提,只有先确定被告人刑事责任的有无,才能进一步确定其刑事责任的大小。在定罪与量刑程序的关系模式上,存在着大陆法系国家的合一模式和英美法系国家的分离模式。我国实行的是合一模式,这种模式将定罪与量刑程序合而为一,没有为量刑设置独立的调查和审判的程序,从而使得法庭调查和辩论多围绕定罪问题展开,而无法就量刑情节进行充分的审理,裁判者对被告人的定罪和量刑问题一并加以表决,在证明规则、证据规则以及证明标准等问题上都没有进行实质性的区分。定罪和量刑笼统地适用同一个证明标准。由此造成了定罪与量刑估堆裁判的负面效果,容易为法官在量刑问题上滥用自由裁量权埋下制度隐患。有鉴于此,最高人民法院拟在全国范围内推广建立独立量刑听证程序的改革,学者也积极论证这一改革的积极意义。正是在这一背景之下,定罪证明标准与量刑证明标准的区分才具有了实质意义。可以说,定罪标准和量刑标准的区分与定罪程序和量刑程序有着天然的逻辑联系。那么,定罪程序和量刑程序又有哪些本质的区别呢?这些区别又会对定罪标准和量刑标准的设置产生哪些影响呢?

首先,定罪阶段进行的主要是事实判断,而量刑阶段则要进行价值判断。如果说定罪阶段针对的是被告人的"行为"的话,那么,量刑阶段则主要针对"行为人",前者关注犯罪行为与构成要件的符合性,重视惩罚,而后者则更关注行为人的人身危险性,重视预防,因此,定罪阶段进行的主要是事实判断,而量刑阶段则要结合各种刑事政策作出裁判,其实质是价值判断(如保护未成年人,宽宥初犯、偶犯等),因此,即使是同样的事实情节,在不同的阶段都得到相同的认定,最后的处理依据和结果也会非常不同。此外,由于公众对死刑案件的判决主要关注的是量刑问题,而非适用了什么罪名①,因此,在定罪阶段法官的判断几乎不会受到民意的干扰,但在量刑阶段就截然不同,由于必须考虑"政治效果、法律效果和社会效果"的统一,法官必须在量刑情节确证的情况下考虑公众的感受,并作出最后的认定。由此,价值判断和政策考量得以进入量刑程序,法官无法进行单纯的事实认定和法律适用,一系列非证据事实的介入将使得证明标准形同虚设。

其次,定罪阶段实行无罪推定和严格证明,而量刑阶段则实行自由证明。很多国家都在刑事诉讼中确立了无罪推定原则,该原则要求:第一,被告人不负证明自己无罪的义务,而应由控方承担证明责任;第二,控方必须证明被告人有罪达到法定证明标准才能卸除证明责任;第三,为了防止被告人被错误定罪,应当设置较高的证明标准。可见,无罪推定原则是针对定罪问题而设置的一种程序机制。为了防止不公正的定罪,定罪阶段同时还要求必须实行严格证明,以对证明过程进行严格的规范,如证据禁止和证据排除规则、严格的法庭调查程序、较高的证明标准等,正如陈瑞华教授所言:"传统的证据规则主要是围绕着定罪问题而存在的,与量刑问题没有太多的联系。"②而在量刑阶段,由于证明对象从罪与非罪的问题转变为此刑与彼刑的问题,"危险性"代替"行为"成为调查的中心,"犯罪人"代替"犯罪"成为调查的对象,法官已经对被告人有罪形成了内心的确信,无罪推定原

---

① 许霆案件就是最好的例证,在该案中,法官关注的是定罪公正问题,而公众关注的则是量刑公正问题,在事实认定没有任何分歧的情况下,法院最后仍然迁就了民意,作出了较轻的判罚。正如高艳东博士指出的那样:"除法学家以外,无人关注行为的定性即罪名正确与否,国民只是根据案情实质地直接判断被告人应当承担的刑罚量。"参见高艳东:《从盗窃到侵占:许霆案的法理与规范分析》,载《中外法学》2008年第3期。

② 陈瑞华:《论量刑程序的独立性——一种以量刑控制为中心的程序理论》,载《中国法学》2009年第1期。

则也就失去了其存在的前提,举凡品格证据、非法证据、传闻证据都取得了证据资格,证明的要求自然显著降低,而且在定罪阶段已经接触部分量刑信息的基础之上,法官内心早已对量刑基准有了初步的判断①,此时,所谓的证明标准和严格的证据规则对于防止法官滥用裁量权也将没有实质性的意义。因此,传统司法证明机制的严格要求在量刑阶段都不再发挥作用,在证据资格、证据调查程序、证明责任以及证明标准等方面的要求都有所降低,而实行自由证明。

再次,定罪阶段的证据多具单一指向性,而量刑阶段的信息则多向度情节并存。由于定罪阶段实行无罪推定原则,由控方承担证明被告人有罪的责任,再加上辩方由于调查取证权的行使存在诸多障碍,因此定罪阶段法庭上所出示的证据多为控诉证据,均指向被告人的犯罪行为,具有单一指向性,逆向情节不能同时为真。而在量刑阶段则不同,在我国无罪辩护运用比率很低的情况之下,绝大部分案件都是进行量刑辩护,辩护人往往会在庭前搜集各种法定和酌定的量刑情节,可以说,量刑阶段是辩方最能够发挥作用的程序空间,因此,量刑阶段法官所接触的信息往往多向度情节并存,既有从重处罚的情节,又有从轻、减轻甚至免除处罚的情节,而这些逆向情节完全可能同时为真,这就需要法官进行复杂的计算,根据情节的指向,同向相加,逆向相减,得出最后的量刑结果。

最后,定罪阶段只就罪与非罪的问题进行裁判,属于定性问题,而量刑阶段则要就刑罚幅度进行裁判,属于定量问题。定罪阶段的证明对象是犯罪构成要件事实,罪与非罪的问题属于定性问题,表决结果只可能有两种,构成犯罪或不构成犯罪,可以进行自由心证。而量刑阶段则必须就具体的量刑期限作出裁判,其裁判意见属于定量问

---

① 严格证明与自由证明的区别并不在于所获得的结果,而在于获得结果的途径。

题,因此表决结果可能有多种,必须进行外部的运算以说服受众,自由心证适用的空间极小,更重视"外部性"而非"内省性"。

正是以上这些差别的存在,使得量刑证明标准具有不同于定罪证明标准的基本属性,因而呈现出自身设置和运作的特点。

6.2 量刑标准能够超过定罪标准吗?

笔者认为,由于种种配套制度和内在逻辑,量刑标准不能也不应超过定罪标准,理由如下。

第一,无罪推定原则和严格证明方法在独立的量刑阶段已经不再适用,因而,对一般量刑情节而言,设置较高的量刑证明标准没有必要。无罪推定是刑事司法在无法准确甄别无辜者和罪犯之前设置的一种程序机制,旨在防止裁判者滥用定罪权对被告人错误定罪。因此,法律对定罪阶段实行严格证明,举凡可能导致偏见或存在较大虚假可能的传闻证据、品格证据、意见证据等都不得作为定罪的证据,同时通过设置各自法律体系中最高的证明标准,以保证事实认定的准确性,体现疑点利益归于被告人的原则精神。但是,在量刑阶段,法官已经对被告人有罪形成了内心的确信,无罪推定原则也已失去了其存在的前提,证明对象已经从罪与非罪的问题转变为此刑与彼刑的问题,"危险性"代替了"行为"成为调查的中心,"犯罪人"代替了"犯罪"成为调查的对象,而且,在定罪阶段已经接触部分量刑信息的基础之上,法官内心早已对量刑基准有了初步的判断,此时,严格的证明标准和严格的证据规则对于防止法官滥用裁量权也将没有任何实质性的意义。在证据资格、证据调查程序、证明责任等方面的要求都有所降低的情况之下,传统司法证明机制的严格要求在量刑阶段都不再发挥作用,而只实行自由证明。难以想象,在无罪推定原则已经不再适用,对证据调查程序和证据资格都放松了要求,因此也降低了事实调查准确性的量刑程序中,会要求将证明标准提高到绝对确定的地步,以提高事实调查的准确性,这本身就是自相矛盾的。正因如此,美国联邦最高法院在麦克米兰诉宾夕法尼亚州案和合众国诉沃茨案的裁决中,就拒绝了被告人提出的证明标准应当达到排除合理怀疑程度的要求,并指出:"排除合理怀疑程度的证明标准只是在正当程序中对被告人定罪时所需要达到的。"美国联邦最高法院在另一个案子中也曾明确表态:仅要求以优势证据证明量刑方面的事实的量刑制度符合正当程序。

第二,对法定加重情节应当进行严格证明,但最多只能适用与定罪阶段相同的证明标准,而不能超过定罪证明标准。日本法学界通说认为,一般量刑情节只需要自由证明即可,但是倾向于加重被告人刑罚的情节则需要严格证明。① 尽管对这一问题仍然存在着诸多争论,但笔者认为,法定加重情节作为不利于被告人的事实,具有和犯罪构成要件同等重要的地位②,甚至在某些时候,这些量刑情节本身就兼具定罪情节和量刑情节双重身份,如果混杂在自由证明的量刑程序中运用较低的证明标准加以认定,对被告人是十分不利的,因此应当对其进行严格证明,适用较高的证明标准。但是这并不等于法定加重情节的证明标准就可以高于定罪证明标准。在德日等国,由于实行定罪与量刑程序混合的审判模式,法定加重事由可以直接在定罪环节顺便"享受"严格证明的程序环境,而不用为其单独营造独立的程序空间,因此可以适用和定罪相同的证明标准。而在定罪与量刑程序分离的英美法系,则存在两种做法,一是将法定加重情节放入定罪阶段加

---

① 参见〔日〕田口守一:《刑事诉讼法》,刘迪等译,法律出版社 2000 年版,第 221 页。
② Thomas 法官在 Apprendi v. New Jersey 一案中认为,那些可能加重刑罚的事实也是犯罪要件事实。See Apprendi, 530 U.S., at 501 (Thomas J., concurring)。

以审理,适用与定罪阶段相同的证明标准,二是将死刑案件的量刑程序进一步划分为适格判断和选择判断两个阶段。在前一个阶段,只允许就法定加重情节展开法庭调查和辩论,而不允许提出减轻刑罚事由,属于单纯的事实判断而无须进行价值与政策的衡量,同样也只要求公诉方以与定罪阶段相同的证明标准承担证明责任。① 可见,即使对于提高刑罚的量刑情节,至多也只能与定罪问题适用相同的证明标准,而不能高于定罪标准。近年来引起社会广泛关注的重大冤错案件几乎全都集中在故意杀人罪和抢劫罪这几类罪名之中,如湖北省佘祥林故意杀人案,云南省杜培武故意杀人案,云南省陈金昌等抢劫案,辽宁省李化伟故意杀人案,广西壮族自治区覃俊虎等抢劫、故意杀人案,河北省李久明故意杀人案,海南省黄亚全等抢劫案等。不难发现,这类案件有一个鲜明的共同特点,即定罪情节与量刑情节的重叠性,杀人、抢劫的情节既可以用作定罪证据,又可以作为量刑的证据,如果在降低定罪证明标准的同时提高量刑证明标准,就等于在无法确认杀人的前提之下又肯定其杀人的事实,这本身就是自相矛盾的,如果这类情节可以达到排除一切怀疑的程度,为何在定罪阶段又不做这样的要求呢?显然,对于绝大部分此类冤案而言,提高量刑证明标准的改革建议无法回答对这一正当性的质疑。

第三,量刑阶段的证明对象并非单纯的事实判断,且措辞模糊,因而无法适用超过定罪标准的"绝对确定"标准。众所周知,证明标准是为了解决事实认定而设置的一种程序制度,当证明达到证明标准时,视为案件事实已经查清,反之,则视为没有查清从而对证明对象不予认定。因此,证明标准是针对待证事实而设置的事实认定机制,尽管证明标准设置的高低本身体现了立法者的价值判

---

① 参见李玉萍:《量刑事实证明初论》,载《证据科学》2009年第1期。

断,但是其所针对的证明对象必须是纯粹的事实问题,而非价值判断和利益衡量。① 但是,法律对于何谓"情节严重"、何谓"罪行极其严重"缺乏明确的立法和司法解释,实践中法官自由裁量权极大。正是由于这些模糊情节的存在,量刑阶段得以容纳价值判断和政策考量,兼顾"政治效果、法律效果和社会效果"的统一,一系列非证据事实的介入使得法官无法进行单纯的事实认定和法律适用。既然证明对象本身就极为模糊,对其所设定的证明标准就更加不可能有严格的界限和尺度。比如,在原济南市人大常委会主任段义和故意杀人案的判决中,法院认为被告人以爆炸的方式实施杀人的手段特别残忍,危害后果特别严重,依法判处死刑立即执行,但是在崔英杰杀害北京城管人员一案中,法院认定被告人以暴力方法阻碍城管人员依法执行职务,持刀故意非法剥夺他人生命并致人死亡,构成故意杀人罪,犯罪性质恶劣,后果特别严重,依法应予以严惩,但判决书也同时写道:"考虑到崔英杰犯罪时的具体情况和其对社会的危害程度,对崔英杰判决死刑,可不立即执行。"可见,这种极为模糊的法定刑升格条件使得即使是同样的事实情节,也会在不同的案件当中得到不同的处理,"排除一切怀疑"的证明标准由于排斥非证据事实的介入,自然会在量刑阶段形同虚设,无法形成统一的标准。②

第四,多向度情节并存的量刑阶段不宜采取"排除一切怀疑"的证明标准。与定罪环节不同,量刑阶段控辩双方会提出各种法定和酌定量刑情节,有利于和不利于被告人的信息都会提交法庭,而且这些多向度情节可能同时为真,因此与定罪阶段法庭对不可能同时为真的多

---

① 〔美〕伟恩·R.拉费弗等:《刑事诉讼法》(下册),卞建林、沙丽金等译,中国政法大学出版社2003年版,第1362—1363页。
② 这一点在美国死刑法中也有类似的表现。如果加重情节语义模糊或者能够适用于所有的谋杀行为,就会使得死刑适用程序专断和任意进而违背宪法,只有加重情节清楚明确才能确保死刑判决的可靠性。See *Buchanan v. Angelone*, 522 U. S. 269, 276(1998)。

向度情节进行简单的取舍不同,量刑阶段必须进行外部的运算,而不是自由心证所要求的"内心确信",因此不宜采取"排除一切怀疑"的证明标准。当然,可能有人会反驳说,我们完全可以就可能判处死刑立即执行的量刑情节单独进行严格证明,并科以排除一切怀疑的证明标准,这一建议表面上似乎颇有道理,但实际却根本无法操作。在多向度情节并存的量刑阶段,是不可能专门为某一量刑情节单独举行"审判中的审判"的,它不但会造成某些证据时而可采,时而不可采的程序难题,而且,由于这一情节实行和其他情节不同的证明标准,还会带来诸如是否需要单独认证和单独表决的尴尬。比如法国混合式法庭中,如果要认定被告人有罪,应以不少于8票的多数通过;而关于刑罚的决定则以投票人简单多数票通过。① 如果对死刑量刑情节进行单独证明,我们势必还要在量刑阶段设置多次表决程序,而这显然是不具有可操作性的。

第五,对于死刑案件而言,如何防止对无辜者错误定罪要比防止对其错误量刑重要得多,因此,从涉及利益的重要性程度来看,量刑证明标准不能超过定罪证明标准。证明标准的设置应当与诉讼涉及利益的重要程度成正比,重要性越大,证明标准就应越高。因此,各国都对民事案件和刑事案件设置了不同的证明标准,以美国为例,民事案件仅要求优势证据,即51%对49%的微弱证明优势就可以对案件作出判决。这实际上是通过接近平均的证明标准在原告和被告之间平均地分配了审判可能带来的错误风险②,而刑事案件由于涉及被告人的人身、财产甚至生命价值,发生错误后所产生的影响十分巨大,非民事案件可比,因此通过科以排除合理怀疑或内心确信等高标准的证明要

---

① 参见熊秋红:《司法公正与公民的参与》,载《法学研究》1999年第4期。
② See, e.g., Ronald J. Allen, Evidence: Text, Problems and Cases, 822-23 (3d ed. 2002),该文认为,优势证据标准在原告和被告之间平等地分配了错误风险。

求将误判的风险分配给了占据优势资源的公诉机关,因而被认为是一种符合刑事诉讼本质的证明标准。① 那么。在死刑案件中,定罪和量刑问题究竟何者更为重要呢? 改革者的逻辑是:第一,定罪后一般都会判处自由刑,而死刑立即执行却会剥夺被告人的生命,因此死刑量刑问题更为重要;第二,被告人即使被定罪,只要不被执行死刑,就有一定的可挽回性和可弥补性,而死刑立即执行的判决却具有终局性和不可挽回性,因此死刑量刑问题更为重要。根据以上两点,量刑阶段自然需要一个比定罪阶段更高的证明标准。但是笔者认为,对于那些无辜被告人而言,如何防止国家对其任意定罪才是一切问题的根本,一旦定罪错误,任何量刑结果都将是不可欲的,在无辜者对任何刑罚都不应该承受的前提下,我们又怎么能够对其应该承受自由刑还是生命刑进行如此冷酷的比较和权衡呢? 如果我们以自由刑的可挽回性和可弥补性为错误定罪搪塞的话,势必就会放松对定罪阶段的要求,而造成更多类似佘祥林案件的发生。错误定罪必然导致错误量刑,既然我们改革的初衷是为了减少死刑的误判,这一前提决定结果的逻辑顺序自然决定了定罪问题比量刑问题更为重要,因此量刑证明标准不能高于定罪证明标准。

6.3 提高死刑量刑证明标准的意外后果

前文已经从理论上对提高量刑标准的主张进行了反驳,本部分的任务是从实践的角度出发,分析改革者提高量刑标准的主张将会带来

---

① See Erik Lillquist, Recasting Reasonable Doubt:Decision Theory and the Virtues of Variability,36 *U. C. Davis L. Rev.* 85,148-49,nn. 206-07(2002), at 104, 105;D. Michael Risinger, John Henry Wigmore, Johnny Lynn Old Chief, and "Legitimate Moral Force"— Keeping the Courtroom Safe for Heartstrings and Gore, 49 *Hastings L. J.* 403, 442-43, n.98 (1998).

的后果,以检验其改革建议是否真的能够如预期的那样减少死刑误判。

第一,提高量刑标准无法防止定罪权的滥用,更无法减少错误定罪的死刑案件,从而回避了改革所要面对的真正问题。改革者认为,保持定罪标准不变而提高量刑证明标准有助于避免放纵犯罪,防止错误定罪,同时还会使有罪但罪不至死的被告人不致被判处极刑,因而有利于减少错误量刑,但是,笔者认为,这一改革建议忽略了真正的中国问题。在司法实践中,引起社会公众最强烈质疑,并对刑事司法正当性构成最严峻挑战的恰恰是错误定罪的案件,绝大部分引起社会广泛关注的案件都是定罪没有达到证明要求而造成的冤假错案,而很少是仅仅因为罪不至死被误判死刑而引发质疑的案件。最高人民法院曾于2005年9月27日召开刑事重大冤错案件剖析座谈会,分析了1979年后发生的14起重大刑事冤错案件,这些案件中有12起已经得到纠正:因找到真凶或"被害人"重新出现,经再审宣告无罪的7起;因被告人不断申诉,经法院重新审理以证据不足而宣告无罪的4起;经再审认为事实不清发回重审后检察机关撤诉的1起。如何防止死罪的冤错而不是死刑的冤错,才是当下真正迫切需要解决的中国问题!这种置定罪标准于不顾而一味强调提高量刑证明标准的改革建议,实际上是学界在定罪标准在理论上无法取得突破的情况下将困难后移的一种策略,是客观真实论借助死刑案件的一次"绝地反击"。一旦这种证明标准得到实施,实践中类似的杀人案件和抢劫案件就会因为有最后的所谓量刑阶段严格要求的"把关"而进一步放松裁判者对定罪标准的要求,从而将更多本来无辜的被告人定罪处刑。这进一步证明,如果我们不能在死刑定罪的问题上严格要求,而只是将注意力集中在量刑证明标准之上,就必然会在定罪权滥用的旧问题上产生量刑权滥用的新问题。

第二,提高量刑标准会将定罪阶段的疑点利益带入量刑阶段加以分配,冲击定罪阶段的无罪推定原则,并为实践中"留有余地的判决"提供正当化机制。① 司法是社会正义的最后一道防线,定罪证明标准却是刑事审判的第一道防线,举凡无罪推定、证据规则、反对强迫自我归罪的特权等程序保障都是为了强化定罪阶段被告人的相对地位,而树立起来的防止定罪权滥用的程序屏障,只要在定罪问题上存有疑点,就应按照疑点利益尽归被告人的原则在定罪阶段将其无罪释放。但是,改革者却建议保持定罪标准不变,而提高量刑标准,这就等于即使定罪存在疑问,仍然可以进入量刑程序,用量刑上的折扣来抵消其对定罪不确定性的恐惧,这等于冲击了无罪推定原则存在的空间,默许了定罪疑点用量刑解决的实践做法,从而消解了定罪证明标准作为第一道防线的实际意义。只有在定罪阶段严格贯彻无罪推定原则的基础之上,才应在量刑阶段作出留有余地的判决,否则,保持定罪证明标准不变而提高量刑证明标准的结果就必然是:定罪标准被进一步降格适用,而量刑标准的提高又为留有余地的判决进行了学术化包装,为其提供了正当化的基础,更多的冤错案件将会由此产生。其危害不可谓不大!

第三,提高量刑标准而保持定罪标准不变无法及时纠正审前程序的错误,减少了刑事司法通过证明标准所发挥的对前一程序的纠错功能,从而增加了冤案发生的可能性。刑事证明标准具有层次性,随着办案人员对案情认识的逐步深入,立案、逮捕、侦查终结、提起公诉以及审判环节分别适用由低到高的证明标准,后一阶段因此可以根据证明标准的要求而发挥对前一阶段的制约作用和纠错功能。但是必须注意的是,我国审判前程序的诉讼化程度较低,控辩地位也存在着严

---

① 陈瑞华教授在与笔者的一次交谈中提及此观点,笔者深以为然。

重的不平等,强制措施又缺乏中立机构的审查,在这种情况下,案件质量很难得到有效保证,可以说,很多冤案产生的根源早在侦查阶段就已经埋下,西方学者也发现,即使是在审判阶段裁判者没有任何的过错,审判结果仍然可能是错误的。错误的判决结果从来都是结在错误的侦查枝头上的。因此,与日本等国家审前阶段的精密司法不同,我们必须发挥定罪阶段证明标准的作用以对审前程序进行实质性的审查与纠错,将大量存在错误可能的案件拦截在定罪阶段,但是,保持定罪标准不变而仅仅提高量刑标准的改革建议却使得大量存在错误可能的案件得以进入定罪后的量刑阶段,为留有余地的判决创造了条件。

第四,提高量刑证明标准而保留定罪标准不变是法院在制度惯性和民意压力的双重挤压下的产物,这种不确定性的非制度性因素会在个案当中进一步影响两者的配置状况,加剧错误定罪的倾向。我国法院并非纯粹的司法机关,还是具有政治性的机构,其本身承担着维护社会稳定,为地方经济保驾护航等诸多非司法性任务,因此在裁判具体案件时,不可避免地会将个案的裁判结果与其承担的外部任务之间进行比较和权衡,以选择最佳的裁判方式,一旦遇到要求"严打"的外部环境,法院往往会通过降低证明标准的方式提高对被告人的定罪率。在"严打"中甚至还出现了所谓的"基本事实清楚,基本证据确实充分"的提法,并将该标准同样适用于死刑案件。比如,2004年在河北省承德市陈国清等4人被控抢劫杀人一案中,河北省高级人民法院的终审判决书里提到,河北省人民检察院承认,"尽管本案在某些证据上存在一些不足和遗憾,但基本事实清楚,基本证据确实充分",从而认定犯罪的成立。实际上,河北省高级人民法院最后也是以"两个基本"的证明标准作出留有余地的死缓判决。董文枊"毒贩"案一开始也是一个无任何人证(只有被告人口供)、物证、书证和鉴定结论的"四无"

冤案,虽然存在重大疑问,可是一审法院还是判决被告人有罪并处以死刑。正是在制度环境没有得到根本改变的前提下,舆论对死刑误判案件的抨击才促成提高量刑证明标准以回应民众对死刑裁判正当性的需求。所以,提高量刑证明标准而保留定罪标准不变的改革举措是法院在制度惯性和民意压力的双重挤压下的产物。由于量刑标准根本不具有可操作性,是一个乌托邦式的空中楼阁,而定罪标准却屡屡被降格适用,一个"高不上去",而另一个却"低得下来",这种证明标准的搭配必然会在实践中发生错位,一旦遇到更为重大的外部压力,必然会进一步降低定罪标准以回应体制外的要求,从而进一步加剧错误定罪的倾向。我们不禁要问这样一个问题:难道为了防止死刑滥用,我们就应当容忍对定罪权的滥用吗?

7 死刑案件证明标准改革的第三条道路

在本书前述部分,笔者对目前流行的提高死刑案件证明标准的主要观点进行了认真的反思和分析,得出了如下一些结论:现有证明标准如能得到严格贯彻,已经足以保障死刑案件判决的准确性和慎重性,如果不能对操作过程加以严格的要求,即使制定出更高的证明标准也必然面临被降格适用的危险;"排除一切怀疑"在理论上根本不能成立,是客观真实理论借死刑案件进行的一次"绝地反击",由于其强调绝对的客观证明,排斥推定机制和推断机制的适用,因此在实行过错责任的死刑案件当中将面临无法定罪的尴尬;保持定罪标准不变,而将量刑标准提高为"排除一切怀疑"的建议同样不能成立,量刑阶段具有自身的程序特点,在实行价值判断、自由证明的制度环境下,无法达到排除一切怀疑的证明程度,同时,由于证明对象多为"极其严重"等模糊情节,更不可能达到公认的客观真实。

如此看来,死刑案件证明标准真的就如乌托邦一样无法构建了吗?学界在提高证明标准问题上所做的努力是不是都没有意义了呢?答案当然是否定的。笔者无意否定这一理论努力的积极意义,事实上,提高死刑案件证明标准已经被列为和收回死刑复核权、死刑案件强制上诉等制度并列的死刑程序控制的手段之一,江苏省高级人民法院颁布实施的《关于刑事审判证据和定案的若干意见(试行)》第 66 条甚至已经明确规定,对死刑案件应当做到案件事实清楚,证据确实、充分,排除一切合理怀疑,否则就不能判处死刑立即执行。最高人民法院、最高人民检察院、公安部、国家安全部和司法部 2010 年 6 月 13 日联合发布的《关于办理死刑案件审查判断证据若干问题的规定》也对死刑案件证明标准作出了明确的规定。这些规范的出台代表了实务界对解决这一问题的迫切性。那么,我们应当在死刑案件,甚至所有刑事案件的证明标准设置上注意哪些方面的问题,才能保证这一努力取得预想的效果呢? 本部分将主要探讨这一问题。

7.1 死刑案件主要事实的证明标准:罪体证明论的提出

应该看到,近年来连续曝光的一系列死刑误判案件,几乎都是定罪阶段未能严格贯彻证明要求导致的,比如:第一,对证据能力没有实质性的限制,大量传闻证据、意见证据、品格证据都得以进入定罪审理程序,降低了法官进行事实认定的准确性;第二,在证据调查方式上,证人不出庭作证,鉴定人、侦查人员不出庭接受询问,笔录证据大行其道,辩方无法就控诉证据进行有效反驳,也在客观上降低了事实认定的准确性;第三,法律规定的证明标准由于缺乏可操作的手段而在实践中被屡屡降格适用,更是从根本上导致了死刑误判案件的发生。因此,仅仅着眼于死刑复核程序、死刑案件二审开庭运动,甚至提高死刑案件量刑证明标准等途径,并不能解决根本问题。改革的重心应当围绕定罪环节展开,严格贯彻无罪推定和严格证明的要求,严守刑事司法的第一道防线,以避免"逆向推进式"改革的局限性。具体而言,措施如下:第一,设置严格的证据能力规则,限制定罪环节证据信息的范围,尤其注意不能将酌定情节的量刑证据提前在法庭上出示,这就要求我们建立起相对独立的量刑程序;第二,建立传闻证据规则,剥夺笔录证据的证据资格,建立起证人出庭作证的程序机制;第三,在法律中明确规定对印证和补强证据的要求,从而防止实践中对法定证明标准的降格适用,同时要求在死刑案件的评议中必须一致通过,才能判处死罪成立,以最大限度地发挥定罪环节的屏障作用,将冤假错案消灭在萌芽阶段。

但是,这种改革思路绝不意味着要提高死刑案件的定罪标准,这样不但解决不了其可操作性的问题,反而会进一步增加控方的证明负担,更加难以平衡错误释放和错误定罪两种裁判风险。防止死刑误判的根本不仅仅要着眼于防止证明标准过低带来的错误定罪问题,也要考虑提高死刑证明标准后带来的错误释放问题。

其实,各国都存在着一个共同的现象,就是犯罪构成的各个要件都适用同样的证明标准,正是这一因素造成了控方过重的证明负担,尤其犯罪主观要件的证明也适用较高的证明标准,这几乎是不可能完成的任务。比如,美国就明确要求,控方必须对指控犯罪的每一项构成要件都证明到"排除合理怀疑"的程度,这被视为联邦宪法"正当程序条款"的要求之一。[1]《模范刑法典》第 1.12 条规定:"除非犯罪的每一要件得到排除合理疑问的证明,否则任何人不得被认定犯有此罪"。《联邦新刑法典建议稿》第 103 条第 1 款也规定:"任何人非经排除合理疑问地证明犯罪的每一要件,不得被定罪。"1970 年的温西普案件中,美国联邦最高法院明确指出:排除合理怀疑的证明标准适用于"每一指控所必要的每一事实"[2]。根据这些规定,不难看出,控方承担证明责任的范围是犯罪构成的各项要件(essential elements),其证明标准都是排除合理怀疑。而对于那些量刑事实和辩护事由,法律倒并没有科加排除合理怀疑的证明标准。

---

[1] *In re Winship*, 397 U.S. 358(1970).

[2] Nancy J. King, Susan R. Klein, Essential Elements, 54 *Vand. L. Rev.* 1467(2001); Andrew J. Fuchs, The Effect of Apprendi v. New Jersey of the Federal Sentencing Guidelines: Blurring the Distinction Between Sentencing Factors and Elements of A Crime, 69 *Fordham L. Rev.* 1399(2001).

但是,到了 2000 年,美国联邦最高法院在阿普兰迪诉新泽西州一案判决中指出:联邦宪法修正案第 6 条的陪审团审判权以及第 14 条的正当程序条款要求"除前科以外,任何加重犯罪的刑罚超过法定最高刑的事实必须被提交给陪审团,并且得到排除合理疑问的证明"[①]。据此,在基础犯罪事实之外,如果法律又根据其他不同的事实分别规定了更高的法定刑,那么,控方也必须以排除合理怀疑的证明标准向陪审团证明该刑罚所依据的事实,换句话说,犯罪的构成要件和加重情节都应适用排除合理怀疑的证明标准。[②] 正因为如此,美国联邦最高法院进一步指出:判处死刑所必须具备的加重因素,也相当于指控犯罪的一个构成要件,加重情节和犯罪构成要件具有了类似的属性。自此,死刑案件的证明标准同等适用于所有构成要件和加重情节。显然,对每一个犯罪构成要件和加重情节的证明都需要达到排除合理怀疑的程度,这种证明负担无疑是相当沉重的。

我国也是如此,由于我国犯罪构成要件缺乏大陆法系国家三阶层论的推定机制,必须就四个要件进行全面举证,并分别达到"案件事实清楚,证据确实、充分"的程度,使得很多案件在客观上无法获得有效的证明(尤其是犯罪主观方面),从而被迫放纵犯罪。为了减轻控方过于沉重的证明负担,在保护无辜和打击犯罪两者之间取得最佳的平衡状态,我们必须回答一个问题:证明标准是否应当平等地适用于犯罪构成的所有要件? 可否对证明对象进行层次划分,并适用不同的证明标准,以实质性地降低控方证明负担,提高打击犯罪的效能,而同时又不至于冤枉无辜呢? 答案是肯定的。减轻证明

---

① *Apprendi v. New Jersey*, 120 S. Ct. 2348(2000).
② 参见孙长永、黄维智、赖早兴:《刑事证明责任制度研究》,中国法制出版社 2009 年版,第 22 页。

负担的方式有多种,其中缩小证明对象的范围便是最为常见的一种。笔者的建议是:应当在死刑案件中建立以"罪体"(the body of crime)为核心的层次性的证明标准体系,针对不同的证明对象适用不同的证明要求。

所谓罪体,有广义和狭义之分,广义的罪体是指犯罪的行为过程。任何犯罪都必须表现为一定的外在行为才具有可责性和可处罚性,即使是犯罪主观方面也要通过一定的客观事实加以认定或推定,因此,犯罪行为是犯罪要件的核心。[①] 而对于严格责任的犯罪而言,构成要件仅指罪体,而不包括犯意。而本书所指之罪体,则采取狭义概念,即我国刑事诉讼理论中的案件主要事实,包括行为人和犯罪事实两个要素。所谓罪体证明论,是指在死刑案件的证明中,对于罪体部分的证明应该达到"排除一切怀疑"的程度,只要对行为人和犯罪事实这两个要素存在任何怀疑而无法排除,都不应认定犯罪成立。而对罪体之外的部分,则可适当降低证明要求。由于罪体部分可以做到确定无疑,因此不会产生冤枉无辜的现象,而在是否构成死刑罪名,是否应当判处死刑等问题上,即使证明无法达到绝对确定的状态,作出留有余地的裁判,也不至于造成不可挽回的司法错误,从而将"留有余地"的裁判方式严格限定在适当的领域。

[①] 在英美刑法中,罪体大体等同于我国犯罪构成要件中所说的客观要件,英文称为外部要件(external elements),包括行为、对象、结果、因果关系等,这是广义的罪体概念。与之相对的是犯意。大体等同于我国犯罪构成要件中的主观要件,英文称为心理要件(mental elements),指行为人实施犯罪行为时的心理状态,比如明知、蓄意、轻率和疏忽等。一般犯罪的构成要件,包括罪体和犯意两个方面,英国上议院于1935年判决伍尔明顿案时指出:"纵观英国刑事法之网,始终可以看到一条金线,那就是:除……精神失常的抗辩和其他由成文法规定的例外情形外,证明被告人有罪是控方的责任。如果在案件审理结束时,控诉方或者被告人提供的证据表明,关于被告人是否以恶意杀害了被害人存在合理疑问,那么控诉方就没有证实自己的案件,被告人有权被宣告无罪。不论指控的是什么,也不管审判在何处进行,控方必须证明被告人有罪的原则是英格兰普通法的组成部分,任何削弱该原则的企图都是不能接受的。"该案所确立的伍尔明顿规则(the Woolmington Rule)要求:控方必须对以下两个方面的事实证明到"排除合理怀疑"的程度,方可卸除证明责任:(1)被告人实施了被指控的犯罪行为(客观要件);(2)被告人具有可归责的心理状态(主观要件)。

有鉴于此,笔者建议以犯罪行为过程为核心重构证明对象体系,适度扩大法律推定的适用范围。具体而言,可以对司法实践中难以通过证据加以证明的要件事实设立推定规范。比如,行为人以非法手段(如虚报冒领)取得公共财产后应对该项财产的非私人用途承担证明责任,否则推定非法所有,成立(贪污或侵占)犯罪。共同伤害案中,如果不能辨认所施加伤害的轻重或不能辨认是何人所伤时就推定为共犯。再比如,对于某些特殊犯罪(如毒品犯罪)的主观要件事实取证和证明的困难导致打击不力和犯罪的日益猖獗,也可以考虑由立法设立推定规范,降低证明难度。通过扩大法律推定规范的适用范围,将证明对象从较难证明的待证事实转化为较易证明的基础事实,从而实质性地降低证明难度,同时,由于对基础性事实(罪体部分)的证明仍需要达到法定最高证明标准,从而推论出其他要件事实的成立,等于在犯罪构成四要件中体现出推定的关系和层次,而不必引入三阶层犯罪论解决诉讼证明的困境。甚至可以考虑,对于犯罪构成要件中罪体之外的部分,结合刑事政策的考虑,由立法确立部分证明责任倒置的情形,规定更多由被告人承担证明责任的犯罪主观要件。由于罪体部分仍然由控方承担证明责任,这种严格限制适用范围的证明责任倒置并没有实质性地违反无罪推定原则。① 在罪体部分适用最高的证明标准的同时,还应规定:对犯罪构成要件中罪体之外的部分则可适当降低证明要求,适用诸如"排除合理怀疑"的证明标准。

---

① 实际上,在英美刑法中,认定犯罪成立的条件有两个:一是犯罪构成,二是辩护事由。其中犯罪构成包括罪体(actus reus)和犯意(mens rea)两个方面,具备犯罪构成并不能直接认定被告人构成犯罪,只有当指控犯罪的要件事实得到证明,而辩护事由被证明不成立时,才能最终认定被告人构成犯罪。在英美刑法中,甚至有人主张将辩护事由不存在也作为"犯罪要件"之一加以规定,正是在这个意义上,控方仅就犯罪要件事实承担证明责任,而辩护事由的存在与否则可以由被告人提供证据加以证明。这并不违反无罪推定原则的内涵和要求。如美国《模范刑法典》第1.13条第9项规定:"犯罪要件"包括"否定行为的正当事由或免责事由"。参见孙长永等:《刑事证明责任制度研究》,中国法制出版社2009年版,第23页。

这样,尽管在其他要素上证明还不能达到绝对确定的状态,但由于在行为人构成犯罪这一问题上已无疑义,因此不会导致冤枉无辜者的情形发生,这种层面上的"留有余地"是一种相对合理主义的解决方案。

但是,必须考虑到,由于刑事推定会重新分配证明责任,涉及诉讼利益和风险的分配,属于立法事项,因此,法律推定不可随意设置,而应严格限定其适用范围。在绝大部分情况下,还需要根据间接证据通过推论达到法定的证明标准。① 在一对一的案件中,如果仍然坚持僵化的客观证明机制,则根本无法完成定罪任务,比如,前文4.3所举"贿赂处长案",此类受贿案件如果坚持证据充分性的要求,就根本无法认定犯罪,因此,笔者认为,应当在满足一定制度条件的前提下,适度容忍一定的错判风险,为情理推断和经验证明开辟一条制度出口,以在此类案件中达到证据充分性的要求,满足犯罪控制的需要。应当更注重发挥审前程序的过滤功能,及时对无辜者进行程序分流,减少进入庭审阶段的无辜者比例。与我国更注重通过救济程序保护无辜者的做法不同,英美法系国家更注重通过防止审判前的错误指控来达成这一目的。② 审前程序的法治化和诉讼化,使得大量无辜者都在审前阶段被排除在诉讼程序之外,因此进入法庭的真正有罪者的比例

---

① "推论则必须符合证明充分性的一般要求。依靠间接证据进行推论,是事实证明并获得心证的一种路径,因此它完全建立在经验与逻辑之上,只考虑证据事实因素,必须达到法定的或约定的(实践中约定俗成并通行的)证明要求。"参见龙宗智:《推定的界限及适用》,载《法学研究》2008年第1期。

② 以美国为例,在没有合理由确信某人有罪时,禁止警察为了指控的目的监禁犯罪嫌疑人;重罪指控要在预审阶段由治安法官进一步审查,或者由大陪审团对控方证据进行审查,以确定是否有足够的理由提起大陪审团起诉……所有这些审前阶段的制度设计都致力于在诉讼的早期阶段甄别无辜者并使其摆脱被追诉的风险,由于"在诉讼开始时不能辨别这类被告人,所以为了最小化这些被告人的负担,我们的制度必须使所有被告人(包括许多最终被判有罪的被告人)的诉讼负担最小化"。参见〔美〕伟恩·R.拉费弗等:《刑事诉讼法》(上册),卞建林、沙丽金等译,中国政法大学出版社2003年版,第38页。

大为提高,从而减少了证明难度降低带来的错判风险增大的问题。[①] 可以说,只有在维系刑事司法正当性的任务转移到审前程序的前提之下,由证明标准分担部分控制犯罪任务的做法才具有正当性。正是在这一主观证明标准之下,情理推断和经验证明才得以进入事实认定过程,通过自由心证发挥作用,使得在客观证明机制之下无法定罪的案件得到有罪判决。[②] 尽管仍然存在着造成误判的可能,但由于审前程序的过滤功能而将这一风险降至最低,从而在保障无辜的"合法性"和打击犯罪的"实效性"之间取得了一定程度的平衡和双赢,并有效缓解了立法和司法之间的张力,减少了证明标准降格适用的现象。

7.2 死刑案件量刑证明标准的构建

7.2.1 定罪标准与量刑标准的相互关系:美国的改革方案

提高证明标准在防止错判无辜的同时也会错放真正的罪犯,因此准确的做法应当是,在正确理解误判内涵的前提下,将提高死刑案件证明标准的程序功能真正定位于减少误判之上。不仅应当关注避免错判无辜,还应尽量避免错误的无罪判决,以防止罪犯放归社会而给社会带来更大的危害。因此,提高死刑案件证明标准的程序目标不应仅仅是减少

[①] 应该承认,在审前程序法治化和诉讼化的前提下,即使审判阶段很少作出无罪判决,也不会造成公众对于刑事司法体制的信任危机,比如日本在审前程序形成精密司法的条件下,审判阶段的有罪判决率甚至高达99%以上,但却并未因此而造成更多的冤假错案。参见〔日〕松尾浩也:《日本刑事诉讼法(上卷)》(新版),丁相顺译,中国人民大学出版社2005年版,第17页。

[②] 比如龙宗智教授在一篇文章中所述之盗窃案,如果不是根据客观证明机制的印证要求,而是根据情理推断机制的自由心证的话,恐怕无论是陪审员还是专业法官都会作出有罪的判决。龙宗智教授认为,被告人对自己侵入他人住宅以及在现场留下指印的事实不能作出合理解释,而且由于现场在6楼,可以基本排除通过其他渠道在现场留下特定方向指印的可能性,根据经验法则,在建立内心确信的基础上,陪审团乃至专业法官应当是可能作出有罪判决的。参见龙宗智:《印证与自由心证——我国刑事诉讼证明模式》,载《法学研究》2004年第2期。

无辜者被定罪的可能性,而是合理地调整错误定罪和错误释放的比例关系。① 正如著名学者大卫·弗里德曼所言:"提高证据标准将减少无辜被告人被定罪的可能性,但是也会提高错放罪犯的可能性。这样做是否值得取决于这两种错误的相对成本。"②这种比例关系有两种表现形式,一种是纯粹数量上的平衡,一种是由两种错误而产生的实际损害之间的平衡。我们认为,应当将改革的目标设定为后者。既然低证明标准会导致无辜者被错误定罪,而高证明标准又会导致有罪者逍遥法外,那么我们究竟根据一种什么样的标准来确定证明标准呢?如何走出这种两难境地呢?关于这一问题,美国的做法可以为我们提供很好的改革思路和灵感。

在美国,审判程序分为定罪和量刑两个阶段,相应地,证明标准也区分为定罪标准和量刑标准两个部分,只有被告人在定罪阶段被确定有罪之后才会进一步确定量刑问题,而且两个阶段的证明规则和制度设置都有所不同,从而使得对同一案件审理的证明标准的区分有可能成立。在这种制度背景下,美国学者对于死刑案件证明标准的问题也曾发生过激烈的争论并分为了两派不同的阵营。

一派观点认为,应当将现有的"排除合理怀疑"的定罪标准修改为"排除一切怀疑",而量刑阶段的证明标准可以保持不变。持这种观点的学者认为这样做可以抑制控方寻求死刑判决的动力。因为之前的许多研究发现,检察官常常提起疑点重重的死刑案件控诉,其原因就是排除合理怀疑的定罪标准仍然允许不确定性的存

---

① 美国学者早在20世纪80年代就注意到了这一十分重要的理论问题,并著有大量的理论文献,关于调整错误定罪和错误释放比例关系的最为著名的理论为"卡普兰模型",由于该理论牵涉极为繁复的数学公式和模型,本书不拟进行详细的评介,感兴趣的读者可参见 Patricia G. Milanich, Decision Theory and Standards of Proof, *Law and Human Behavior*, Vol. 5. No. 1. 1981。

② 〔美〕大卫·D. 弗里德曼:《经济学语境下的法律规则》,杨欣欣译,法律出版社2004年版,第2页。

在,因此检察官往往愿意冒一定的风险提出死刑指控,但是如果我们提高定罪的证明标准,一旦达不到定罪要求就只能够释放被告人,这样,为了防止败诉风险和放纵罪犯,检察官随意提起疑点重重的死刑案件的可能性就会大大降低,从而通过事先限制,而非事后限制的方法从源头上减少死刑的适用。而且,要求在定罪阶段就达到确定无疑的程度会使得裁判过程充满了非人性和非理性的色彩,陪审员相信被告人有罪但是又不能排除很细微的疑问,就无法给被告人定罪,这无论如何在情感上都是不能接受的。很明显,这种方案虽然认识到了应当结合定罪与量刑程序的分离这一制度背景,区分定罪标准和量刑标准这一解决问题的思路,但仍然未能解决提高证明标准后带来的放纵罪犯的负面作用,因此使得定罪标准和量刑标准的划分没有任何意义。

而另一派观点则认为应当将死刑案件的量刑标准提高为绝对确定的程度,而定罪标准则保持现有的排除合理怀疑标准不变。这派观点以 Koosed 教授、Bradley 教授、Newman 法官和 Leonard B. Sand 法官为代表[1],其主要理由是,这样做可以继续发挥排除合理怀疑标准的定罪功能,又不至于因为过高的证明标准而放纵罪犯,同时通过提高量刑标准使得存在疑问的案件的被告人不会被判死刑,即使在定罪阶段可能冤枉无辜,但只要不被执行极刑,就会有很多种途径推翻错判,不至于造成不可挽回的生命损失。而且由于保留了定罪阶段的原证明标准,而仅仅提高了量刑标准,所以这种改革方案可以更好地保证司法制度不至于受到这种改革的巨大冲击,而保持基本的稳定。这是目前为止学界提出的最具可行性的方案,在防止错误定罪和防止错误释

---

[1] Craig M. Bradley, A (Genuinely) Modest Proposal Concerning the Death Penalty, 72 *IND. L. J.* 25 (1996); Margery Malkin Koosed, Averting Mistaken Executions by Adopting the Model Penal Code's Exclusion of Death in the Presence of Lingering Doubt, 21 *N. ILL. U. L. Rev.* 41, 111-24(2001).

放之间取得了最佳的平衡。现在美国学者普遍支持第二种方案。

沿着第二种方案的思路,甚至还有学者认为应当进一步降低定罪阶段的证明标准,而将量刑阶段的证明标准提高到绝对确定的程度。这种做法明显采取了更倾向于打击犯罪的立场,从而放松了对定罪的证明要求,以扩大刑法的打击面。对于这种观点,我们有必要重温一下先贤布莱克斯通的名言:"宁可错放十个有罪的人也不枉判一个清白的人。"①很少有人注意到这段名言之中的数字对比关系,很显然,美国的价值观念是把避免冤枉无辜者看成比避免错误释放更为重要的价值,在这种价值观念的引导下,定罪标准就应该维持在一个比较高的水平但是又不至于无法给罪犯定罪,正是这种观念才使得排除合理怀疑成为了英美法系沿用至今的定罪标准,而这种改革方案违背了这种公众信念,这种过分强调犯罪控制的改革方案在美国这个较为重视正当程序和公民权利的国度里并不容易引起共鸣,而且极容易加剧冤枉无辜者的可能性。

7.2.2 我国死刑量刑标准的构建

我国尽管已经构建了相对独立的量刑程序,并拥有了独立的量刑证明标准存在的制度空间,但与美国完全独立的量刑程序毕竟有所不同,因此,并不能完全借鉴美国的做法和改革思路。近来,实践中频繁出现保持定罪标准不变而提高量刑标准的做法,近年来发生的重大误判案件几乎都是在定罪证据不充分的情况下作出的留有余地的判决,它多多少少反映了中国司法机构在定罪问题上贯彻无罪推定的"骑墙"态度,在刑事司法第一道防线的定罪环节放松要求的情况之下,即使有再高的量刑标准也不可能有效减少死刑误判的发生。但遗

---

① 〔美〕大卫・D. 弗里德曼:《经济学语境下的法律规则》,杨欣欣译,法律出版社 2004 年版,第 2 页。

憾的是,最高人民法院的规范性文件竟然默许了这种做法,学界提出的改革建议也有意无意地迎合了实践中的这种逻辑。上文已经分析了这一改革思路可能导致的负面结果。既然如此,死刑案件证明标准真的就如乌托邦一样无法构建了吗?学界在提高证明标准问题上所做的上述努力是不是都没有意义了呢?答案当然不是如此悲观。事实上,提高死刑案件证明标准已经被列为和收回死刑复核权、死刑案件强制上诉等制度并列的死刑程序控制的手段之一并取得了初步的成效,那么,我们应当在死刑案件,甚至所有刑事案件的证明标准设置上注意哪些方面的问题,才能保证这一努力取得更加理想的效果呢?我们又究竟应该如何构建我国死刑案件的量刑标准,并处理好与定罪标准的关系呢?

第一,在定罪阶段严格掌握证明标准的前提下,应结合情理推断机制的制度优势,制定若干消极法定证据规则,从反面规定不得判处死刑的具体情形,而不是从正面规定死刑案件的量刑标准。根据上文分析,排斥运用推定定案,甚至排斥运用间接证据通过推论定案这种过于理想化的证明标准设置,根本无法在实践中加以贯彻。死刑案件的证明标准必须能够容纳一定的推定机制的存在。实际上,现有的证明标准已经能够很好地结合客观证明机制和情理推断机制各自的优点。一方面,现有证明标准允许运用推定的方法将"案件事实清楚"的证明标准转化成"要件事实清楚",将主观要件中的"明知"转化成对外部客观行为的证明,而并未降低"证据确实、充分"的要求,从而通过转化证明对象降低了证明难度;另一方面,尽管运用间接证据推论案情存在着或然性,但是由于我国司法同时强调证据之间的相互印证,从而在较大程度上保留了客观证明机制的优点,保证了事实认定的准确性。因此,我国的证明标准在客观证明机制和情理推断机制之间搭建了一个极为隐蔽却又十分有效的桥梁。实践中之所以出现死刑误判的现象,并非法定证明标准过低的结果,而是未能严格贯彻印证证明要求的结果,因此改革的途径就不应是盲目提高法定证明标准,而是应当设置相应的证据规则,严格贯彻印证的证明要求,因此有必要在死刑案件的证据规则中明确规定具体的印证要求,同时从反面规定,不符合印证要求以及运用推定方法认定的案件一般不得判处死刑。在这一点上,江西省的做法值得借鉴,江西省高级人民法院颁布了《关于规范故意杀人死刑案件证据工作的意见(试行)》,其中对一些常见的死刑案件提出了非常具体的印证要求,比如对于投毒杀人案件,明确规定应当查明毒物的性质和来源,犯罪嫌疑人对毒物的认知程度以及有无购买、保管、持有、使用毒物的条件;应当提取盛放毒物的器皿、包装物、食物残渣残液、呕吐物、排泄物以及上述容器、包装物表面指纹、特殊痕迹等,并及时进行鉴定。不符合这些证据要求的案件一般不得判处死刑。另外,还可以考虑在目的犯的量刑标准中规定,以推定方式认定其犯罪目的的案件,一般不得判处死刑。

第二,应当将可能判处死刑的法定加重情节具体化,并为其构建出相对独立的程序空间,从而适用和定罪阶段相同的证明标准,而不是适用高于定罪阶段的证明标准。在量刑事实的证明上,由于《刑法》分则对于很多适用死刑立即执行的情节都规定得极为模糊,因此可以将这些死刑概括情节明确化、客观化,为量刑阶段的证明标准提供客观的指引。实际上,《刑法》分则的某些罪名对于总则第48条规定的"罪行极其严重"可以适用死刑的条款已经作了客观化的规定,比如第240条就对拐卖妇女、儿童罪适用死刑的情形作了细化:有造成被拐卖的妇女、儿童或者其亲属重伤、死亡或者其他严重后果的,将妇女、儿童卖往境外的等八种情节之一的,可以判处死刑。但是,更多的死刑罪名仍然保留着概括式的情节,建议通过《量刑指南》的方式将更多死刑的概括情节具体化。此外,还应当在上述基础上,在量刑阶段为法定加重情节构建出与定罪阶段类似的程序空间,从而适用和定罪阶段相同的证明标准。笔者认为,在量刑情节与定罪情节存在重叠或交叉的情形下,可以将加重情节放入定罪阶段加以证明,从而适用和定罪情节相同的证明标准,如数额犯。但对于除此之外的其他情形,则可以借鉴美国的做法,将死刑案件量刑程序进一步划分为适格判断和选择判断两个阶段。在前一个阶段,仍然由公诉方承担证明责任,实行非死刑推定,如果检察官不能证明法定加重情节达到"排除合理怀疑"的要求的话,就不能判处被告人死刑。如果这一阶段证明成立,则案件进入选择判断阶段。只有在这一阶段,陪审团才会考虑所有的加重证据和减轻证据,进行综合性的事实、价值和政策评断以决定是否需要判处被告人死刑。[①] 显然,这一两分式的量刑程序针对特定的加重情节设定了专门的证明方法、证明责任及证明标准,从而在量刑程序内部构建出了一个类似于定罪程序的空间:首先,适格判断阶段的证明对象较为单一,即加重情节的成立与否,而不允许提出减轻刑罚事由并进行证明,因此属于单纯的事实判断而无须进行价值与政策的衡量,政策和民意只能影响之后的选择判断程序;其次,适格判断阶段的证明对象是不利于被告人的刑罚事实,仍然可以沿用严格证明的程序要求和疑点有利于被告人的证明责任分配机制,因此可以对控

---

① 在这一阶段实行死刑推定和辩方举证,如果辩方不能举出减轻证据的话,则被告人必须被判处死刑,在这一阶段,证明标准则放松为优势证据标准。参见〔美〕琳达·E.卡特、〔美〕埃伦·S.克赖斯伯格、〔美〕斯科特·W.豪尔:《美国死刑法精解》(第二版),王秀梅、邱陵、曾赛刚译,北京大学出版社2009年版,第100—105页。美国联邦最高法院在一系列案件中甚至认为,要求只有一致同意才能认定减轻情节的规定是违宪的,只需要证明到优势证据的程度即可。参见18 U.S.C.A.3595。

方科加较高的证明标准。① 只有在这样的程序空间之内,提高量刑证明标准的做法才具有正当性。

第三,在定罪与量刑程序完全分离和相对分离的不同制度环境下,应对死刑缓期执行案件适用不同的量刑证明标准。在刑罚理论中,死刑缓期执行只是死刑的一种执行方式,并不构成一种独立的刑罚种类,因而,从这个角度而言,死刑缓期执行证明标准应该与死刑立即执行案件共享同一证明标准。但是,我们也必须注意到,在实践中判处死刑缓期执行的案件多为没有达到死刑案件证明标准而留有余地判处的案件。也就是说,死刑缓期执行案件和死刑立即执行案件实际上是在按照两种证明标准进行操作,死刑缓期执行并不像理论上所说的那样是一种针对量刑情节的减轻处罚手段,而是对定罪存在疑问时的降格处理。这严重违背了立法中明确规定的所有刑事案件都适用的"案件事实清楚,证据确实、充分"的统一证明标准。死刑缓期执行在这种操作方式下已经不再仅仅是一种死刑执行方式,而实际上是在对被告人有罪与否无法确定情况下的一种弥补手段和"退场"方式,但是由于我们只能假设有罪和无罪的被告人在所有死刑案件中是正态分布的,所以这种本意是防止有罪者逍遥法外的做法实际上也使得很多无辜者受到冤枉。② 那么,死刑立即执行案件和死刑缓期执行案件在证明标准上究竟应否有差别?其理由何在呢?在考虑这一问题之前,我们必须明确的认识是:死刑缓期执行的立法目的绝对不仅

---

① 参见程进飞:《死刑案件量刑标准及量刑程序》,载《广西政法管理干部学院学报》2008年第5期。

② 例如,轰动一时的佘祥林案件就存在这种情况,湖北省高级人民法院某法官就认为,如果不是死刑缓期执行制度的存在,佘祥林甚至早就被执行死刑了。这种说法在逻辑上是存在着重大问题的,似乎死刑缓期执行只是一个在绝对确定和绝对不确定之间的一个过渡地带,所有确定程度不高的死刑案件都可以以此作为"退场"方式,但是我们有理由质疑:为什么一起明明没有达到起码的有罪证明标准(更不要说达到绝对确定的死刑案件证明标准)的案件不能无罪释放被告人?死刑缓期执行真的就成为这类冤案的正当化机制了吗?在笔者看来,事实恰恰相反,死刑缓期执行不但没有正当化该案的处理结果,相反却暴露出了更多正当性的问题。

仅是延缓死刑执行的时间,而是实际上给予被告人一种减轻的处罚,在缓刑期间,如果被告人没有故意犯罪是不会被执行死刑的,因此被判死刑缓期执行往往就等于宣判了无期徒刑,甚至蕴含了将来进一步减刑的机会,而被宣判死刑缓期执行的罪犯极少有在缓刑期间故意犯罪的,因此几乎都能享受到减刑的"优惠",这种着眼于审判之后的实体问题而决定刑罚执行的方法是我国特有的一种制度。而在美国,虽然立法上并没有死刑缓期执行的制度,但在程序上,死刑宣判几乎都无法立即执行,还存在着极为复杂的上诉程序和各种救济渠道,往往利用完这些救济渠道,死刑案件宣判已经过去了很多年,但是所有救济渠道都着眼于案件诉讼中的程序错误,因此与我国有所不同,但是从死刑宣判后并不立即执行这一点而言,又与我国有着内在的相似之处。① 美国每年被宣判死刑的被告人和最终真正被执行死刑的被告人之间的人数悬殊,因此可以说,在美国被判处死刑后有很大的机会逃避死刑的执行,因此其实体效果与我国的死刑缓期执行有很多相似之处,从这个意义上说,我国的死刑立即执行所涉及的利益重要性要比美国大得多,其不可挽回性也要比美国紧迫得多。而既然美国法中对死刑案件都已呼吁并立法规定了更高的证明标准,我国的死刑立即执行案件没有理由不规定更高的证明标准。但是对于死刑缓期执行案件,绝对不可适用与死刑立即执行一样的证明标准。我们认为,在定罪与量刑程序分离的前提下,应当明确死刑缓期执行案件只能适用于那些在定罪上没有疑问而只是量刑证据存在矛盾的情形,定罪阶段仍然保持与一般刑事案件甚至死刑立即执行案件相同的证明标准,而在量刑阶段如不能达到死刑立即执行案件所要求的排除一切

---

① 在美国,1973年到2002年被判处死刑的7 254名被告人当中,有820人被执行死刑,268人在监狱中死于其他原因,176人改变了死刑判决,2 403人的判决在上诉中被推翻,30人因为一些未言明的原因而未予执行死刑。Thomas P. Bonczar, Tracy L. Snell, U. S. Dep't of Justice, Capital Punishment, 2002 app. tbl. 2 (2003), available at http://www.ojp.usdoj.gov/bjs/pub/pdf/cp02.pdf.。

怀疑的证明标准则可以判处死刑缓期执行;而在定罪与量刑程序不分离的背景下,则死刑缓期执行案件必须达到和死刑立即执行案件一样的证明标准,而绝对不能在达不到定罪要求的情况下随意定罪。只有这样设计证明标准,才能防止死刑缓期执行制度在顾及被告人利益的同时损害刑事司法体制的正当性。

7.3 如何防止滥用死刑:证明标准功能的局限性

客观地说,只要裁判者过多地承担犯罪控制和政策实施任务,只要控方的证据收集和举证能力无法达到严格的证明要求,证明标准降格适用的现象就不可避免。比如,在大陆法系国家,对法定证明标准的降格适用并没有因为证据裁判主义和无罪推定原则的理念上的先进而自动退出历史舞台,甚至还出现了某种程度的回潮。[①] 一旦达不到法定的证明标准的要求,裁判者都倾向于作出从轻的判罚,而非无罪释放被告人。而在英美法系国家,这种对证明标准降格适用的现象也并未绝迹。以美国为例,为了保障死刑案件判决的准确性而提出的排除合理怀疑标准,就由于适用案件类型的增多,而在实践中逐渐降低了操作标准。可以说,在过去的 150 年中,排除合理怀疑是一个一直被不断弱化的标准。[②] 因此,美国出现提高死刑案件证明标准的呼声正是因为急需提高证明的确信程度,以弥补该标准在实践中的降低程度。而在英国,对证明标准降格适用在司法实践中也偶有发生。

[①] 参见秦宗文:《"疑罪"应当"从无"吗?——法治与情理视角下对疑罪从无原则的重新审视》,载《法律科学(西北政法学院学报)》2007 年第 1 期。

[②] 正如 Steve Sheppard 教授指出的那样:"对陪审员判决无罪的责任开始增加,而对定罪的证据要求则开始下降。" See Steve Sheppard, The Metamorphoses of Reasonable Doubt: How Changes in the Burden of Proof Have Weakened the Presumption of Innocence, 78 *Notre Dame L. Rev.* 1165, 1170-73 (2003), at 1169。

例如,1953年,英国一个名叫戴瑞克·本特雷的19岁智障男孩被指控与另一被告人共同抢劫一个仓库,并开枪打死一名警察。该案中,本特雷是否参与了谋杀存在很多疑点,而且英国也有为智力缺陷的人提供减免刑事责任的法律依据,但法官出于一种对充满反抗精神的失业青年的恐惧心理而最终对其定罪。① 由此可见,由于"裁判风险"和"证明负担"的双重影响,对既有的法定证明标准予以降格适用几乎是一个不可避免的现象,因而无法被完全消除。近年来,学界为了解决降格适用问题而提出的种种改革建言似乎也陷入了一种"柏油效应"之中——越是试图挣扎,越是无法自拔。事实证明,仅仅着眼于证明标准本身的改革是注定不会有效解决这一问题的,因此,仅仅关注证明标准如何设计的研究尽管也有其理论意义,但最终决定这一设计之实践效果的还是更为宏观的制度结构。那么,我们究竟应该如何通过配套制度的改革使得由于死刑案件证明标准的提高而给刑事司法体制和社会带来的负面后果降到最低? 又应如何解决一直争论不休的证明标准的操作性问题,避免证明标准提高后再次面临被降低适用的风险呢?

7.3.1 刑事司法体制的宏观变革

为了防止在死刑案件的审理过程中裁判者过多地受到法律外因素的干扰,我们至少可以从以下四个方面入手进行改革。

第一,应当改变现行的诉讼构造,使裁判者回归"中立裁判"的"制度角色"。我们已经分析,正是诉讼构造上的原因,导致本应承担中立

---

① 参见〔美〕保罗·伯格曼、〔美〕迈克尔·艾斯默:《影像中的正义:从电影故事看美国法律文化》,海南出版社2003年版,第48—55页。这一判决并非一个孤立的事件,无独有偶,1901年,英国一位名叫阿道夫·贝克的人涉嫌诈骗,在该案的审判中,控方证据存在二十处疑点,但被告人最终还是被法庭定罪。之所以如此,是因为控方认为,被告人有过犯罪前科,因此他是否承认自己实施了被指控的犯罪行为反而并不重要。参见张成敏:《案史:西方经典与逻辑》,中国检察出版社2002年版,第292—308页。

裁判任务的法官偏离了这一角色期待,更多地呈现出"政策实施者"的制度角色,更关注社会利益的防卫而不是被告人实体权利的保护,因此出现了对证明标准降格适用的现象。解决这一问题的根本是使裁判者尽可能回归"中立裁判"的"制度角色"。具体方案如下:对控审关系予以彻底分离,确立和重申法院中立性和被动性的活动方式,防止法院成为事实上的"第二公诉人"。在现行法律中,控审之间只做到了形式上的分离,在一系列诉讼权力的行使和诉讼程序的启动方面,法院实际上扮演了极为主动的追诉角色,为了使裁判者回归中立的裁判者地位,必须对这些制度予以重新设计,比如确立诉因制度,防止法院超过起诉书范围随意改变和增加被告人的罪名;废除二审全面审查原则,只就诉讼双方上诉、抗诉范围进行有限的审查,防止二审法院由于对定罪上诉的审查中过多地涉及量刑信息而影响公正裁判;废除法院随意发动的不利于被告人的再审程序;严格限制法院庭外调查收集证据的条件和范围。

第二,确立以裁判为中心的诉讼构造,切断侦审联系,废除案卷笔录移送制度。我国平面式的三机关互相配合、互相制约式的诉讼构造实际上造成了公安机关的强势地位,由其搜集形成的侦查卷宗实际上主导了其后的审查起诉、一审乃至二审程序[1],由于公安与司法机关的天然亲密关系,再加上我国案卷移送制度的影响,法官实际上是带着强烈的侦查思维在审判案件,由于没有确立传闻证据排除规则和笔录证据的排除规则,导致警犬嗅觉报告、测谎结论、犯罪动机、前科劣迹等破案线索得以堂而皇之地进入法庭,影响法官的心证,法官对案卷笔录的可采性和证明力往往不加质疑,直接认可或采信,这大大加重了裁判者打击犯罪的心理定势,应当废除目前的案卷移送制度,确立

---

[1] 参见陈瑞华:《刑事诉讼的中国模式》,法律出版社2008年版,第107页以下。

证人直接出庭制度和原始证据规则,侦查卷宗直接为审查起诉服务,一旦提起公诉,侦查卷宗就不得继续使用,切断侦审之间的联系,使法官真正成为控辩双方之间的中立裁判者。①

第三,应当改变以后一机关的决定作为认定前一机关办案错误与否并据此决定奖惩的业务考评机制。毋庸讳言,在目前司法人员整体素质不高的情况下,如果完全废除以惩戒为核心的业务考评机制,是不符合现阶段的司法状况的。实际上任何国家都以各种不同的方式对司法人员进行业务监督和考核。问题的关键是,我们的业务考评机制所依据的标准不尽合理,以后一机关的决定作为认定前一机关办案错误与否的标准,从而加重了检察机关对于判决结果的关注,并对任何形式的无罪判决都抱有绝对的抵触情绪。这种做法实际上违背法理,自相矛盾。既然我们认为证明标准是分层次的,提起公诉的证明标准要低于有罪判决的证明标准,这就必然会导致一部分案件会被作出无罪判决,如果全然以最后的无罪判决作为衡量提起公诉行为正确与否的标准,就等于否认了证明标准层次论。因此,笔者建议以"当时标准说"取代现行的"判决结果说",从而使裁判者得以从检察机关对无罪判决的强烈抵触情绪中解脱,还原中立裁判者的制度角色。

第四,应当提升刑事诉讼整体的正当性,并在此基础上提高死刑案件的正当性。正是由于普通刑事案件的诉讼程序存在着正当性的不足,死刑案件证明标准的提高在提升死刑案件诉讼程序正当性的同时可能进一步凸显普通案件的正当性问题,而又由于死刑案件相对较少,因此从整体上而言,刑事诉讼整体的正当性是下降而非提升的。只有在普通刑事案件的正当性得到最低限度保障的前提之下,提高死刑案件的证明标准才会在整体上有利于刑事诉讼程序的正当化。美

---

① 陈瑞华教授在一次公开讲座中对此观点有极为详细而精彩的论述。

国提高死刑案件证明标准的改革正是在普通刑事案件的正当性已经得到了最低限度保障的前提下展开的,因而不会出现正当性的总体下降。比如,美国赋予所有刑事案件被告人以享有陪审团审判的权利、不得强迫自证其罪的权利、获得律师帮助的权利;对于控方滥用公诉权的行为可以撤销起诉,终止诉讼,对于侦查机关非法获取的证据可以强制排除;刑事审判奉行言词审理原则,证人必须亲自出庭作证接受交叉询问;法官不得庭前阅卷,而是组织双方进行证据开示,违反开示义务的一方将丧失在庭审中举证的权利;等等。所有这些都保障了美国刑事案件审理的公平性和正当性,也提高了其裁判的可接受性。即便如此,美国仍然有学者建议应当在提高证明标准的同时进一步完善诉讼制度以达到准确定罪的目的,如通过上诉制度矫正错误定罪,扩大政府机构的信息收集权以提高原判的准确性等。[1] 但是,相比较而言,我国刑事诉讼程序并未做到最低限度的正当性保障,有学者在对一起案件的诉讼程序进行细致分析后甚至得出结论认为:我国的诉讼程序是一个既不能很好地保障人权也不能很好地查明真相的制度。[2] 在这样的背景下盲目地提高死刑案件证明标准将实质性地损害更多普通刑事案件诉讼程序的正当性。为了避免这一逻辑上的悖论,我们必须对刑事诉讼进行实质性的修改,以更多地体现程序正义的要求,增强刑事诉讼整体的正当性,只有这样,死刑案件的特殊诉讼程序才会真正地增强人们对刑事司法的整体信心。

当然,以上思路都是超越现行司法体制的改革设想,是我们需要努力的长远目标。而在现行司法体制短期内无法有较大改变的现实条件下,我们又应如何通过具体程序制度的改革防止死刑滥用,将死

---

[1] See Steven Shavell, The Appeals Process As a Means of Error Correction, 24 *J. Legal Stud.* 379 (1995).

[2] 参见劳东燕:《刑事司法政治化的背后》,载陈兴良编:《公法》(第5卷),法律出版社2004年版,第47—57页。

刑误判的风险降至最低呢?

7.3.2 死刑独立量刑程序的构建

近年来,为了控制法官对量刑裁量权的滥用,最高人民法院开始制定统一的量刑指南,并试图建立相对独立的量刑程序。2008年8月,最高人民法院颁布了《人民法院量刑指导意见(试行)》和《人民法院量刑程序指导意见(试行)》,并在全国120多家法院展开了全方位的试点工作,一场以量刑控制为目的的司法改革正在全国轰轰烈烈地展开,中国传统的定罪与量刑程序合而为一的审判模式正在面临重大的挑战。在这场以建立独立量刑程序为目标的运动之中,学界也就如何设计量刑程序展开了积极的讨论。尽管观点各异,但总体而言,学界普遍认为,由于定罪阶段已经认定被告人有罪,无罪推定已经失去其存在的意义,因此量刑程序可以放松对程序正义和证据规则的严格要求,而实行自由证明。[①] 在我国目前90%以上的案件都作出有罪判决的情况下,上述设想一旦在实践中付诸实施,将意味着绝大部分被告人一旦进入量刑阶段,就将失去以无罪推定原则为核心的程序正义的保护,甚至失去在定罪阶段所享有的各项诉讼权利。具体到死刑案件,应否由控方在量刑环节就法定加重情节的存在承担证明责任?这种证明应否达到和定罪一样的排除合理怀疑的程度呢?

正如无罪推定之父贝卡里亚曾经说过的那样:"只要还不能断定被告人已经侵犯了给予他公共保护的契约,那么社会就不能取消对他的公共保护。"[②]其言下之意似乎是指,一旦经过法庭审理确定被告人有罪,社会对其进行保护的紧迫性和必要性也就不存在了。在以上

---

① 参见陈瑞华:《论量刑程序的独立性———一种以量刑控制为中心的程序理论》,载《中国法学》2009年第1期。

② 〔意〕贝卡里亚:《论犯罪与刑罚》,黄风译,中国法制出版社2002年版,第35页。

一系列关于程序权利和证据制度的经典论述中,我们不难发现,传统的程序正义理论都以保护无辜者不被错误定罪为理论前提,重在对定罪权施加限制,而少有关于如何防止法官滥用量刑权的理论论证。在量刑阶段,有罪判决推翻了无罪的假定,使得这套以无罪推定为核心的程序正义理论无法直接作用于量刑阶段,从而使得量刑阶段的被告人面临程序保障的真空。① 正因如此,在量刑阶段究竟应该如何分配证明责任(尤其是减轻情节的证明责任),如何设计证明标准,如何决定证明方式,目前尚无统一的定论。各地法院的做法也极为混乱。

如果说无罪推定原则只是指导司法机关在一个可能是罪犯的被告人面前保持克制的话,那么,更能体现一个国家法治文明程度的则是,司法机关能够在一个已经被确定为罪犯的被告人面前继续保持必要的克制,仍为其提供必要的程序保障。防止司法机关滥用定罪权固然十分重要,但是在一国有罪判决率远远高于无罪判决率的背景下,如何防止司法机关滥用量刑权恐怕是更迫在眉睫的任务,而以无罪推定为核心的程序正义理念及相关制度对于被告人认罪的诉讼程序和被告人被确认有罪后的诉讼程序都缺乏有益的指导,无力承担这一任务,不仅如此,如果定罪和量刑程序不加以彻底分离,量刑信息就会过早地影响定罪过程。在定罪和量刑程序合而为一的情况下,量刑信息必须在定罪裁决之前提交法庭,这就必然导致法官的先入为主,在判决文书说理不够充分的情况下,更会增加裁判者以量刑信息作为定罪根据的概率,从而在定罪根据不足的情况下草率下判,降低证明标准,因此应当将定罪与量刑程序予以分离,将量刑信息与定罪根据隔绝开来,保障定罪信息的纯化。实际上,定罪程序的自治是程

---

① 早在 1354 年,英国法就认识到了国家不能在违反正当法律程序的情况下判处被告人死刑。See F. Thompson, Magna Carta: Its Role in the Making of the English Constitution 1300–1629, at 92 & n. 72 (1948). 后来,美国的建国者们将正当法律程序移入美国宪法,但在死刑案件的量刑程序中却并未按照该原则的要求为被告人提供保护。

序自治的关键和核心,只有定罪过程实现了自治,程序正义才有可能摆脱实质正义实现真正的自治,在死刑案件中尤其如此。因此,在死刑案件中构建一套独立的量刑程序,并为死刑案件的量刑证明标准的运作提供一个独立的制度空间就显得尤为必要。

笔者认为,死刑案件量刑程序的构建必须遵循以下一些基本原则:首先,死刑案件量刑程序的证明对象必须单一。众所周知,在待证对象只有真实或不真实两种可能的时候,才能够通过推定进行法律上的拟制。在定罪阶段,裁判者只有裁定被告人有罪或无罪这两种可能,证明对象是犯罪构成要件事实的成立与否,属于定性问题,因此,为了防止政府滥用定罪权,冤枉无辜者,法律推定被告人在整个定罪阶段都处于无罪的状态。而在量刑阶段,这一程序前提已经不复存在,裁判者面临的不是非此即彼的二元选择,而是必须就具体的量刑期限作出裁判,属于定量问题,因此表决结果可能有多种。这种多元化的裁判结果使得轻刑推定原则失去了如无罪推定原则一样的程序空间。其次,死刑案件量刑程序对于法定加重情节必须采取严格证明的方式。在量刑阶段,法官已经对被告人有罪形成了内心的确信,证明对象已经从罪与非罪的问题转变为此刑与彼刑的问题,"危险性"代替了"行为"成为调查的中心,"犯罪人"代替了"犯罪"成为调查的对象,而且,在定罪阶段已经接触部分量刑信息的基础上,法官内心早已对量刑基准有了初步的判断,此时,采用严格证明以防止法官滥用裁量权也将没有任何实质性的意义,因此量刑阶段改采自由证明。但是,以上结论只适用于那些从轻、减轻的情节,而那些会加重被告人刑罚,尤其是剥夺被告人生命权的死刑加重情节的证明则仍然应当严格按照定罪阶段的要求进行。正因为如此,美国对待法定加重情节才采取了极为特殊的审理程序,或者将其纳入定罪程序,作为犯罪要件同等对待,适用严格的证明环境和证明要求,或者在死刑案件的量刑程序中专门设立一个诉讼阶段,对法定加重情节进行单独证明。

为了解决上述问题,美国联邦最高法院于1976年在 *Gregg v. Georgia* 案中确立了死刑案件的两步式审理结构(The Bifurcated Trial)[①],将死刑案件量刑程序进一步划分为适格判断和选择判断两个阶段。这一改革思路颇为值得借鉴。在前一个阶段,只允许就法定加重情节展开法庭调查和辩论,而不允许提出减轻刑罚事由,属于单纯的事实判断而无须进行价值与政策的衡量,因此必须由公诉方以排除合理怀疑的方式承担证明责任。由于只有可以或不能适用死刑这两种证明结果,"在一种类似于审判的诉讼中对有罪的被告人作出的应当判处终身监禁的认定,就如同对死刑'裁决'无罪"[②],从而为轻刑推定创造了前提。托马斯法官在 *Apprendi v. New Jersey* 案中认为,那些可能加重刑罚的事实也是犯罪要件事实。[③] 根据正当程序的目的,没有一个指导性的原则就向陪审团提交加重或减轻的证据是远远不够的。[④] 这一推理为在死刑量刑程序中适用轻刑推定奠定了基础。而在之后的选择判断阶段,陪审团才可以考虑所有的加重证据和减轻证据,进行综合性的事实、价值和政策评断以决定最后的刑罚。对这一两分式的量刑程序用一句形象的语言加以概括,即死刑案件的定罪阶段相当于判断罪行是否符合进入犯罪圈的标准,而量刑阶段的适格判断相当于判断罪行是否符合进入死罪圈的标准,最后的选择裁判阶

---

① See 428 U.S. 153 (1976)。在 *Gregg v. Georgia* 案中,美国联邦最高法院将谋杀罪的审判分为定罪和量刑两个环节。在一个单一的审判程序中,陪审团量刑会产生很多问题,主要是与量刑有关的许多信息与定罪都没有关系,或者会对定罪产生强有力的偏见。两步式审理结构就不存在这个问题,因为在两步式审理结构的两个阶段,控方都要分别证明达到排除合理怀疑的程度。
② *Bullington v. Missouri*, 451 U.S. 430(1981)。
③ See Apprendi, 530 U.S., at 501 (Thomas J., concurring)。
④ See Apprendi, 530 U.S., at 501 (Thomas J., concurring). see also *United States v. Woodruff*, 68 F. 536, 538 (D. Kan, 1895)。

段则相当于判断罪行是否符合进入死刑圈的标准,通过犯罪圈、死罪圈和死刑圈这三个层次的层层过滤,将死刑控制在最小的范围之内。

在死刑量刑程序得到独立构建的前提下,我们就可以此为背景对死刑量刑证明及其标准进行必要的规范。具体而言,第一,死刑量刑程序中的证明责任分配。"量刑法庭传统上聆讯证据和认定事实时根本没有任何关于证明责任的规定。"①在美国判例法中,存在着两种截然不同的做法:一是由检察官承担证明责任。控方必须举出证据就法定加重事由进行证明并达到排除合理怀疑的证明要求,否则裁判者就不得适用死刑。二是由辩方承担证明责任。由辩方举出证据就减轻处罚事由加以证明并达到一定的证明要求,否则裁判者就必须适用死刑。量刑阶段证明责任的不同分配将会导致被告人命运的重大差别,显然,在量刑阶段由辩方承担减轻证据的证明责任等于确立了"死刑推定"的原则②,量刑阶段实行的是死刑推定还是非死刑推定将直接决定量刑阶段证明责任的分配。根据轻刑推定原则,可能提高刑罚的法定加重情节之重要程度相当于犯罪构成要件,因此应当由控方以排除合理怀疑的证明标准加以证明,否则就推定被告人只能被判处轻刑。实际上,美国几乎所有州的制定法都规定应由控方就加重情节向裁判者履行证明责任。美国联邦最高法院也默认了通过标准的陪审团指示将该责任分配给控方的做法。③ 但是,这一原则也存在例外:如果法律文件中已经规定某罪优先适用死刑的话(如一级谋杀),则应由

---

① *McMillan v. Pennsylvania*,477 U. S. 79,91(1986).

② See 497 U. S. 639(1990).

③ See *Bullington v. Missouri*, 451 U. S. 430, 444 (1981); see also *Arizona v. Rumsey*, 104 S. Ct. 2305 (1984). 美国联邦最高法院大法官特别指出,必须至少向死刑量刑者证明如下事项:(1)加重情节的确存在;(2)加重情节足以判处死刑;(3)加重情节超过减轻情节。See *Smith v. North Carolina*, 459 U. S. 1056, 1056 – 57 (1982) (Stevens J., opinion respecting denial of certiorari) [quoting in part *Lockett v. Ohio*, 438 U. S. 586, 601 (1978) (opinion of Burger C. J.)]; see also *Ford v. Strickland*, 696 F. 2d 804, 879, n. 7 (11th Cir.) (Anderson J., concurring in part and dissenting in part), cert. denied, 104 S. Ct. 201 (1983).

辩方承担证明减轻情节的责任,否则量刑者有权直接判处被告人死刑。第二,死刑量刑程序中证明方式的选择。在轻刑推定原则之下,被告人虽然已被定罪,但仍然享有不被随意判处过重刑罚的实体性权利,因此一切可能产生偏见的证据都不得为适格阶段采纳,必须将法定加重情节视同犯罪要件事实,在相对独立的程序空间内以严格的方式加以证明,贯彻严格的证据能力、法定的调查程序和较高的证明标准要求。在美国,有些州甚至将法定加重情节的证明直接放入定罪阶段,使类似于构成要件功能的法定加重事由自然得以在相对严格的定罪程序空间内"顺便"享受严格证明的"待遇"。第三,死刑量刑证明标准的设置。在 *McMillan v. Pennsylvania* 和 *United States v. Woodruff* 案中,美国联邦最高法院都拒绝了被告人提出的量刑阶段证明标准应当达到排除合理怀疑程度的要求,并指出:"排除合理怀疑程度的证明标准只是在正当程序中对被告人定罪时所需要达到的。"美国联邦最高法院在另一个案件中也曾明确表示:仅要求以优势证据证明量刑方面的事实的量刑制度符合正当程序。① 但是,法定加重情节可能加重被告人的刑罚,具有与犯罪要件事实同等的重要性,对其适用如此之低的证明标准显然是不合理的。在定罪阶段,证明标准发挥着平衡错误释放与错误定罪之间比率的功能,标准设置过低就会导致错误定罪的风险加大,在量刑阶段同样如此,如果运用优势证据证明法定加重情节的话,就会使得错误判处死刑的风险加大,而在刑事司法中增加另一种形式的误判。可以说,只要一个社会宁可放纵罪有应得的罪犯,也不愿错杀一个罪不至死的被告人的话,较高的证明标准就是可欲的。相比之下,一个错误的定罪尚可补救,但是一个错误的死刑判决却永远无法挽回。

---

① 参见〔美〕伟恩·R. 拉费弗等:《刑事诉讼法》(下),卞建林、沙丽金等译,中国政法大学出版社 2003 年版,第 1362—1363 页。

因此,轻刑推定原则要求控方必须以排除合理怀疑的标准证明法定加重情节,否则就会使被告人再次享有疑点利益,在"疑罪从无"之后再次体现"刑疑惟轻"的法治理念。另外,在量刑阶段由辩方提出的罪轻事实,相当于定罪阶段的积极抗辩事由,根据轻刑推定的原则,这一事实的证明责任应由辩方承担,但仅需证明到优势证据的程度即可。

7.3.3 死刑案件证明标准的操作手段:一致裁断的表决规则

证明标准之所以会在实践中屡屡面临被降格适用的危险,其根本原因就是诉讼制度中缺乏对证明标准的操作机制,其适用也缺乏外部的监控手段,从而使得实践中对该标准的掌握因人而异,难以统一。在这种情况下,即使立法确定了再高的证明标准也难以避免实践中被降格适用的危险,期望通过提高证明标准而减少死刑适用的初衷也就无法达到。因此应当注重对配套制度的建设和完善,以使审判组织之间对该标准掌握的差异程度尽量降低。

证明标准的实施其实存在着双重的不确定性,一层是在个体判断的层次上,另一层则是在合议的审判集体之中,个体心中的确信程度是任何诉讼制度都无法保障的,这是一种无法克服的缺憾。但是,通过要求一致裁断的表决规则起码可以在制度层面上消解集体层面上的不确定性。这一表决规则不仅为证明标准提供了一种外部的判断标准和依据,还因为达到一致裁断的可能性远比其他表决规则要低,因此切实贯彻落实这一表决规则的结果必然会实质性地降低死刑的适用率。而如果我们仅仅在口头上强调提高死刑案件证明标准,但是对于该标准的保障手段却缺乏制度设计的话,这一目的是否能够达成就十分值得怀疑。

在这一点上,美国法律将表决规则这一重要的程序设置与证明标准结合在了一起,在表决规则上体现出了证明标准的实质性区别,具有极强的可操作性,值得我们借鉴。在美国,为了使排除合理怀疑的证明标准能够有外部的监控和制约手段,历史上将表决规则规定为陪审团只有达到一致裁断才可定罪。因为只要有一名陪审员对有罪裁决持有异议,就表明对被告人的罪行存在没有排除的合理怀疑,因此有罪裁决就不能成立。

我国也有学者意识到了表决规则与证明标准之间的这种关联,并认为,陪审制度在诉讼证明标准体系中构成了一种判断手段,因此刑事诉讼以陪审团达成一致意见作为达到证明标准的标志,而民事诉讼则仅要求达成多数一致。① 但可惜的是,立法者并未充分认识到表决规则的诉讼功能,仅仅在立法中规定了简单的少数服从多数原则并适用于所有的表决对象,而没有将其与证明标准的可操作性结合在一起加以研究和设计。这是十分值得惋惜的一件事情!试想,即使在用表决规则保障证明标准适用的美国,尚且出现排除合理怀疑标准在实践中应用的巨大差别,在我国没有任何制度设置保障证明标准操作性的情况之下,立法中确立的证明标准究竟能够得到多大程度的遵守与贯彻,实在是无须论证也能够想象的了。因此,在定罪与量刑程序相分离的背景之下,我们可以根据死刑案件定罪阶段的证明标准将其表决规则设定为绝对多数裁断,而将量刑阶段的表决规则设定为一致裁断,以求真正达到控制死刑适用的目的。而在尚未实现定罪与量刑程序分离的前提下,则应该将死刑案件的表决规则确定为一致裁断,或者至少是绝对多数的裁断原则,以体现对于死刑的谨慎态度。当然,后者需要对审判组织规模进行适当的改革,如组建5人合议庭并规定必须达到4/5才可定罪的表决规则。

---

① 参见姚莉:《中国陪审制度的理论反思和制度重构》,载《法学家》2003年第6期。

不仅如此,将"简单多数"的表决规则修改为"一致裁断",使裁判者的自由心证最大限度地客观化,还可以避免情理推断带来的主观擅断问题。裁判者运用情理推断认定案情极容易导致自由心证的滥用,而缺乏外在的有效制约条件,如果在降低证明要求的同时仍然实行简单多数的表决规则,就会带来个体判断和集体评议两个层次的不确定性,但是,一致裁断规则却认为,只要裁判者都能够运用情理得出同样或类似的结论,这种情理就会在最大限度上具备某种客观性,否则就表明对被告人的罪行存在没有排除的合理怀疑,因此有罪裁决就不能成立。这一规则对于克服证明标准所固有的模糊性起到了极大的作用,最大限度地降低了证明标准降格适用和模糊适用的危险。这样,该规则不仅为证明标准提供了一种外部的判断标准和依据,还因为达到一致裁断的难度远比我国目前适用的简单多数表决规则的难度要大,因此切实贯彻落实这一表决规则的结果必然会实质性地保障证明标准的严格性,从而能够避免情理推断带来的主观擅断问题,有效解决了证明标准的操作标准和错判风险的平衡问题。

分析至此,本书的任务似乎可以暂时告一段落了,但是仅仅停留于此,难以避免此后在相关或不相关的问题上再出现似是而非的改革建议和以直觉论证的学术态度,从而在意识形态化的程序正义的诉求当中导致对社会而言极不可欲的后果。其实,本书进行的论证并非什么难以洞察的玄妙理论,只要动用一下细致的思维方式就可以发现上述问题,"我只是下了些笨工夫而已",也许,面对独特的中国问题,我们更需要的是一种后果主义的分析方式,在为司法改革献言献策的过程中,我们不能仅仅注意观点的新颖和理论的融贯,更应该投入心力的是考察社会的整体利益是否因为这些改革建议而受到实质性的损害。更进一步说,在研究具体问题时,我们应该更加清楚地了解我们自身的制度逻辑,并在此基础上为我们的改革寻找理论基础和改革路径,而绝对不能直接按照西方的制度逻辑照搬一些似是而非的改革措施。面对改革逻辑的混乱与不察,笔者深深感到厘清一项制度逻辑远比提出"看上去很美"的改革建议更为重要,也更为艰难。须知:对于改革理论基础和实际诉求的理解偏差极易导致某一制度的功能错位,并最终在学界集体失察的情况下对实践产生极其有害的结果!这种责任是任何人都无力承担的。也许,我们应当放弃大而化之的理念论证,而对制度逻辑进行深层次的追究。这应该成为我们每个学人的自觉追求。因此,笔者一贯坚持的学术立场就是放弃大而化之的理念论证(对于法学尤其是对于诉讼法学而言,很多的研究还远远没有上升到真正的理论论证层面,而仍然在理念论证的低层次水平上蹒跚徘徊,这正是诉讼法学迟迟无法出现学术批评的研究方法上的原因,也是我们应当予以深刻检讨和反思的),而对制度逻辑进行深层次的追究。我们应当避免和克服片面追求成果,而置后果于不顾的学术态度。"否则,我们与现代法治国家相比,很可能就只是表面上理论一致,实际上却是司法后果的重大差异。"[①]唯愿人同此心,心同此理。

[①] 左卫民、周洪波:《证明标准与刑事政策》,载《比较法研究》2006年第2期。

附录1：美国死刑案件证明标准改革之法理评议[*]

  2000年6月中旬，以美国哥伦比亚大学法学院刑事法学者为主体进行的一项研究结果表明，美国在1973年到1995年期间判处的全部死刑案件误判率竟高达68%，其中有三个州的死刑案件居然全部判错。[②] 这一令人触目惊心的调查结果促使美国司法界和学术界围绕着如何降低死刑误判率问题展开了旷日持久的激烈争论。在立法暂未废除死刑的既定语境下，对于死刑的程序控制成为美国学者普遍达成的共识，而其中，提高死刑案件的证明标准则成为十分重要的控制手段。美国纽约州上诉法院要求在死刑案件中，陪审团必须"排除一切合理怀疑"才能给被告人定罪。[③] 几个月后，马萨诸塞州州长委员会也提议：如果该州恢复死刑，则应该采取"确定无疑"的证明标准以取代先前在所有刑事案件中统一适用的"排除合理怀疑"的证明标准。伊利诺伊州也启动了相关的立法程序。[④] 美国学术界更是围绕着死刑案

---

[*] 陈虎，未刊稿，写于2010年，作为整体研究的资料准备，与正文相关但不属于中国问题，故放入附录。

[②] See James S. Liebman, Jeffrey Fagan, Valerie West, A Broken System: Error Rates in Capital Cases 1973–1995, Columbia Law School, Public Law Research Paper No. 15.

[③] See Brief for Appellant, at 338, *People v. Mateo*, 2 N.Y. 3d 383 (2004) (No. 21). William Glaberson, Killer's Lawyers Seek to Raise Standard of Proof for Death Penalty, *New York Times*, 11 Jan. 2004, at 27.

[④] Massachusetts Governor's Council on Capital Punishment, Final Report 22 (2004), available at http://www.mass.gov/Agov2/docs/5-3-04%20MassDPReportFinal.pdf.

件证明标准问题展开了激烈的争论。[①] 关于死刑案件证明标准的共识远未达成,因此联邦层面的立法仍然没有贸然进行,在美国,至今尚未出现死刑案件证明标准的全国统一规则。其实,不仅仅在美国,出于对死刑的慎重态度,根据刑事案件严重程度和案件类型而适用多元化和层次化证明标准的要求在全球范围内也日益涌现。如联合国《关于保护面对死刑的人的权利的保障措施》就要求对死刑案件的证明必须达到"对事实没有其他解释的余地"的程度。我国也有许多学者力主提高死刑案件证明标准以减少误判的发生和减少死刑的适用。正是在这一背景下,美国关于死刑案件证明标准问题的讨论才具有了更加普适的意义,正因如此,在对我国的相关制度进行改革之前了解这场争论的内在理路和改革措施的利弊得失,对于日益重视通过程序控制死刑适用的我国不无裨益。

一、死刑案件证明标准实践后果的争论

提高死刑案件证明标准引发的最大规模的讨论是:提高死刑案件证明标准是否有助于避免误判。改革者认为提高死刑案件证明标准有助于避免冤枉无辜者,减少错案,体现出对于死刑案件判决的慎重程度。但是反对者研究的结果却表明,这一判断仅在直觉上可以成立,真实情况并非如此乐观。

著名学者布莱恩·福斯特教授根据现有的定罪率水平,通过假定的形式计算出证明标准提高后的错误比率,结果发现,提高证明标准会导致定罪率的降低,但同时也将导致错误释放的罪犯数量的增

[①] 这方面的文献可谓汗牛充栋,感兴趣的读者可参阅 Craig M. Bradley, A (Genuinely) Modest Proposal Concerning the Death Penalty, 72 *IND. L. J.* 25 (1996); Elizabeth R. Jungman, Note, Beyond All Doubt, 91 *GEO. L. J.* 1065 (2003); Jon O. Newman, Make Judges Certify Guilt in Capital Cases, *Newsday*, 5 July 2000, at A25。

加,被错误释放的真正罪犯的数量与被错误定罪的无辜者的数量之间的比率将增加一倍左右,此外也将提高司法总体错误率。而如果降低证明标准,则结果正好相反。① 从这个角度而言,片面强调提高死刑案件证明标准实际上会导致倡导者始料未及的严重后果——在保护了无辜被告人的同时却更有可能放纵罪犯,从而危害社会的安全利益。这一研究成果对于美国提高死刑案件证明标准的改革无异于当头一棒,改革者无力回答为什么他们只片面强调提高死刑案件证明标准对于避免冤枉无辜者的正面作用,却无视提高死刑案件证明标准带来的放纵罪犯的后果这一问题。因此改革者如果不能很好地解决这一质疑,这一改革一旦实行,整个刑事司法体制就会面临巨大的正当性危机。

倡导者面对反对派的这一诘难,提出了以下两种解决方案:第一种方案是,在提高死刑案件证明标准的同时,为了避免放纵犯罪的后果发生,可以要求陪审团在判决一个人无罪时也必须达到一致裁断的程度,而对于那些不能一致裁断无罪也无法达到死刑证明标准的案件,则可以判处较死刑为轻的刑罚,以从轻量刑消解对于被告人罪行的不确定性的恐惧。第二种方案是,对于不能达到表决规则要求的有

---

① 福斯特教授用 P(G) 代表被告人事实上有罪的概率,用符号 P(~G) 代表被告人事实上无罪的概率,用符号 P(C) 代表定罪的概率,用符号 P(~C) 代表被告人并未被定罪的概率,而用符号 P(~G/C) 代表错误定罪率,从而设计出计算总体错误率的公式:P(G)-P(C)[1-2P(~G/C)]。他首先假定采用排除合理怀疑的证明标准的定罪率为70%,而80%接受审判的被告人事实上实施了被指控的犯罪行为,而有99%的被定罪的被告人是真正的罪犯。这样,在1 000名提交审判的被告人中,有10.7%的事实上有罪的被告人被错误地释放,而有0.7%的事实上无罪的被告人被错误地定罪,每当有15个真正的罪犯被错误地释放,就有1个真正的无辜者被错误地定罪,所有案件在总体上的错误率为11.4%。而在证明标准提高后,只有50%的被告人被定罪,每当有1个真正的无辜者被错误地定罪,就有更多的事实上有罪的被告人被错误地释放,具体的比率提高到61∶1,这时,尽管被错误定罪的真正的无辜者数量减少了2个,但是,逃避定罪的真正罪犯的数量却增加了198个,因此,所有案件在总体上的错误率由11.4%上升为31%。而一旦进一步提高证明标准,有40%的被告人被定罪,错误比率将进一步提高,所有案件总体错误率上升为40.8%。参见[美]布莱恩·福斯特:《司法错误论——性质、来源和救济》,刘静坤译,中国人民公安大学出版社2007年版,第81页。

罪判决并不直接宣告对被告人无罪释放,而是认定为"失审",重新组织陪审团进行审理,直至达到有罪判决的表决要求。

但是针对上述解决方案,反对者仍然针锋相对地予以反驳:第一种方案尽管可以达到防止放纵罪犯的效果,但同时也使得无辜者更容易被错误定罪,尽管不是错误地被判处死罪。同时,该方案规定必须达到一定的程度和符合一定的要求才能宣告无罪,等于在有罪证明标准之外又设置了针对无罪判决的证明标准,而我们知道,实际上证明标准仅指有罪证明标准,并不存在所谓的无罪证明标准,只要达不到有罪证明标准的要求就符合无罪释放的条件,而不应在两者之间再加入有罪和无罪无法确定的中间状态,为无罪判决设置证明标准的要求等于"疑罪从轻"的现代翻版,应当予以坚决摒弃。从表面上看,第二种方案似乎的确不容易造成对罪犯的放纵,但是实际上,更加不可能放过的是无辜的被告人。一旦这种方案得以实行,意味着只要不幸地被司法机关列为怀疑对象送入审判阶段,那么无非面临两种结局:要么无限期地接受不停的审判从而被一直关押,要么被陪审团错误地认定为有罪从而被投入监狱或被执行死刑,而无论何种结果都不是我们所希望看见的,不仅如此,这种方案还忽视了司法机关资源的有限性,频繁地对一起案件反复审理是任何司法制度都不可能做到的。

可见,上述理论方案都从一个极端走向了另一个极端,从片面地强调防止错误定罪到片面地强调防止错误释放,而没有在这两者之间取得一个恰当的平衡。那么,提高死刑案件证明标准的改革建议必须对这两种可能出现的实践后果予以同等程度的关注,以在犯罪控制和保障人权之间取得最佳的平衡。

二、死刑案件证明标准具体表述的争论

改革者认为,美国的死刑案件证明标准共分为九等,它们根据所涉及利益的重要性程度而有所区别。正如大法官 Harlan 所言:"证明标准代表的是这样一种努力:它告知关心确信程度的裁判者,我们的社会对于特定类型案件判决的事实结论的准确性有何要求。"①因此,不同的利益应当有不同程度的证明标准。因为如果涉及的利益重要性低的话,法律制度就能够容忍由于证明标准低而带来的错误成本,而如果涉及利益较高,错误成本就会变得无法忍受,因而必须通过提高证明标准的方式来降低这种错误成本。②按照这种逻辑,改革者进一步认为,由于死刑案件涉及生命利益,无疑具有最重要的性质,因此应该在刑事诉讼中科以比排除合理怀疑更高的证明标准。排除合理怀疑并非刑事诉讼中最高的证明标准。在两者之间还有一些不确定性,我们通常称之为"剩余的怀疑"。而排除合理怀疑是仅次于绝对确定程度的证明标准,因此死刑案件的证明标准就应该也只能是"绝对确定"的证明标准。

但是对于改革者所持的以上观点,反对者也提出了有力的反驳。反对者认为,首先,上述推论的前提就是不成立的,证明标准并非仅仅根据案件所涉及的利益重要程度不同而设置。如美国学者弗里德曼就认为,刑事定罪并不总是比民事惩罚更严重,一个涉及百万美元的损害赔偿的民事判决对于大多数人而言,要重于在监狱中被监禁一周。因此,刑事案件的证明标准比民事案件的证明标准要高就不能从这种理论中得到合理的解释,正确的解释应该是:民事案件即使判错,也只会使得金钱支付在原告和被告之间流转,而不会导致社会财富总量的变化,但是刑事案件一旦判错,一个人的损失不会成为另

---

① *In re Winship*,397 U.S.358,370(1970)(Harlan J.,concurring).
② 美国民事案件仅要求优势证据,即51%对49%的微弱证明优势就可以对案件作出判决。这实际上是通过这种证明标准在原告和被告之间平均地分配了审判可能带来的错误风险,而刑事案件由于涉及被告人的人身、财产甚至生命价值,发生错误后所产生的影响十分巨大,非民事案件可比,因此通过科以排除合理怀疑或内心确信等高标准的证明要求将误判的风险分配给了占据优势资源的公诉机关,在这种证明标准下,被告人能够尽可能少地被错误定罪,因此承担了尽可能低的错误风险,因而被认为是一种符合刑事诉讼本质的证明标准。

一个人甚至社会的收益,刑罚只会造成利益的丧失,而非转移,所以对施以刑罚应当更加谨慎。① 这一观点是十分具有启发意义的。还有学者对生命利益比一般自由利益更为重要的传统观点提出了质疑,至少在该学者看来,非死刑案件被告人的利益与死刑案件被告人的利益同样重要,因为死刑案件会有很多的定罪后的救济机制,但是非死刑案件的救济机制就要少得多,而且国家也没有更多的提供这种救济的义务,实际上,非死刑案件的被告人要比死刑案件的被告人有更少的机会推翻原判,因而对于非死刑案件而言,其判决的终局效力要强得多。既然这样,似乎应该给非死刑案件被告人更多的程序保护才对。② 其次,在美国,由于存在很多定罪后的救济制度(post-conviction challenges),并非所有的死刑案件的错误定罪都会导致死刑的错误执行,因为有些死刑判决在后来被推翻,也有些被告人在执行死刑之前就自然死亡。由于存在没有执行死刑的情况,所以其所产生的损害未必一定比普通刑事案件判处监禁所产生的损害要大,至少,死刑案件错误定罪所产生的实际损害比上述假设要小。最后,即使我们认为证明标准的确应该根据涉及利益的重要程度有所区别,实践中死刑案件也已经在按照不同于一般刑事案件的更高证明标准在操作。实际上,尽管近150年来美国一直适用"排除合理怀疑"作为所有刑事案件的证明标准,但是在操作层面上,陪审员对于不同类型的案件所适用的具体标准也有所不同,比如 Erik Lillquist 教授就发现,对于交通犯罪和谋杀犯罪,陪审员的确信程度就有很大的不同。③ 因此,从这个意义上说,根据涉及利益不同而有不同程度的证明标准的

---

① 参见〔美〕大卫·D. 弗里德曼:《经济学语境下的法律规则》,杨欣译,法律出版社2004年版,第2—3页。
② Erik Lillquist, Absolute Certainty and the Death Penalty, 42 *Am. Crim. L. Rev.* 45(2005).
③ Erik Lillquist, Recasting Reasonable Doubt: Decision Theory and the Victims of Variability, 36 *U. C. Davis L. Rev.* 85(2002).

要求在实践中已经得到运用。死刑案件已经获得了一种不同于一般刑事案件的证明标准。仅仅凭借这一理由似乎并不能为死刑案件证明标准的提高提供充足的理由。死刑案件证明标准是否应当提高还值得进一步商榷。但是,至少可以肯定的是,死刑案件证明标准的提高不能从这种理论中找到坚实的依据。

不仅如此,反对者对于"确定无疑"的证明标准本身也提出了有力的质疑。首先,该标准在实践操作上是不可能达到的。在诉讼证明中如果想要达到排除一切怀疑的程度是完全不可能的事情①,"除非我们确认一个人有罪,否则就不应对其施以刑罚,但是,据此标准将没有人会受到惩罚,最有力的证据也只是使一种可能性成立"。"如果我们要给一个人定罪,我们肯定是在缺乏绝对证据的基础上进行的。"②"确定无疑"是一个主观标准而非客观标准,因此对其的适用仍然会高度不统一。正因为如此,英美法系才采用了仅次于"排除一切怀疑"的"排除合理怀疑"作为刑事案件的证明标准。如果排除一切怀疑的绝对确定的证明标准能够达到,也就意味着我们将永远不会误判死刑案件,而这是不可能的,实际上,就连改革者自己也认为这一改革只能减少死刑误判,而不能杜绝死刑误判,这是自相矛盾的。其次,该标准在逻辑上是不合理的。人们普遍认为,排除合理怀疑中的"怀疑"一定应是合理的怀疑,而不应包括没有任何根据的、吹毛求疵的怀疑,换句话说,不合理的怀疑不能够影响对被告人的定罪。因此,排除合理怀疑已经是理论上能够想象的最高标准了,而所谓的"排除一切怀疑"的证明标准与其相比,如果说能够体现出证明的更高要求的话,就是还要"排除一切不合理的怀疑"才能给被告人定罪,这种逻辑上的推演是极为滑稽可笑的,并会导致任何

---

① 美国的证据理论中规定了九种证明程度,而绝对确定这一证明程度被认为不可能在诉讼活动中达到。
② 〔美〕大卫·D.弗里德曼:《经济学语境下的法律规则》,杨欣欣译,法律出版社2004年版,第2页。

无根据的、猜测的怀疑都无法给被告人定罪,并最终使得刑事审判演变为一场难以忍受的闹剧。所以美国有学者才为排除合理怀疑标准辩护,认为它实际上已经是最高的标准,其他所谓的更高标准只是一种理论上的建构,而不会给诉讼带来任何有实质意义的帮助。①

那么,焦点似乎就集中在以下问题之上:既然排除合理怀疑是仅次于确定无疑的证明标准,而确定无疑的证明标准在逻辑上又不能成立而且无法达到,那么排除合理怀疑是否能够胜任保障死刑案件判决准确性的责任呢?如果可以,为什么在以往的司法实践中又出现了提高死刑案件证明标准的呼声?如果不可以,是否就意味着死刑案件的证明标准处于进退维谷的艰难境地而无法作出完全科学的规定?

其实,按照美国学者的解释,排除合理怀疑的证明标准在证据确定性的要求上已经非常高了,比如 Weinstein 法官在 *United States v. Fatico* 案中就以量化形式表达了各种证明标准的证明要求,其中,优势证据要求 51% 的确信程度,清楚而有说服力的证据要求 70% 的确信程度,排除合理怀疑则要求至少达到 95% 的确信程度。一直以来,尽管美国联邦最高法院都在强调死刑案件与其他一般刑事案件不同,但始终没有运用不同的证明标准,相反,美国联邦最高法院和国会都认为现有的标准已经足够了。② 因此,由证明标准导致的错误定罪的问题绝对不是标准设置的问题,更多的是实际操作层面的问题。实际上,排除合理怀疑证明标准的起源与美国和英国的公众对死刑的抵制态度有关,最初就是为了保障死刑判决的准确性和防止罪犯被轻易地

---

① 如美国著名学者福斯特教授认为,"在坚定的确信和不坚定的确信之间存在的边界本身就不甚确定"。参见〔美〕布莱恩·福斯特:《司法错误论——性质、来源和救济》,刘静坤译,中国人民公安大学出版社 2007 年版,第 78 页。

② Leonard B. Sand, Danielle L. Rose: Proof Beyong All Possible Doubt: Is there a Need for a Higher Burden of Proof When the Sentence May Be Death?, *Chicago-Kent L. Rev.*, 2003 vol. 78, p. 1365.

判处极刑而专门设置的程序措施①,只是后来,由于死刑在司法体系中的作用日益降低②,该标准才平等地适用于所有类型的刑事案件。但也正是由于排除合理怀疑的证明标准不再仅仅适用于死刑案件,所以对其适用的标准也才逐渐放松。正如 Steve Sheppard 教授指出的那样,由于19世纪、20世纪陪审团指示措辞的变化,"对陪审员判决无罪的责任开始增加,而对定罪的证据要求则开始下降"③。可以说,在过去的150年中,排除合理怀疑是一个一直被不断弱化的标准。过去几十年间所做的经验研究也表明,在实践中,陪审员经常在决定给被告人定罪时只要求70%甚至更少的确信程度,现在法官对陪审员就该标准的指示以及陪审员对该标准的实际应用都比排除合理怀疑在19世纪初期的要求要低得多。而美国法律出现以更高的证明标准取代排除合理怀疑的证明标准正与此有关:即在实践中陪审团日益降低了该标准的确信程度,从而使得该标准本来具有的保障事实认定准确性的功能大打折扣,因而急需提高证明的确信程度,以弥补该标准在实践中的降低程度。以此观之,西方对死刑案件证明标准的反思和提高死刑案件证明标准的呼吁似乎有了"取法乎上,得乎其中"的意味,是在证明标准理论与实践掌握尺度有重大区别的前提下对确定性的一种保障手段。

既然排除合理怀疑曾经在历史上是运作良好的死刑案件的证明标准,而确定无疑的证明标准在逻辑上和操作上都存在着严重的问

---

① See Larry Laudan, Is Reasonable Doubt Reasonable?, 9 *Legal Theory* 295, 297 (2003), at 325,该文认为,排除合理怀疑最初只适用于死刑案件,而不适用于上诉程序;Steve Sheppard, The Metamorphoses of Reasonable Doubt:How Changes in the Burden of Proof Have Weakened the Presumption of Innocence,78 *Notre Dame L. Rev.* 1165,1170-73(2003),该文也认为,排除合理怀疑在早期甚至仅仅适用于死刑案件。

② See Larry Laudan, Is Reasonable Doubt Reasonable?, 9 *Legal Theory* 295, 297 (2003), at 324-35,该文表明,美国每年有不到300人被判处死刑。

③ Steve Sheppard, The Metamorphoses of Reasonable Doubt:How Changes in the Burden of Proof Have Weakened the Presumption of Innocence, 78 *Notre Dame L. Rev.* 1165, 1170-73 (2003), at 1169.

题,那么我们当然不应再迷信于提高死刑案件证明标准,而应该对现有的证明标准在操作手段上加以制度性设计,以保证其确信程度的要求能够得到真正的贯彻。

三、解决办法:死刑案件证明标准的选择及操作手段

通过以上的分析,我们已经看到,美国学者对于提高死刑案件证明标准问题的争论已经十分的深入,并没有停留在政治正确的改革必要性的分析层面,而是深入到改革的实践后果和具体操作层面,也就是改革可行性的论证和设计上,这与我国司法改革的学术研究的态度恰成对照。在这场旷日持久的论战中,美国学界主要提出以下几个比较有代表性的改革思路。

1. 法官指示制度的改革

这种改革方案认为,只要对法官指示程序进行一定的改革就能解决所有问题。这些改革建议包括:首先,应当改变法官指示的时机。现行的指示规则要求法官在庭审结束后陪审团退席评议前听取法官对证明标准的指示,但是有学者认为,这一指示往往形同虚设,因为陪审员不可能在听完整个庭审以后再根据法官的指示重新回想一遍自己接触过的所有证据并根据该标准在内心建立一种确信,实际上真正的裁决形成过程在陪审员接触证据的那一刻就已经完成了。证明标准在此时的出现对于真正的裁决来说已经没有任何意义了,因此学者建议法官应当在法庭开始审判之前,包括部分案件量刑程序开始之前,就告知陪审员该案适用的证明标准的含义和要求。只有这样,我们才能期望证明标准能够从始至终对陪审员的心理过程产生实质的影响。其次,应当改变法官指示中对证明标准的措辞。经验研究日益揭示出法官对排除合理怀疑标准指示的模糊性和不可操作性,因此有学者建议改变原来的指示模式,将死刑案件证明标准的指示改为:"尽

管你已经以排除合理怀疑的证明标准认定被告人犯下了杀人罪,但我们发现仍然有少数陪审员对于定罪问题存有怀疑。为了尽力确保不枉杀无辜者,法律要求在被告人被判死刑之前,陪审团必须没有任何怀疑地一致裁断被告人实施了犯罪。"[1]

但是,即使这些改革方案被采纳,事情就一定会发生变化吗?陪审员的裁决过程是否真的受到证明标准的影响呢?这种影响在多大程度上是真实的,又在多大程度上是被建构出来的?很多学者对这一改革思路都提出了自己的质疑。首先,陪审员可能根本就没有听法官的指示;其次,即使陪审员的确认真听了,但却未必能够真正理解法官指示中的具体表述;最后,即使陪审员真的听懂了法官指示的具体要求,其也未必会真正按照这一指示进行自己的裁判。现代心理学研究成果进一步证明了陪审员内心确信的形成过程其实与外界对证明标准的理论界定关联甚小。既然如此,保障证明标准可操作只能另寻他途。

2. 定罪与量刑程序的分离

美国审判程序尽管分为定罪和量刑两个相对独立的程序并适用不同的证据制度和诉讼规则,但是两个阶段所适用的证明标准却没有任何区别[2],美国学者正是敏锐地抓住了这一重要的程序特点,提出了极富创造性的设想。即以美国诉讼制度中的定罪与量刑程序的分离为制度前提,分别针对定罪证明标准和量刑证明标准提出改革建议,以有效解决在两种错案之间的平衡关系。

---

[1] Craig M. Bradley, A (Genuinely) Modest Proposal Concerning the Death Penalty, 72 *IND. L. J.* 25 (1996).

[2] 尽管从表面上看来,这种论断成立,但如果深究下去的话,我们会发现,由于定罪和量刑阶段适用完全不同的程序和证据规则,比如一些非法证据、传闻证据、品格证据都可以在量刑阶段采纳,公诉方的证明难度大大降低,因此从这个意义上来说,这种制度设置也等于是实质性地降低了量刑阶段的证明标准,因而表面上相同的确定程度的要求实际上却有着差别极大的适用效果。

关于这种设想,可以根据其具体细节设计上的不同又分为两派不同的阵营。

一派观点认为,应当将现有的"排除合理怀疑"的定罪标准修改为"排除一切怀疑",而量刑阶段的证明标准可以保持不变。持这种观点的学者认为这样做可以抑制控方寻求死刑判决的动力。因为之前的许多研究发现,检察官常常提起疑点重重的死刑案件控诉,其原因就是排除合理怀疑的定罪标准仍然允许不确定性的存在,因此检察官往往愿意冒一定的风险提出死刑指控,但是如果我们提高定罪的证明标准,一旦达不到定罪要求就只能释放被告人,这样,为了防止败诉风险和放纵罪犯,检察官随意提起疑点重重的死刑案件控诉的可能性就会大大降低,从而通过事先限制而非事后限制的方法从源头上减少死刑的适用。而且,要求在定罪阶段就达到确定无疑的程度会使得裁判过程充满了非人性和非理性的色彩,陪审员相信被告人有罪但是又不能排除很细微的疑问,就无法给被告人定罪,这无论如何在情感上都是不能接受的。很明显,这种方案虽然认识到了应当结合定罪与量刑程序的分离这一制度背景,区分定罪标准和量刑标准这一解决问题的思路,但仍然未能减轻提高证明标准后带来的放纵罪犯的负面作用,因此使得定罪标准和量刑标准的划分没有任何意义。

另一派观点则认为,应当将死刑案件的量刑标准提高为绝对确定的程度,而定罪标准则保持现有的排除合理怀疑标准不变。这派观点以 Koosed 教授、Bradley 教授、Newman 法官和 Leonard B. Sand 法官为代表[①],主要理由是,这样做可以继续发挥排除合理怀疑标准的定罪功

---

① Craig M. Bradley, A (Genuinely) Modest Proposal Concerning the Death Penalty, 72 *IND. L. J.* 25 (1996); Margery Malkin Koosed, Averting Mistaken Executions by Adopting the Model Penal Code's Exclusion of Death in the Presence of Lingering Doubt, 21 *N. ILL. U. L. Rev.* 41, 111-24(2001).

能,又不至于因为过高的证明标准而放纵罪犯,同时通过提高量刑标准使得存在疑问的案件的被告人不会被判处死刑,即使在定罪阶段可能冤枉无辜者,但只要不被执行极刑,就会有多种途径推翻错判,不至于造成不可挽回的生命损失。而且由于保留了定罪阶段的原证明标准,而仅仅提高了量刑标准,所以这种改革方案可以更好地保证司法制度不至于受到这种改革的巨大冲击,而保持基本的稳定。这是目前为止学界提出的最具可行性的方案,在防止错误定罪和防止错误释放之间取得了最佳的平衡。现在美国学者普遍支持第一种方案。

沿着第二种方案的思路,甚至还有学者认为应当进一步降低定罪阶段的证明标准而将量刑阶段的证明标准提高到绝对确定的程度。这种做法明显采取了更倾向于打击犯罪的立场,从而放松了对定罪的证明要求,以扩大刑法的打击面。对于这种观点,我们有必要重温一下先贤布莱克斯通的名言:"宁可错放十个有罪的人也不枉判一个清白的人。"①很少有人注意到这段名言之中的数字对比关系,很显然,美国的价值观念是把避免冤枉无辜者看成比避免错误释放更为重要的价值,在这种价值观念的引导下,定罪标准就应该维持在一个比较高的水平但是又不至于无法给罪犯定罪,正是这种观念才使得排除合理怀疑成为英美法系沿用至今的定罪标准,而该改革方案违背了这种公众信念,这种过分强调犯罪控制的改革方案在美国这个较为重视正当程序和公民权利的国度里并不容易引起共鸣,而且极为容易加剧冤枉无辜者的可能性。

3. 一致裁断表决规则的辅助

陪审员个体的内心世界是不可把握的,法律制度在这方面只能承

---

① 〔美〕大卫·D. 弗里德曼:《经济学语境下的法律规则》,杨欣译,法律出版社2004年版,第2页。

认自己的局限性,为了对裁判过程加以程序性的控制,我们应该把注意力集中在法律制度可以有所作为的外部行为领域,在集体决策层面控制陪审员的决策。而最具有可行性的方案就是通过提高表决规则的要求来贯彻证明标准的要求。在美国,为了使排除合理怀疑的证明标准能够有外部的监控和制约手段,历史上将表决规则规定为陪审团只有达到一致裁断才可定罪。因为只要有一名陪审员对有罪裁决持有异议,就表明对被告人的罪行存在没有排除的合理怀疑,因此有罪裁决就不能成立。在 *Johnson v. Louisiana* 案中,上诉人约翰逊(Johnson)就认为:"路易斯安那州为了在所有刑事案件中都实质性地满足美国宪法第十四修正案正当程序条款所要求的排除合理怀疑的标准,该条款应被解释为在所有刑事案件中都要求一致的陪审团裁决。"在 *Apodaca et al. v. Oregon* 案中,上诉被告人也曾主张:为达到排除合理怀疑的标准,必然要求陪审团的一致性裁决。这种强调一致裁断的证明标准对于克服证明标准所固有的模糊性起到了极大的作用,最大限度地降低了证明标准降格适用的危险。当然,在美国沿用了150年之久的排除合理怀疑证明标准背景之下,也存在着这样一个不容忽视的问题——仅仅一个人的不同意并不代表其怀疑就是合理的,因为陪审团裁断不需说明理由,人们很难对该异议裁判者的心证过程进行实质性的监督,往往外行陪审员仅仅根据自己的怀疑——而未必一定是合理怀疑——就对定罪表示反对。因此,有学者对这种排除合理怀疑的标准与一致裁断的表决规则之间的关联性提出了质疑,正是因为如此,在美国出现了两个判例松动了传统的一致裁断原则的背景下,各司法区仍然保留了在死刑案件中的一致裁断要求,因为排除一切怀疑与排除合理怀疑之间最重要的区别就在于,这种怀疑可以是不合理的,只要有任何的怀疑都可以免予死刑宣判,所以,任何一个陪审员的异议都会导致死刑判决无法作出。我们甚至可以大胆地假设,正是由于出现了对于死刑判决更为慎重的要求,为了体现出死刑案件和一般刑事案件在具体操作标准上的区别,才将一般刑事案件表决规则的要求予以降低,以与其较低的证明标准相吻合。可见,美国的证明标准是和其表决规则相互对应的。而从功能角度来说,这种表决规则不仅为证明标准提供了一种外部的判断标准和依据,还因为达到一致裁断的可能性远比其他表决规则要低,因此切实贯彻落实这一表决规则的结果必然会实质性地降低死刑的适用率。而如果仅仅在口头上强调提高死刑案件证明标准,但是对于该标准的保障手段缺乏制度设计的话,这一目的是否能够达成就十分值得怀疑了。

结 语

本书的分析旨在揭示对抽象问题加以具体分析的一种可能性,并倡导一种对具体问题加以宏观思考的整体的改革观。证明标准的问题不仅仅是一个逻辑定义的问题,也不仅仅是一个哲学玄思的问题,更不是完全没有意义的乌托邦工程,我们在配套制度的构建上缺乏创造、缺乏沉思,但不能让证明标准本身来承担最后的责任。不容否认,作为前驱性的研究,我国学者还是做了大量的卓有成效的贡献的,这也是为笔者深深敬佩的。但遗憾的是,相关问题的探索包括很多问题的研究都有不够深入之嫌,口号式的对策性建议的提出似乎就是研究者唯一的归宿和目标,一旦提出改革口号,分析任务就到此结束,而将大量的问题和后果留给了法律修改后的真实世界,而"理论"却可以罔顾实践中的混乱装作大踏步地前进!这种现象似乎并不应该发生。还好,美国学者的相关研究已经为我们开拓了眼界,提供了一种对玄虚的证明标准加以程序控制的方法借鉴,通过表决规则和程序结构的重构,我们完全可以将死刑案件证明标准的程序功能发挥到极致,并尽量避免其负面效果的产生。我们的改革似乎更应该从美国学界的相关争论中学到更多面对具体问题的思维方式和分析态度。我们应该清楚地知道,这是一个"通过程序实现法治"的时代,但更是一个通过细致的制度建构和点滴的学术努力才能实现这一理想的时代!

附录2：江西省高级人民法院、江西省人民检察院、江西省公安厅《关于规范故意杀人死刑案件证据工作的意见（试行）》

（2017年11月15日发布　赣高法发〔2007〕38号）

为正确认定故意杀人死刑案件事实,进一步规范刑事证据的收集、审查、判断和运用等工作,确保死刑案件的办理质量,根据《中华人民共和国刑事诉讼法》、最高人民法院《关于执行〈中华人民共和国刑事诉讼法〉若干问题的解释》、最高人民检察院《人民检察院刑事诉讼规则》、公安部《公安机关办理刑事案件程序规定》等相关规定,结合我省工作实际,制定本意见。

一、一般规定

第一条　本意见所称故意杀人死刑案件,是指涉案犯罪嫌疑人、被告人故意实施非法剥夺他人生命的行为,可能被判处死刑的案件。

第二条　证据是指能够证明案件真实情况的一切事实。证据有以下几种：

（一）物证、书证；

（二）证人证言；

（三）被害人陈述；

（四）犯罪嫌疑人、被告人供述和辩解；

（五）鉴定结论；

（六）勘验、检查笔录；

（七）视听资料；

（八）电子数据证据。

以上证据必须具有客观性、关联性和合法性，并经查证属实，才能作为定案的根据。

第三条　人民法院、人民检察院、公安机关应当全面地收集、审查、判断证据。证据材料应由法定主体收集和提出，具备法定形式，收集的程序和方法符合法律规定。严禁刑讯逼供、暴力取证和以威胁、引诱、欺骗及其他非法方法收集证据。

以刑讯逼供方式取得的犯罪嫌疑人、被告人供述，或以暴力取证方式取得的证人证言，以及以威胁、引诱、欺骗等非法方法取得的犯罪嫌疑人、被告人供述、被害人陈述、证人证言，不能作为指控和证实犯罪的根据。

第四条　需要运用证据证明的案件事实包括：

1. 犯罪嫌疑人、被告人的身份、犯罪时的年龄等情况；

2. 犯罪嫌疑人、被告人犯罪时的精神状态及有无刑事责任能力；

3. 犯罪嫌疑人、被告人是否属于又聋又哑的人或盲人；

4. 女性犯罪嫌疑人、被告人是否怀孕；

5. 犯罪行为是否存在；

6. 犯罪行为是否为犯罪嫌疑人、被告人实施；

7. 犯罪嫌疑人、被告人实施犯罪行为的时间、地点、手段、后果；

8. 行为与结果之间有无因果关系；

9. 被害人的情况；

10. 犯罪嫌疑人、被告人有无罪过以及罪过的形式；

11. 是否存在正当防卫或防卫过当、紧急避险或避险过当及意外事件的情形;

12. 是否存在犯罪预备、未遂、中止等犯罪未完成形态;

13. 共同犯罪人在共同犯罪中的地位、作用;

14. 有无累犯等法定从重处罚情节;

15. 有无自首、立功等法定从轻、减轻或者免除处罚情节;

16. 案件起因、行为人作案动机、被害人有无过错或对引发案件是否负有责任、被害人及其亲属的经济损失是否得到积极赔偿、被害人或其亲属是否谅解等酌定量刑情节;

17. 犯罪嫌疑人、被告人是否有违法犯罪前科、主观恶性及人身危险性大小;

18. 其他与定罪量刑有关的事实。

第五条 下列事实不需要证明:

(一)常识性的事实;

(二)自然规律和定理;

(三)国内法律的规定及其解释;

(四)不存在争议的程序性事实;

(五)公知的其他事实。

第六条 下列事实推定为真实,但有相反证据足以推翻的除外:

(一)已为人民法院发生法律效力的裁判所确定的事实;

(二)已为仲裁机构的生效裁决所确认的事实;

(三)已为有效公证文书所证明的事实;

(四)国家机关公文、证件上记载的事实。

二、证据的收集、固定工作

第七条 侦查机关应当依法全面、及时收集证明犯罪嫌疑人有罪或者无罪、罪重或者罪轻等涉及案件事实的各种证据。

第八条 对于与犯罪有关的场所、物品、人身、尸体等,应当进行勘验或者检查,及时提取与案件有关的物证、书证等,并通过现场拍照、摄像、石膏固定等方法,采用全景、概貌、特写、细节特征对应等形式,对需要提取的物证及其环境关系进行固定。

应当注意查明现场有无伪造、变动或破坏;现场尸体、遗留物品、痕迹(包括指纹、足迹、血迹、毛发、体液、人体组织等)的位置和特征。并制作现场勘验、检查笔录。

应当注意收集、提取现场遗留的被害人血迹和其他可疑血迹、可疑毛发、体液、指纹、足迹、现场可疑痕迹、遗忘物、遗留物等以及可能与被害人损伤有关联的现场工具。同时,应当收集、提取犯罪嫌疑人身体及抓获时所穿服装上的可疑血迹、痕迹,抓获现场存放的可疑工具、可疑毒物及容器等。还应当注意检查被害人指甲中是否存留犯罪嫌疑人的表皮等人体组织。

对所收集、提取现场遗留的与犯罪有关的血迹、精斑、毛发、体液、指纹、足迹、人体组织等生物物证、痕迹、物品,应当及时进行鉴定,并与犯罪嫌疑人的相应生物检材、生物特征、物品等作同一性认定。

第九条 在尸检工作中,除对明显伤痕进行检查外,还应当进行全面检查,对死因不明的尸体应当进行系统解剖。特殊情况没有进行系统剖检的,应当说明理由。

对共同犯罪造成多种创伤痕迹的尸体,应当进行损伤痕迹的系列固定,包括死者衣服裂口、皮肤表面、内脏器官、组织等,创口大小、形态要逐一详细记录。对于解剖时剖开的创口,还应并拢还原后,附比例尺进行拍照。同时,应当将致命凶器与被害人伤口进行比对,以查明被害人的死亡原因。

对于女性尸体进行尸检时,应注意收集、提取犯罪嫌疑人残留在女性被害人口唇、乳房等处的唾液、咬痕,女性被害人的阴道分泌物、遗留物,女性被害人的内裤等,并及时进行鉴定。

根据案件侦破情况,多次进行勘验、检查的,或根据犯罪嫌疑人供述进行补充勘验、检查的,应当予以具体说明。

第十条　证明案件发生的证据,包括报案人、现场发现人对被害人死亡、失踪及现场情况的证言,犯罪嫌疑人自首时所作的供述、在押人员检举揭发材料、公安机关接处警记录、接受刑事案件登记表、刑事案件立案决定书等。

第十一条　证明被害人死亡原因的证据,包括尸体检验报告、作案工具等物证及犯罪嫌疑人供述等。尸体检验报告应当全面、具体地描述尸体损伤情况,正确记载损伤部位和损伤程度,客观推断死亡原因、死亡时间。特别注意查明犯罪嫌疑人供述的杀人情况与尸体检验报告、作案工具能否吻合。

确认被害人身份的证据,包括被害人身份证件及户籍证明,被害人亲属、犯罪嫌疑人证明被害人身份的证言和供述,被害人亲属对被害人尸体及衣物等的辨认笔录;现场勘验笔录、尸体检验报告。

被害人尸体高度腐败或死后被肢解、毁容导致无法辨认的,侦查机关应当进行法医学 DNA 鉴定,以确认死者的身份。

被害人身份无法确认的,侦查机关应当作出书面说明。

第十二条　证明作案工具的证据,包括作案工具实物和作案工具的提取笔录。侦查机关应当提取作案工具并经犯罪嫌疑人或相关证人辨认,且需查明作案工具的来源;对作案工具上的指纹、血迹、毛发等痕迹应当进行检验或鉴定。非作案现场提取作案工具的,在提取笔录中应当载明,是侦查机关提取在先,还是根据被告人供述抛弃、藏匿作案工具的地点后提取的。

收集不到作案工具的,侦查机关应当作出书面说明。

第十三条　证明犯罪嫌疑人年龄的证据,主要包括户籍证明、户口底册、身份证、出生证、人口普查登记表等书证。无上述书证,或者犯罪嫌疑人及辩护人对上述书证提出异议的,侦查机关应当结合犯罪嫌疑人的供述及其近亲属或接生者、邻居证言等有关证据综合认定,必要时可对犯罪嫌疑人进行骨龄鉴定。

第十四条　证明案件起因的证据,包括犯罪嫌疑人供述、被害人陈述、证人证言以及书信、日记等相关书证。侦查人员应当注意查明犯罪嫌疑人是否受人雇佣、指使;犯罪嫌疑人与被害人之间有无矛盾;是否因邻里纠纷、婚姻家庭矛盾等引发;被害人一方有无过错或对矛盾激化是否负有责任。

第十五条　证明犯罪嫌疑人主观上具有杀人故意的证据,包括犯罪嫌疑人供述、被害人陈述、证人证言等。应当注意查明犯罪嫌疑人出于何种杀人动机;通过分析犯罪嫌疑人的年龄、智力、文化程度、犯罪手段、打击部位、打击力度以及起因、犯罪嫌疑人与被害人的关系、作案现场环境、作案后的态度等情况,综合判断犯罪嫌疑人当时的主观心理状态。

第十六条　证明犯罪嫌疑人是否实施犯罪行为的证据,包括证明犯罪嫌疑人是否具有作案时间、案发时是否在作案现场和是否具备作案条件等方面的证据。

侦查机关应当收集犯罪嫌疑人案发前后详细活动情况的证据,确认其是否具有作案时间。如犯罪嫌疑人提出没有作案时间的辩解,必须查明该项辩解能否得以合理排除。通过审查有无目击证人,现场勘验、检查笔录、鉴定结论反映的情况是否与犯罪嫌疑人的供述相吻合,确认案发时犯罪嫌疑人是否在作案现场。如犯罪嫌疑人提出不在作案现场的辩解,必须查明该项辩解能否得以合理排除。

利用特殊手段或专业技术手段杀人的案件,还应当收集有关犯罪嫌疑人职业、工作经历、专业知识背景等方面的证据,确认其是否具备作案条件。

第十七条　对于锐器刺、砍和钝器打击致死案件,应当注意查明创伤由哪一类凶器形成、创伤的程度、凶器的来源和去向、缴获的凶器是否与创口、伤情相吻合等。凶器上如有指纹、血迹和毛发等的,应当及时进行鉴定。

第十八条　对于枪杀案件,应当查明现场是否遗留枪支、弹壳、弹头并及时提取;对提取的枪支、弹壳、弹头应当作出同一性鉴定;应当对弹痕、弹迹、弹道等进行科学技术鉴定;将提取的枪支、弹壳、弹头与被害人的创伤及创伤周边残留物进行比对。同时还应当查明枪支弹药的来源、型号、性能,犯罪嫌疑人有无使用枪支的经历以及是否曾经使用过提取的枪支。

第十九条　对于爆炸杀人案件,应当提取现场残存的爆炸物或装配爆炸物的痕迹;并需查明爆炸物的来源和犯罪嫌疑人对爆炸物品的接触、熟悉程度,引爆点位置、引爆装置、爆炸物的成分,同时需确认犯罪嫌疑人是用爆炸手段杀人还是杀人后通过爆炸手段毁尸灭迹。

第二十条　对于投毒杀人案件,应当查明毒物的性质和来源,犯罪嫌疑人对毒物的认知程度以及有无购买、保管、持有、使用毒物的条件;应当提取盛放毒物的器皿、包装物、食物残渣残液、呕吐物、排泄物以及上述容器、包装物表面指纹、特殊痕迹等,并及时进行鉴定。

第二十一条　对于群殴杀人案件,应当查明犯罪嫌疑人与被害人发生冲突的原因以及是否存在正当防卫或防卫过当的情形,注意区分主从犯;查明各犯罪嫌疑人使用的凶器、加害行为与对应的被害人及其死亡结果之间的因果关系,以确定直接责任人。应特别注意查明各犯罪嫌疑人之间是否存在相互推诿或者代他人承担罪责的情形。

第二十二条　对于毁尸灭迹案件,应当查明原始现场、抛尸现场,并提取原始现场、抛尸现场、运尸工具上遗留的痕迹等物证;及时寻找并提取尸体各部分残骸、毁尸工具、运送尸体残骸的包装物等。查明毁尸工具、毁尸手段与尸体残骸上的断痕是否相符以及抛尸地点与犯罪嫌疑人供述是否一致;运送尸体残骸的包装物的来源能否反映系犯罪嫌疑人所有。

第二十三条 侦查机关对所收集的与犯罪有关的犯罪工具、物品等证据材料应当妥善保管,在案件的生效判决作出前,不得损毁、丢失或者擅自处理。

对需送交鉴定的检材应当单独存放,妥善保管,并及时逐一鉴定,防止因时间延误或被污染等而丧失鉴定价值。

第二十四条 除上述相关规定明确需鉴定的外,对下列情况,侦查机关也应当进行鉴定:

(一)有证据证明犯罪嫌疑人作案动机、作案过程违背常理,犯罪前后言行表现明显异常,有精神异常史、精神病家族史,可能患有精神病致使不能辨认或者不能控制自己行为的;

(二)被害人人身伤害、残疾的程度、非正常死亡的原因;

(三)与案件事实相关的重要文书、字迹等书证;

(四)犯罪嫌疑人、被告人可能系未成年人而又无有效年龄证明的;

(五)其他应当鉴定的事项。

第二十五条 公安机关、人民检察院在庭审前多次进行鉴定但鉴定结论不一的,多个鉴定结论应当全部移送人民法院,并说明采纳其中之一的理由。

第二十六条 确认犯罪嫌疑人犯罪时是否患有精神病,应当由受委托的省级人民政府指定医院进行司法精神病鉴定,以认定犯罪嫌疑人犯罪时有无刑事责任能力及刑事责任能力的大小。

确认犯罪嫌疑人是否具有智力障碍,应当依据相关的医学诊断证明或鉴定结论进行认定。

确认犯罪嫌疑人是否为聋哑人或盲人,应当依据残疾状况鉴定结论或医学证明进行认定。

确认女性犯罪嫌疑人是否怀孕,应当依据县级以上人民医院出具的妊娠情况证明进行认定。

第二十七条 讯问犯罪嫌疑人的讯问笔录应当注明讯问的起止时间和讯问地点。每一份讯问笔录都应当附卷并随案移送。

对于无目击证人的故意杀人案件,侦查机关具备条件的,应从第一次讯问时起,对每一次讯问犯罪嫌疑人的全过程应当进行连续的录音、录像。录音、录像应当同时制作两份,一份由侦查机关依法随案移送,一份由讯问人员、犯罪嫌疑人签名密封后,由侦查机关保存备查。在正式开始讯问之前,侦查人员在录音、录像中应当对讯问的时间、地点、案由、侦查人员身份作出说明,并告知犯罪嫌疑人诉讼权利。

经犯罪嫌疑人、被告人及其辩护律师请求或者侦查机关认为有必要的,可在犯罪嫌疑人、被告人的辩护律师在场的情况下进行讯问,并由辩护律师在讯问笔录上签字或盖章。

第二十八条 侦查机关认为有必要时,可以让被害人、证人和犯罪嫌疑人对与犯罪有关的物品、文件、尸体、犯罪现场进行辨认;也可让被害人、证人对犯罪嫌疑人进行辨认,或者让犯罪嫌疑人对其他犯罪嫌疑人进行辨认。

辨认应依法进行。组织辨认前,侦查人员应当向辨认人详细询问辨认对象的具体特征。辨认时,应当将辨认对象混杂在其他对象中,侦查人员不得诱导辨认人,也不得给辨认人任何暗示。

辨认犯罪嫌疑人时,被辨认的人数不得少于七人,对犯罪嫌疑人照片进行辨认的,不得少于十人的照片。辨认物品时,同类物品不得少于五件,照片不得少于五张。

主持辨认的侦查人员不得少于二人,辨认笔录应当由侦查人员、辨认人、见证人、记录人签名或盖章。辨认笔录应全面反映辨认过程,尤其应当记明辨认人对辨认对象隐蔽特征的描述。

没有目击证人的故意杀人案件且侦查机关具备条件的,应当对犯罪嫌疑人指认犯罪现场、抛尸现场、辨认情况进行全程录像。

第二十九条 侦查机关将案件移送人民检察院审查起诉时,应当将包括第一次讯问笔录及勘验、检查、搜查笔录在内的证明犯罪嫌疑人有罪或者无罪、罪重或者罪轻等涉及案件事实的所有证据等材料一并移送。人民检察院、人民法院认为有必要时,可协商侦查机关将破案经过报告一并移送。

破案经过报告应当详细写明:侦查机关所采取的侦查措施、侦破具体经过、抓获犯罪嫌疑人或者犯罪嫌疑人投案的具体情形等,必要时还应包括排查、确定嫌疑对象情况,根据技术人员侦查手段及结论对嫌疑对象、犯罪嫌疑人进行盘问、讯问的具体情况等。侦查机关提供的破案经过报告中涉及保密事项的,人民检察院、人民法院应当装入副卷,妥善保管。

三、证据的审查、判断和运用工作

第三十条 人民检察院审查起诉,应当查明:

(一)证据材料是否随案移送,不宜移送的证据是否列入清单或者移送了复制件、照片或者其他证明文件;

(二)证据是否合法,包括取证主体、证据形式、取证程序是否符合法律规定,是否属于证据排除的范围;

(三)据以定案的各个证据是否真实可靠;

(四)犯罪事实是否清楚,证据是否确实、充分。

第三十一条　人民检察院审查案件,应当讯问犯罪嫌疑人,听取被害人和犯罪嫌疑人、被害人委托的人的意见,并制作笔录附卷。人民检察院对证人证言笔录存在疑问或者认为对证人的询问不具体或者有遗漏的,可以对证人进行询问并制作笔录。

第三十二条　人民检察院讯问犯罪嫌疑人时,应全面听取犯罪嫌疑人的有罪供述或者无罪、罪轻的辩解。

犯罪嫌疑人、证人提出其受到刑讯逼供、暴力取证的,并提供了刑讯逼供、暴力取证的人员、时间、地点,检察机关不能排除刑讯逼供、暴力取证可能的,应当调查核实有关情况;或者要求侦查机关对取证行为的合法性予以证明,并提供符合法律规定的形式、种类的证据,不能仅提交书面说明材料。

人民检察院对侦查机关的勘验、检查,认为需要复验、复查的,应当要求侦查机关复验、复查,人民检察院可以派员参加;也可自行复验、复查,商请侦查机关派员参加,必要时也可以聘请专门技术人员参加。

人民检察院对物证、书证、视听资料、勘验、检查笔录存在疑问的,可以要求侦查人员提供获取、制作的有关情况。必要时可以询问提供物证、书证、视听资料的人员,对物证、书证、视听资料委托进行技术鉴定。询问过程及鉴定的情况应当附卷。

第三十三条　人民检察院审查案件的时候,认为事实不清、证据不足或者遗漏罪行、遗漏同案犯罪嫌疑人等情形,需要补充侦查的,应当提出需要补充侦查的具体意见,连同案卷材料一并退回侦查机关补充侦查。侦查机关应当在一个月内补充侦查完毕。人民检察院也可以自行侦查,必要时要求侦查机关提供协助。补充侦查以两次为限。

第三十四条　人民检察院对案件进行审查后,认为犯罪嫌疑人的犯罪事实已经查清,证据确实、充分,依法应当追究刑事责任的,应当

作出起诉决定。具有下列情形之一的,可以确认犯罪事实已经查清:

(一)属于单一罪行的案件,查清的事实足以定罪量刑或者与定罪量刑有关的事实已经查清,不影响定罪量刑的事实无法查清的;

(二)属于数个罪行的案件,部分罪行已经查清并符合起诉条件,其他罪行无法查清的;

(三)作案工具无法获取,但有其他证据足以对犯罪嫌疑人定罪量刑的;

(四)证人证言、犯罪嫌疑人的供述和辩解、被害人陈述的内容中主要情节一致,只有个别情节不一致且不影响定罪的。

对于符合第(一)项情形的,应当以已经查清的罪行起诉。

第三十五条 人民检察院对于退回补充侦查的案件,经审查仍然认为不符合起诉条件的,可以作出不起诉决定。

第三十六条 被告人及其辩护律师申请收集、调取证据的,人民法院认为确有必要的,可依法向有关单位和个人收集、调取。人民法院收集、调取证据时,应通知检察人员、辩护人到场。收集、调取的证据材料,由辩护律师向法庭出示,并经控辩双方质证。

第三十七条 具有下列情形之一的,应当通知证人、鉴定人、被害人出庭作证:

(一)人民检察院、被告人及其辩护人对鉴定结论有异议、鉴定程序违反规定或者鉴定结论明显存在疑点的;

(二)人民检察院、被告人及其辩护人对证人证言、被害人陈述有异议,该证人证言、被害人陈述对定罪量刑有重大影响的;

(三)人民法院认为其他应当出庭作证的。

经人民法院依法通知,上述证人、鉴定人、被害人应当出庭作证;不出庭作证的证人、鉴定人、被害人的书面证言、鉴定结论、书面陈述经质证无法确认的,不能作为定案的根据。

第三十八条　具有下列情形之一的,人民法院应当通过与侦查人员沟通、座谈,由侦查机关及侦查人员出具相关证明、说明书面材料等方式,对相关证据进行核实,必要时通知负责抓获犯罪嫌疑人的侦查人员、负责检查、搜查、勘验、扣押的侦查人员、负责询问、讯问的侦查人员出庭作证:

(一)控、辩双方或一方对侦查人员制作的抓获经过说明材料有重大疑问的;

(二)控、辩双方或一方对侦查人员制作的检查、勘验笔录、搜查、提取、扣押笔录有重大疑问,导致某一物证、书证来源不明,且该证据对定罪量刑有重大影响的;

(三)被告人及其辩护人、证人提出侦查人员存在刑讯逼供、暴力取证并提供了刑讯逼供、暴力取证的人员、时间、地点的,人民法院经审查不能排除刑讯逼供、暴力取证可能的。

经人民法院依法通知,上述侦查人员非因法定事由及其他正当理由,不得拒绝出庭作证。

第三十九条　控、辩一方对当庭出示的物证、书证、视听资料等证据的来源、提取、制作过程、制作手段、技术条件提出合理怀疑的,出示证据的一方应就对方的质询作出必要的说明。控、辩一方申请收集人、制作人、见证人出庭作证时,人民法院审查认为必要的,可以通知制作人、收集人、见证人出庭接受询问。

第四十条　人民法院在认定证据时,应当审查证据材料是否具备法定形式,收集的程序和方法是否符合法律规定。

第四十一条　物证、书证一般应为原物、原件,且应当通过合法、规范的勘验、检查、搜查、调取等方式取得。原物、原件未随案移送,只有物证照片、录像和书证复制件的,应注意审查其客观真实性和有效性。物证的照片、录像和书证的复制件,经与原物、原件核实无误或者经鉴定证明为真实的,具有同等的证明力。

具有下列情形之一的物证和书证,不能作为定案的根据:

(一)对物证、书证的来源及取证活动合法性有异议,公诉机关未作出合理解释或提供必要证明的;

(二)经勘验、检查、搜查取得的物证、书证,未附有搜查笔录、勘验笔录和检查笔录,或者笔录记载的内容与物证、书证不一致的;

(三)书证被更改或有更改迹象,公诉机关未作出合理解释或提供必要证明的;

(四)原物的照片、录像不能反映原物的外形和特征,书证复制件不能反映书证原件内容的。

第四十二条 证言应为自然人所提供。以单位名义出具的证明材料必须由制作人签名并加盖单位公章。对证人证言,应当通过审查与其他证据的相互印证情况,判断其客观真实性。

具有下列情形之一的证人证言,不能作为定案的根据:

(一)生理上、精神上有缺陷或者年幼,不能辨别是非、不能正确表达的人所作的证言;

(二)证人的个人主观意见和主观推测;

(三)证人所作的一次证言前后矛盾,或者多次证言之间相互矛盾,不能作出合理解释的。

第四十三条 具有下列情形之一的鉴定结论,不能作为定案的根据:

(一)鉴定人不具备相关鉴定资格的;

(二)鉴定程序不符合法律规定的;

(三)鉴定材料有虚假,或者原鉴定方法有缺陷的;

(四)鉴定人应当回避没有回避,而对其鉴定结论有持不同意见的;

(五)有证据证明存在影响鉴定人准确鉴定因素的;

(六)存在其他影响鉴定结论客观性的情形。

经审查,鉴定结论具有以上情形之一的,应当重新鉴定。

鉴定结论与其他证据相矛盾以及同一案件具有多个不同鉴定结论的,可以就相关问题向专业机构、专业人士进行咨询,或者作补充鉴定。

第四十四条 具有下列情形之一的视听资料,不能作为定案的根据:

(一)视听资料经审查或鉴定无法确定真伪的;

(二)对视听资料的制作、取得的时间、地点、方式等有异议,公诉机关未作出合理解释或提供必要证明的。

以有形载体固定或者显示的电子数据交换、电子邮件以及其他数据资料,能证明案件事实,且其制作情况和真实性经有关部门确认,被告人及其辩护人未提出异议的,可以作为证据使用。

第四十五条 人民法院对控辩双方提供的证据有疑问的,可以要求举证方补充证据;确有必要的,可以对该证据进行调查核实。

调查核实证据主要针对控辩双方出示的证据材料。必要时,可以向检察机关、侦查机关调取需要核实的证据材料。也可以依据被告人及其辩护人的申请,调取有关证据材料。在调查核实中又发现新证据的,应当及时通知或移交控辩双方。

控辩双方补充的证据和调查核实取得的新证据,须经再次开庭出示、辨认和质证,才能作为定案的证据。

第四十六条 被告人及其辩护人在案件审理过程中提出有自首情节的,人民法院应当要求有关机关提供证明材料或者要求相关人员作证,并结合其他证据判断自首是否成立。

被告人在案件审理过程中检举揭发他人犯罪,或者在审理过程中发现被告人在侦查、审查起诉阶段曾经提出过检举揭发,但尚未查证的,人民法院应当要求公诉机关、侦查机关及时查证。

第四十七条 没有充分证据证明犯罪嫌疑人、被告人实施被指控的犯罪时已经达到法定刑事责任年龄且确实无法查明的,应当推定其没有达到相应法定刑事责任年龄。

相关证据足以证明犯罪嫌疑人、被告人实施被指控的犯罪时已经达到法定刑事责任年龄,但是无法准确查明被告人具体出生日期的,应当认定其达到相应法定刑事责任年龄。

第四十八条 办理死刑案件必须坚持证据裁判原则,做到事实清楚,证据确实、充分,并排除合理怀疑。事实清楚,证据确实、充分,主要是指:

(一)犯罪构成要件事实和量刑情节事实已经查清;

(二)据以定案的全部证据能够相互印证;

(三)证据之间、证据与案件事实之间的矛盾已得到合理排除;

(四)依据证据得出的结论是唯一的,排除了其他可能性。

第四十九条 没有直接证据证明犯罪行为系被告人实施,但如果间接证据符合下列条件的可认定被告人有罪:

(一)据以定案的间接证据已经查证属实;

(二)据以定案的间接证据形成完整的证明体系;

(三)据以定案的间接证据之间能够相互印证,不存在无法排除的矛盾和无法解释的疑问;

(四)依据间接证据得出的结论是唯一的,足以排除其他可能性;

(五)运用间接证据进行的推理必须符合逻辑、合乎情理。

第五十条 公安机关、人民检察院、人民法院对于事实不清,证据不足,不足以证明被告人有罪的,应依法作出撤销案件,不起诉的决定或者证据不足、指控的犯罪不能成立的判决。

事实不清,证据不足,主要是指:

(一)指控的犯罪构成要件事实缺乏相应的、必要的证据证明;

(二)据以定案的基本证据不确实;

(三)各证据之间、证据与案件事实之间有明显矛盾,且无法查清与排除;

(四)依据证据得出的结论不具备排他性,尚存在得出其他结论的可能性。

第五十一条 有罪证据和无罪证据之间、罪重证据和罪轻证据之间存在矛盾和疑问时,如果不能得以排除和作出合理解释,应当作出有利于被告人的认定。

四、其他规定

第五十二条 侦查、检察、审判人员在刑事证据工作中不履行法定职责或者违法履行法定职责,造成严重后果的,对于直接责任人员和直接负责的主管人员依照有关规定进行处理。

第五十三条 本意见自下发之日试行。最高人民法院、最高人民检察院、公安部有新规定的,按新规定执行。

致　谢

　　终于可以写致谢了,但我的心情却始终轻松不起来,因为,致谢也就意味着分别,而且,是和我曾经日夜渴望投身其中的北大分别,和我曾经无比崇敬的学者们分别。

　　好在,北大是流动的。我永远也不会忘记,去年某日,凌晨2点14分的北京四环线,弥漫着《神秘园》优美旋律的高级商务车,连续参与课题调研与讨论12个小时的我们,仍然毫无倦意……那一刻,我从参与调研的导师和团队成员身上,看到了一种痴迷于学问、执着于理想的北大精神。这一精神,两年来,我同样见之于北大法学院的很多老师身上,三尺讲台、道德文章,无不展示出这片学术沃土的精神高度。

　　正是你们的影响,"迫使"我在面对钱云会、药家鑫、李庄、赵作海这些名字的时候,不断寻找用学术和这个社会相连的方式。我知道,这个国家在崛起,但我更知道,一些角落在沦陷。为此,尽管我著述不丰,却从未停止过对个人和社会命运的思考和追问。CNN创始人泰德·特纳在60岁生日之后依然在想,自己长大之后应该做些什么。这也正是我现在思索的问题:离开北大之后,我该做些什么?

　　感谢导师陈瑞华教授用自己的身体力行指引了我前进的方向,您对人生的定位和对学术的痴迷对我产生了怎么估计都不为过的影响。感谢陈兴良教授、龚刃韧教授、贺卫方教授、姜明安教授、梁根林教授、刘凯湘教授、刘剑文教授、潘剑锋教授、钱明星教授、张守文教授、朱苏力教授,感谢你们以文字、讲座、授课等各种形式对我进行过的教导,这些思想和知识上的影响将是我人生道路上一笔宝贵的财富。学生愚鲁,成就前途之事不敢奢望,唯期踏实做事,老实为人,如偶有成绩,便也权且算作对北大培养的回报吧!

美国杰出神学家莱因霍尔德·尼布尔曾云:"愿上帝赐我宁静,去接受我不能改变的一切,愿上帝赐我勇气,去改变我能改变的一切,并请赐我智慧,去分辨两者的不同。"在北大的两年,我经历了这种心境的变化。最后,尽管从未表达,我仍要把我最深的感谢送给我的父母,我的妻儿以及我的岳父母和小舅子,没有你们这两年艰辛的付出,我根本无法获得这份宁静、勇气和可能的智慧。

2011 年 5 月 19 日
于北大承泽园

后记
岂有文章觉天下

在我接近20年的学术生涯中,于自觉不自觉间,**大略形成了三个相对集中的研究主题:一是司法制度的运作原理;二是刑事辩护的基础理论;三是死刑案件的证明问题。**

关注司法制度,是因为其运作原理可以和自己广泛的阅读兴趣相勾连,调动自己多学科的知识储备,在浩瀚无垠的理论海洋中"取一瓢饮",满足自己跨越刑事诉讼狭隘知识范围的学术童心。

研究刑事辩护,纯粹是因为机缘巧合。自己在生计困顿、四顾茫然的而立之年出版的第一本书,就是在美国曾掀起80万销量热潮的《吉迪恩的号角》的中译本①。进入北京大学从事博士后研究期间,又跟随陈瑞华教授参与了多项有关刑事辩护的课题研究,广泛参与辩护实践和接触了律师群体,在这个曾一度被学界认为缺乏理论的领域,发现了诸如独立辩护、有效辩护、协同辩护等极富理论和实践意义的学术课题,从此一发不可收拾,对刑事辩护的理论体系产生了浓厚的学术兴趣。

聚焦死刑程序,是因为我对刑事司法制度的改革一度曾产生过悲观失望的情绪,甚至不无极端地认为,只有死刑案件的程序改革,才可

---

① 〔美〕安东尼·刘易斯:《吉迪恩的号角:一个穷困潦倒的囚徒是如何改变美国法律的?》,陈虎译,中国法制出版社2010年版。

能获得社会的普遍共识和引起司法人员的普遍重视,也只有死刑程序的制度变化,才最有可能实质性推进刑事司法改革。舍此,皆为虚妄。

那个时候的我们,都还意气风发。还记得十年前,在北京大学期间,我曾有一次接受媒体采访,谈及最高人民法院刚刚出台的一项有关死刑程序的改革措施,我这样评价:"正如木桶理论告诉我们的那样,一个木桶能够容纳的水量,取决于最短而不是最长的那块木板。如果把社会比喻成木桶,法治就是那块最短的木板,决定了整个社会所能承载的正义总量。而如果把法治比喻成木桶,刑事法治又是这一木桶最短的木板。同样,如果继续把刑事法治比喻成木桶,死刑制度就成了这一木桶中那块最短的木板。从这个角度来看,如果一个国家对被判处死刑的被告人这一罪刑最为严重的群体的诉讼权利,都能够用最为文明和严格的制度加以保障的话,我们就有理由相信,普通公民一定会被更加文明和温和地对待。因此,死刑制度的每一次改革,都预示着这个国家刑事法治的发展方向。我们也有理由为最高人民法院的这次改革给予真诚的肯定。"

这就是当年我的真实想法,逻辑清晰而简单。当年的博士后出站报告,也是基于这一简单的想法,将题目定为《死刑案件证明标准研究》,试图为这一改革贡献些许作为学者的思考。

如今,距离这部书稿最初完成已经过去整整十年,距离它的首次出版也已六载有余,死刑程序的改革措施似乎并没有在普通案件中得到拓展,而当下轰轰烈烈的认罪认罚从宽制度的实践,却在强调效率的大旗下将中国刑事司法裹挟到另外一个完全不同的方向上。让我越来越感到困惑的一个问题是:**当所有的改革都开始聚焦于司法资源的节约,而不是司法资源的分配;当简易程序的拓展只是为了让案件办理更为快捷,而不是为了让死刑案件的审理变得更为复杂和慎重,这样的改革,究竟有多少正当性可言?**

2015年夏天,我曾带学生在台湾地区游学,其间特意安排到台北著名茶社紫藤庐参观,大厅里有一幅台湾地区老一辈经济学者周德伟撰写的对联:"岂有文章觉天下,忍将功业苦苍生"。作为著名思想家哈耶克的亲传弟子,他曾在台湾地区力倡自由经济思想,也正是他把哈耶克的名著《通往奴役之路》介绍给了殷海光和胡适,由前者翻译并在《自由中国》杂志上连载,深刻影响了台湾地区自由主义知识分子。但,就是这样一位在台湾地区政学两界都影响甚广的名流,却劝勉学界,不要以为自己写几篇文章就可以救世;又警醒政界,更不要以救世主自居,祸害苍生百姓。

联想到当下的司法改革和自己的学术职业,我发现自己已经渐渐没有了当初改造世界的学术雄心。一言焉能兴邦?知识分子首先要对自己的思想是否正确产生自我怀疑,其次要对自己是否重要产生自我否定。历来都有两种学术态度并立,一种是为生民立命,一种是为文自娱。我没有雄心,大抵属于后者。

越来越不期待自己的研究能够推动理论版图的拓展,越来越不期待自己的呼吁能够改变司法实践的现状,而只希望反躬内省,以学术思考的方式持续训练我的大脑,继而在自己能够影响的事物上以清晰的逻辑博学之、审问之、慎思之、明辨之,并以坚定的信念终身笃行。我想,每个知识分子最擅长也最应该做的,就是去关心变动不居的事物背后那些永恒的原点。我已经开始寻找学术之外可以让我安身立命的天命与天赋所在。

知名青年学者羽戈想必和我也有类似的感悟,因而借用周教授的对联为题写了一本书,就叫《岂有文章觉天下》,书中有一篇同名文章,是写当年台湾地区学而优则仕的陈布雷君,以传统士大夫精神在政坛应酬往来,终究难有一日之欢,最终选择自杀了却残生,"只知独夜不平鸣,春鸟秋虫自作声。风蓬飘尽悲歌气,布雷毕竟是书生"。作者羽戈在文章最后感叹道:"我们不得不承认……实在不曾改变什么,不曾救赎什么。他的后辈,依然坚守用文章觉天下的痴念,如一群迷途的羔羊,徘徊于政治的歧路上。"

承认并接受学者无法改变顽固的司法现实是痛苦的。所以,才有了知识分子对春秋时期孔子"知其不可为而为之"精神的崇拜,这在某种程度上,何尝不是一种对自己信念和行动的加持和鼓励?

写下这些,似乎消极,但却是这本小书在初版和再版的十年之间,我为人为学心境的真实变化。

十年间,这本小书曾帮助我实现了许多现实的梦想,但于这个时代,于这个问题,究竟有多少贡献,我不敢有奢望。不曾期待改变什么,权当这一代学人在时代条件下所作的一些记录吧。

前些天,即将毕业的学生来我的书房聊天,谈到引起这一代年轻人观剧热潮的《觉醒年代》,李大钊和陈独秀的一段对话让她不解,因而问我:

"当年陈独秀说自己二十年不谈政治,应致力于开启民智,提倡新文化和新思想,而李大钊对此极不认同,他认为陈独秀的想法不切实际,北洋军阀混战的中国社会等不了二十年,陈独秀应该和他们一样投身政治才是正途。老师,您怎么看李大钊的这种观点?"

我答:"牡丹开成菊花的模样,菊花开成牡丹的模样,都是这些花渴望尽到社会责任的结果。社会的进步取决于合力的作用,就如自然生态,一枝独秀不是春,百花齐放春满园。每朵花开成自己基因决定的样子,就是对大自然最大的责任。李大钊这段劝说如果是对陈独秀的道德绑架,就是激进的一元化思维;但如果是希望通过辩论,把知识分子可走的两条道路分析给旁听的青年学子,由他们作出理智之选择,就是自由之精神。究竟属于哪一种,你看过电视剧和历史,应该可以分析得出来。"

岂有文章觉天下，学术与功业本无关联；而两千年中华史，儒生与政治，却有颇多纠缠。

陈布雷死后，杨玉清挽曰："诸葛本非求自达，庐陵志不在文章。"是的，海内文章传诵易，岂有文章觉天下！

2021 年 5 月 31 日初稿
2021 年 6 月 3 日定稿
于武汉如释书房

参考文献

一、中文著作

1. 白建军:《公正底线——刑事司法公正性实证研究》,北京大学出版社2008年版。

2. 白建军:《罪刑均衡实证研究》,法律出版社2004年版。

3. 白绿铉编译:《日本新民事诉讼法》,中国法制出版社2000年版。

4. 毕玉谦:《民事证据法及其程序功能》,法律出版社1997年版。

5. 毕玉谦:《民事证据原理与实务研究》,人民法院出版社2003年版。

6. 陈光中、〔德〕汉斯-约格·阿尔布莱希特主编:《中德强制措施国际研讨会论文集》,中国人民公安大学出版社2003年版。

7. 陈光中、〔加〕丹尼尔·普瑞方廷主编:《联合国刑事司法准则与中国刑事法制》,法律出版社1998年版。

8. 陈光中、徐静村主编:《刑事诉讼法学》(修订版),中国政法大学出版社2000年版。

9. 陈光中、严端主编:《中华人民共和国刑事诉讼法修改建议稿与论证》,中国方正出版社1999年版。

10. 陈光中主编:《审判公正问题研究》,中国政法大学出版社2004年版。

11. 陈光中主编:《刑事诉讼法实施问题研究》,中国法制出版社 2000 年版。

12. 陈朴生:《刑事证据法》,三民书局 1985 年版。

13. 陈瑞华:《刑事审判原理论》,北京大学出版社 1995 年版。

14. 陈瑞华主编:《未决羁押制度的实证研究》,北京大学出版社 2004 年版。

15. 陈卫东主编:《模范刑事诉讼法典》,中国人民大学出版社 2005 年版。

16. 陈卫东主编:《羁押制度与人权保障》,中国检察出版社 2005 年版。

17. 陈兴良、曲新久:《案例刑法教程》(上卷),中国政法大学出版社 1994 年版。

18. 陈兴良:《本体刑法学》,商务印书馆 2001 年版。

19. 陈兴良:《刑法适用总论》,法律出版社 1999 年版。

20. 程味秋主编:《外国刑事诉讼法概论》,中国政法大学出版社 1994 年版。

21. 储槐植:《刑事一体化与关系刑法论》,北京大学出版社 1997 年版。

22. 刁荣华主编:《比较刑事证据法各论》,汉林出版社 1984 年版。

23. 樊崇义主编:《诉讼法学研究》(第九卷),中国检察出版社 2005 年版。

24. 樊崇义主编:《诉讼原理》,法律出版社 2003 年版。

25. 樊崇义主编:《刑事诉讼法学研究综述与评价》,中国政法大学出版社 1991 年版。

26. 樊崇义主编:《刑事诉讼法专论》,中国方正出版社 1998 年版。

27. 樊崇义主编:《证据法学》,法律出版社 2001 年版。

28. 何家弘、张卫平主编:《外国证据法选译》(上、下卷),人民法院出版社 2000 年版。

29. 何家弘主编:《新编证据法学》,法律出版社 2000 年版。

30. 胡联合:《转型与犯罪:中国转型期犯罪问题的实证研究》,中共中央党校出版社 2006 年版。

31. 黄永:《刑事证明责任分配研究》,中国人民公安大学出版社 2006 年版。

32. 江礼华、〔加〕杨诚主编:《外国刑事诉讼制度探微》,法律出版社 2000 年版。

33. 江伟主编:《民事诉讼法学原理》,中国人民大学出版社 1999 年版。

34. 赖早兴:《证据法视野中的犯罪构成研究》,湘潭大学出版社 2010 年版。

35. 朗胜主编:《欧盟国家审前羁押与保释制度》,法律出版社 2006 年版。

36. 李昌珂译:《德国刑事诉讼法典》,中国政法大学出版社 1995 年版。

37. 李心鉴:《刑事诉讼构造论》,中国政法大学出版社 1992 年版。

38. 李学灯:《证据法比较研究》,五南图书出版公司 1992 年版。

39. 李义冠:《美国刑事审判制度》,法律出版社 1999 年版。

40. 栗峥:《超越事实——多重视角的后现代证据哲学》,法律出版社 2007 年版。

41. 梁根林主编:《犯罪论体系》,北京大学出版社 2007 年版。

42. 梁根林主编:《刑法方法论》,北京大学出版社 2006 年版。

43. 林钰雄:《刑事诉讼法》,学林文化事业有限公司 2001 年版。

44. 刘金国、蒋立山主编:《中国社会转型与法律治理》,中国法制出版社 2007 年版。

45. 刘荣军:《程序保障的理论视角》,法律出版社 1999 年版。

46. 刘善春、毕玉谦、郑旭:《诉讼证据规则研究》,中国法制出版社 2000 年版。

47. 龙宗智:《相对合理主义》,中国政法大学出版社 1999 年版。

48. 牟军:《自白制度研究》,中国人民公安大学出版社 2006 年版。

49. 齐树洁主编:《英国证据法》,厦门大学出版社 2002 年版。

50. 秦宗文:《自由心证研究——以刑事诉讼为中心》,法律出版社 2007 年版。

51. 冉井富:《当代中国民事诉讼率变迁研究——一个比较法社会学的视角》,中国人民大学出版社 2005 年版。

52. 沈达明编著:《英美证据法》,中信出版社 1996 年版。

53. 宋冰编:《读本:美国与德国的司法制度及司法程序》,中国政法大学出版社 1998 年版。

54. 宋英辉:《刑事诉讼目的论》,中国人民公安大学出版社 1995 年版。

55. 宋英辉译:《日本刑事诉讼法》,中国政法大学出版社 2000 年版。

56. 苏力:《送法下乡——中国基层司法制度研究》,中国政法大学出版社 2000 年版。

57. 苏力:《制度是如何形成的》(增订版),北京大学出版社 2007 年版。

58. 苏力主编:《法律和社会科学》(第一卷),法律出版社 2006 年版。

59. 孙长永:《探索正当程序——比较刑事诉讼专论》,中国法制出版社 2005 年版。

60. 孙谦:《逮捕论》,法律出版社2001年版。

61. 孙笑侠:《程序的法理》,商务印书馆2005年版。

62. 田文昌、陈瑞华主编:《〈中华人民共和国刑事诉讼法〉再修改律师建议稿与论证》,法律出版社2007年版。

63. 汪建成:《理想与现实——刑事证据理论的新探索》,北京大学出版社2006年版。

64. 汪建成:《冲突与平衡——刑事程序理论的新视角》,北京大学出版社2006年版。

65. 王超:《警察作证制度研究》,中国人民公安大学出版社2006年版。

66. 王进喜:《刑事证人证言论》,中国人民公安大学出版社2002年版。

67. 王雄飞:《检察官证明责任研究》,中国人民公安大学出版社2009年版。

68. 王亚新:《对抗与判定:日本民事诉讼的基本结构》,清华大学出版社2002年版。

69. 王亚新:《社会变革中的民事诉讼》,中国法制出版社2001年版。

70. 王亚新等:《法律程序运作的实证分析》,法律出版社2005年版。

71. 王兆鹏:《美国刑事诉讼法》,北京大学出版社2005年版。

72. 肖胜喜:《刑事诉讼证明论》,中国政法大学出版社1994年版。

73. 肖仕卫:《刑事判决是如何形成的——以S省C区法院实践为中心的考察》,中国检察出版社2009年版。

74. 肖扬主编:《中国刑事政策和策略问题》,法律出版社1996年版。

75. 徐昕:《英国民事诉讼与民事司法改革》,中国政法大学出版社 2002 年版。

76. 姚莉:《反思与重构——中国法制现代化进程中的审判组织改革研究》,中国政法大学出版社 2005 年版。

77. 易延友:《中国刑诉与中国社会》,北京大学出版社 2010 年版。

78. 余叔通、谢朝华译:《法国刑事诉讼法典》,中国政法大学出版社 1997 年版。

79. 张维迎:《信息、信任与法律》,生活·读书·新知三联书店 2003 年版。

80. 张卫平主编:《外国民事证据制度研究》,清华大学出版社 2003 年版。

81. 赵秉志主编:《死刑个案实证研究》,中国法制出版社 2009 年版。

82. 赵秉志主编:《中国疑难刑事名案法理研究》(第三卷),北京大学出版社 2008 年版。

83. 赵秉志主编:《中国疑难刑事名案法理研究》(第一卷),北京大学出版社 2008 年版。

84. 周叔厚:《证据法论》,国际文化事业有限公司 1989 年版。

85. 中华人民共和国最高人民检察院外事局编:《中国与欧盟刑事司法制度比较研究》,中国检察出版社 2005 年版。

86. 左卫民、周长军:《刑事诉讼的理念》,法律出版社 1999 年版。

87. 左卫民:《价值与结构——刑事程序的双重分析》,法律出版社 2003 年版。

88. 左卫民等:《合议制度研究——兼论合议庭独立审判》,法律出版社 2001 年版。

89. 左卫民等:《中国刑事诉讼运行机制实证研究》,法律出版社

2007 年版。

二、外文译著

1. 〔美〕罗纳尔多·V. 戴尔卡门:《美国刑事诉讼——法律和实践》,张鸿巍等译,武汉大学出版社 2006 年版。

2. 〔美〕爱伦·豪切斯泰勒·斯黛丽、〔美〕南希·弗兰克:《美国刑事法院诉讼程序》,陈卫东、徐美君译,中国人民大学出版社 2002 年版。

3. 〔美〕弗洛伊德·菲尼、〔德〕约阿希姆·赫尔曼、岳礼玲:《一个案例 两种制度——美德刑事司法比较》,郭志媛译(英文部分),中国法制出版社 2006 年版。

4. 〔美〕伟恩·R. 拉费弗等:《刑事诉讼法》(上册),卞建林、沙丽金等译,中国政法大学出版社 2003 年版。

5. 〔美〕史蒂文·苏本、〔美〕玛格瑞特·伍:《美国民事诉讼的真谛:从历史、文化、实务的视角》,蔡彦敏、徐卉译,法律出版社 2002 年版。

6. 〔美〕凯斯·R. 孙斯坦:《法律推理与政治冲突》,金朝武等译,法律出版社 2004 年版。

7. 〔美〕弗雷德·英博:《审讯与供述》,何家弘等译,群众出版社 1992 年版。

8. 〔美〕阿希尔·里德·阿马:《宪法与刑事诉讼:基本原理》,房保国译,中国政法大学出版社 2006 年版。

9. 〔美〕米尔建·R. 达马斯卡:《漂移的证据法》,李学军等译,中国政法大学出版社 2003 年版。

10. 〔美〕乔恩·R. 华尔兹:《刑事证据大全》(第二版),何家弘等译,中国人民公安大学出版社 2004 年版。

11. 〔美〕理查德·A. 波斯纳:《联邦法院:挑战与改革》,邓海平译,中国政法大学出版社 2002 年版。

12. 〔美〕迈克尔·D. 贝勒斯:《程序正义——向个人的分配》,邓海平译,高等教育出版社 2005 年版。

13. 〔美〕约翰·W. 斯特龙主编:《麦考密克论证据》(第五版),汤维建等译,中国政法大学出版社 2004 年版。

14. 〔日〕谷口安平:《程序的正义与诉讼》,王亚新、刘荣军译,中国政法大学出版社 1996 年版。

15. 〔美〕P. S. 阿蒂亚、〔美〕R. S. 萨默斯:《英美法中的形式与实质:法律推理、法律理论和法律制度的比较研究》,金敏、陈林林、王笑红译,中国政法大学出版社 2005 年版。

16. 〔英〕詹妮·麦克埃文:《现代证据法与对抗式程序》,蔡巍译,法律出版社 2006 年版。

17. 〔美〕迈克尔·D. 贝勒斯:《法律的原则:一个规范的分析》,张文显等译,中国大百科全书出版社 1996 年版。

18. 〔美〕史蒂芬·霍尔姆斯、〔美〕凯斯·R. 桑斯坦:《权利的成本——为什么自由依赖于税》,毕竞悦译,北京大学出版社 2004 年版。

19. 〔美〕布莱克:《法律的运作行为》,唐越等译,中国政法大学出版社 1994 年版。

20. 〔英〕麦高伟、〔英〕杰弗里·威尔逊主编:《英国刑事司法程序》,姚永吉等译,法律出版社 2003 年版。

21. 〔英〕约翰·斯普莱克:《英国刑事诉讼程序》,徐美君、杨立涛译,中国人民大学出版社 2006 年版。

22. 〔英〕韦恩·莫里森:《理论犯罪学——从现代到后现代》,刘仁文等译,法律出版社 2004 年版。

23. 〔德〕托马斯·魏根特:《德国刑事诉讼程序》,岳礼玲、温小洁译,中国政法大学出版社 2004 年版。

24. 〔德〕克劳思·罗科信:《刑事诉讼法》(第 24 版),吴丽琪译,法律出版社 2003 年版。

25. 〔德〕K. 茨威格特、〔德〕H. 克茨:《比较法总论》,潘汉典等译,法律出版社 2003 年版。

26. 〔法〕卡斯东·斯特法尼等:《法国刑事诉讼法精义》(下),罗结珍译,中国政法大学出版社 1999 年版。

27. 〔法〕勒内·弗洛里奥:《错案》,赵淑美等译,法律出版社 1984 年版。

28. 〔法〕米歇尔·福柯:《规训与惩罚》,刘北成、杨远婴译,生活·读书·新知三联书店 2003 年版。

29. 〔日〕松尾浩也:《日本刑事诉讼法(上卷)》(新版),丁相顺译,中国人民大学出版社 2005 年版。

30. 〔日〕田口守一:《刑事诉讼法》,刘迪等译,法律出版社 2000 年版。

31. 〔日〕千叶正士:《法律多元——从日本法律文化迈向一般理论》,强世功等译,中国政法大学出版社 1997 年版。

32. 〔日〕棚濑孝雄:《纠纷的解决与审判制度》,王亚新译,中国政法大学出版社 2004 年版。

33. 〔意〕皮罗·克拉玛德雷:《程序与民主》,翟小波等译,高等教育出版社 2005 年版。

34. 〔意〕戴维·奈尔肯编:《比较刑事司法论》,张明楷等译,清华大学出版社 2004 年版。

35. 〔荷〕兰布克、〔意〕法布瑞编:《法院案件管辖与案件分配:奥英意荷挪葡加七国的比较》,范明志等译,法律出版社 2007 年版。

三、中文论文

1. 柏启传:《论"两个基本"原则的科学内涵及在刑事司法实践中的具体运用》,载《公安研究》2001年第11期。

2. 常怡、黄娟:《司法裁判供给中的利益衡量:一种诉的利益观》,载《中国法学》2003年第4期。

3. 陈光中、李玉华、陈学权:《诉讼真实与证明标准改革》,载《政法论坛》2009年第2期。

4. 陈如超:《英美两国刑事法官的证据调查权评析》,载《现代法学》2010年第5期。

5. 陈瑞华:《非法证据排除规则的中国模式》,载《中国法学》2010年第6期。

6. 陈瑞华:《刑事程序失灵问题的初步研究》,载《中国法学》2007年第6期。

7. 陈卫东、李训虎:《分而治之:一种完善死刑案件证明标准的思路》,载《人民检察》2007年第8期。

8. 陈卫东、刘计划:《关于完善我国刑事证明标准体系的若干思考》,载《法律科学(西北政法学院学报)》2001年第3期。

9. 陈卫东、刘计划:《死刑案件实行三审终审制改造的构想》,载《现代法学》2004年第4期。

10. 陈卫东:《关于完善死刑复核程序的几点意见》,载《环球法律评论》2006年第5期。

11. 陈学权:《科学对待DNA证据的证明力》,载《政法论坛》2010年第5期。

12. 陈永生:《论辩护方以强制程序取证的权利》,载《法商研究》2003年第1期。

13. 陈永生:《论刑事诉讼中控方举证责任之例外》,载《政法论坛》2001 年第 5 期。

14. 陈永生:《排除合理怀疑及其在西方面临的挑战》,载《中国法学》2003 年第 2 期。

15. 陈永生:《死刑与误判——以美国 68% 的死刑误判率为出发点》,载《政法论坛》2007 年第 1 期。

16. 陈永生:《我国刑事误判问题透视——以 20 起震惊全国的刑事冤案为样本的分析》,载《中国法学》2007 年第 3 期。

17. 程金存:《非法证据排除规则视野下的"命案必破"》,载《山东行政学院山东省经济管理干部学院学报》2010 年第 6 期。

18. 程艳:《关于推定概念的几点理解》,载《云南财贸学院学报(社会科学版)》2006 年第 1 期。

19. 杜开林:《死刑指定辩护的现状与完善——以南通市一审死刑刑事案件为例》,载《法学》2009 年第 11 期。

20. 樊崇义、史立梅:《推定与刑事证明关系之分析》,载《法学》2008 年第 7 期。

21. 樊崇义:《客观真实管见——兼论刑事诉讼证明标准》,载《中国法学》2000 年第 1 期。

22. 方海明、朱再良:《刑事诉讼中"另案处理"情形的实证分析——以浙江湖州市为视角》,载《法学》2010 年第 10 期。

23. 房保国:《现实已经发生——论我国地方性刑事证据规则》,载《政法论坛》2007 年第 3 期。

24. 高铭暄、朱本欣:《论二审死刑案件的公开审理》,载《现代法学》2004 年第 4 期。

25. 葛琳:《证明如同讲故事?——故事构造模式对公诉证明的启示》,载《法律科学(西北政法大学学报)》2009 年第 1 期。

26. 古立峰、周洪波:《刑事证明标准基本问题简论》,载《西南民族大学学报(人文社科版)》2007 年第 1 期。

27. 郭松、吕珊:《理性与证据制度:一个初步性的讨论》,载《宜宾学院学报》2007 年第 10 期。

28. 郭松:《两类公诉政策适用之比较》,载《国家检察官学院学报》2007 年第 5 期。

29. 何家弘、何然:《刑事错案中的证据问题——实证研究与经济分析》,载《政法论坛》2008 年第 2 期。

30. 何家弘:《对法定证据制度的再认识与证据采信标准的规范化》,载《中国法学》2005 年第 3 期。

31. 何家弘:《论司法证明的目的和标准——兼论司法证明的基本概念和范畴》,载《法学研究》2001 年第 6 期。

32. 何家弘:《论司法证明中的推定》,载《国家检察官学院学报》2001 年第 2 期。

33. 贺恒扬、吴志良:《对 73 起重大疑难命案的实证分析——从刑事证据的收集、固定、审查判断和运用的角度》,载《西南政法大学学报》2008 年第 1 期。

34. 胡常龙、孙延涛:《留有余地判处死缓案件论析》,载《山东审判》2004 年第 3 期。

35. 胡常龙:《死刑核准权归位后的程序正当性分析》,载《政法论坛》2007 年第 3 期。

36. 胡常龙:《证据法学视域中的检察官客观义务》,载《政法论坛》2009 年第 2 期。

37. 胡铭:《刑事政策视野下的刑讯问题》,载《环球法律评论》2007 年第 2 期。

38. 胡云腾、段启俊:《疑罪问题研究》,载《中国法学》2006 年第 3 期。

39. 黄维智:《合理疑点与疑点排除——兼论刑事诉讼证明责任的分配理论》,载《法学》2006年第7期。

40. 黄银山:《略论刑事司法中的推定——兼论"铁案"的提出》,载《华东理工大学学报(社会科学版)》2000年第1期。

41. 纪格非:《论证据法功能的当代转型——以民事诉讼为视角的分析》,载《中国法学》2008年第2期。

42. 冀祥德:《民愤的正读——杜培武、佘祥林等错案的司法性反思》,载《现代法学》2006年第1期。

43. 劳东燕:《揭开巨额财产来源不明罪的面纱——兼论持有与推定的适用规制》,载《中国刑事法杂志》2005年第6期。

44. 雷建昌:《论我国刑事证据分类模式的缺陷及其完善》,载《法律科学(西北政法学院学报)》2004年第3期。

45. 李昌盛:《缺乏对抗的"被告人说话式"审判——对我国"控辩式"刑事审判的实证考察》,载《现代法学》2008年第6期。

46. 李建明:《刑事错案的深层次原因——以检察环节为中心的分析》,载《中国法学》2007年第3期。

47. 李静:《犯罪构成体系与刑事诉讼证明责任》,载《政法论坛》2009年第4期。

48. 李颖:《试论现行刑事证据制度的立法缺陷及完善——兼论现行庭审方式改革对证据制度的要求》,载《法律科学(西北政法学院学报)》1999年第1期。

49. 李玉华:《刑事诉讼证明中事实推定之运用》,载《现代法学》2005年第3期。

50. 林喜芬:《中国刑事司法错误的治理路径——基于转型语境的理论诠释》,载《政法论坛》2011年第2期。

51. 刘广三:《犯罪控制视野下的刑事诉讼论纲》,载《中国法学》

2004 年第 4 期。

52. 刘计划:《质疑死刑复核权的程序功能——以最高人民法院收回死刑核准权为切入点》,载《法商研究》2005 年第 6 期。

53. 刘金友:《客观真实与内心确信——谈我国诉讼证明的标准》,载《政法论坛(中国政法大学学报)》2001 年第 6 期。

54. 刘仁文:《"留有余地"与"疑罪从无"》,载《中国国情国力》2002 年第 10 期。

55. 刘涛、朱颖:《论"以事实为根据"——兼谈证据客观性和证明标准》,载《社会科学研究》2002 年第 1 期。

56. 刘宪权:《"疑罪从轻"是产生冤案的祸根》,载《法学》2010 年第 6 期。

57. 龙宗智:《"确定无疑"——我国刑事诉讼的证明标准》,载《法学》2001 年第 11 期。

58. 龙宗智:《两个证据规定的规范与执行若干问题研究》,载《中国法学》2010 年第 6 期。

59. 龙宗智:《论建立以一审庭审为中心的事实认定机制》,载《中国法学》2010 年第 2 期。

60. 龙宗智:《论书面证言及其运用》,载《中国法学》2008 年第 4 期。

61. 龙宗智:《试论证据矛盾及矛盾分析法》,载《中国法学》2007 年第 4 期。

62. 龙宗智:《收回死刑复核权面临的难题及其破解》,载《中国法学》2006 年第 1 期。

63. 龙宗智:《刑事证明责任制度若干问题新探》,载《现代法学》2008 年第 4 期。

64. 龙宗智:《证明责任制度的改革完善》,载《环球法律评论》

2007 年第 3 期。

65. 卢鹏:《论结论性推定与拟制的区别》,载《同济大学学报(社会科学版)》2003 年第 1 期。

66. 罗仕国:《两种推定的逻辑特征之比较》,载《经济与社会发展》2007 年第 9 期。

67. 聂昭伟:《刑事诉讼证明问题的实体法依据——兼论刑事实体法与程序法的一体化》,载《法律科学(西北政法学院学报)》2005 年第 6 期。

68. 秦宗文:《"疑罪"应当"从无"吗——法治与情理视角下对疑罪从无原则的重新审视》,载《法律科学(西北政法学院学报)》2007 年第 1 期。

69. 秦宗文:《刑事二审全面审查原则新探》,载《现代法学》2007 年第 3 期。

70. 秦宗文:《中国控制死刑的博弈论分析——以最高人民法院行使死刑复核权为背景》,载《法商研究》2009 年第 1 期。

71. 邱兴隆:《死刑的程序之维》,载《现代法学》2004 年第 4 期。

72. 邱兴隆:《有利被告论探究——以实体刑法为视角》,载《中国法学》2004 年第 6 期。

73. 阮传胜:《论贿赂推定及其适用》,载《河北法学》2004 年第 11 期。

74. 沈晶:《论事实推定与间接证据证明的关系》,载《黄冈师范学院学报》2006 年第 2 期。

75. 沈志先、卢方、赵旭明等:《刑诉证据规则若干问题研究》,载《法学》2002 年第 11 期。

76. 宋志军:《刑事证据法中的人道伦理》,载《政法论坛》2008 年第 1 期。

77. 孙长永、闫召华:《无罪推定的法律效果比较研究——一种历时分析》,载《现代法学》2010 年第 4 期。

78. 孙宁华、李群:《刑事推定与被告人的抗辩责任》,载《西南政法大学学报》2004 年第 1 期。

79. 孙远:《刑事证据能力的法定与裁量》,载《中国法学》2005 年第 5 期。

80. 万春:《死刑复核法律监督制度研究》,载《中国法学》2008 年第 3 期。

81. 万毅、林喜芬、何永军:《刑事证据法的制度转型与研究转向——以非法证据排除规则为线索的分析》,载《现代法学》2008 年第 4 期。

82. 万毅:《"幽灵抗辩"之对策研究》,载《法商研究》2008 年第 4 期。

83. 万毅:《宽严相济政策视野下的刑事证据制度改革——基于实践的理论分析》,载《政法论坛》2009 年第 6 期。

84. 万毅:《量刑正义的程序之维》,载《华东政法学院学报》2006 年第 5 期。

85. 汪海燕、范培根:《论刑事证明标准层次性——从证明责任角度的思考》,载《政法论坛》2001 年第 5 期。

86. 汪海燕:《评关于非法证据排除的两个〈规定〉》,载《政法论坛》2011 年第 1 期。

87. 汪建成、何诗扬:《刑事推定若干基本理论之研讨》,载《法学》2008 年第 6 期。

88. 汪祖兴、欧明生:《试论诉讼证明标准的客观真实与一元制》,载《现代法学》2010 年第 3 期。

89. 王敏远:《死刑案件的证明"标准"及〈刑事诉讼法〉的修

改》,载《法学》2008 年第 7 期。

90. 王牧、赵宝成:《"刑事政策"应当是什么?——刑事政策概念解析》,载《中国刑事法杂志》2006 年第 2 期。

91. 王圣扬:《论诉讼证明标准的二元制》,载《中国法学》1999 年第 3 期。

92. 王新清、李征:《论留有余地判处死缓案件——兼论判决结果的相对合理性》,载《中国刑事法杂志》2006 年第 2 期。

93. 吴杰:《大陆法系民事诉讼证明标准之理论基础研究》,载《现代法学》2003 年第 5 期。

94. 肖中华、张少林:《刑事推定与犯罪认定刍议》,载《法学家》2002 年第 3 期。

95. 熊秋红:《错判的纠正与再审》,载《环球法律评论》2006 年第 5 期。

96. 熊秋红:《对刑事证明标准的思考——以刑事证明中的可能性和确定性为视角》,载《法商研究》2003 年第 1 期。

97. 徐美君:《口供补强法则的基础与构成》,载《中国法学》2003 年第 6 期。

98. 阎朝秀:《论司法认知与推定的比较视野》,载《成都理工大学学报(社会科学版)》2006 年第 2 期。

99. 杨文革:《论刑事诉讼中的"真实"》,载《环球法律评论》2007 年第 3 期。

100. 杨文革:《质疑"命案必破"》,载《山西警官高等专科学校学报》2005 年第 1 期。

101. 叶自强:《英美证明责任分层理论与我国证明责任概念》,载《环球法律评论》2001 年第 3 期。

102. 易延友:《冤狱是怎样炼成的——从〈窦娥冤〉中的举证责任

谈起》,载《政法论坛》2006 年第 4 期。

103. 隐丽卿:《关于犯罪目的问题的理解与推定》,载《犯罪研究》2001 年第 4 期。

104. 余凌云、曹国媛:《不能以推定的事实作为刑事、行政处罚的依据》,载《道路交通管理》2002 年第 7 期。

105. 占善刚:《证明妨害论——以德国法为中心的考察》,载《中国法学》2010 年第 3 期。

106. 张斌:《论英美刑事证明标准的神学渊源及启示——以"怀疑"的道德蕴涵为中心》,载《清华法学》2009 年第 5 期。

107. 张斌:《英美刑事证明标准的理性基础——以"盖然性"思想解读为中心》,载《清华法学》2010 年第 3 期。

108. 张继成、杨宗辉:《对"法律真实"证明标准的质疑》,载《法学研究》2002 年第 4 期。

109. 张建伟:《从积极到消极的实质真实发现主义》,载《中国法学》2006 年第 4 期。

110. 张少林:《刑事推定与犯罪认定》,载《犯罪研究》2002 年第 4 期。

111. 张文、黄伟明:《死缓应当作为死刑执行的必经程序》,载《现代法学》2004 年第 4 期。

112. 张云鹏、林立军:《论受贿犯罪推定规则的确立》,载《国家检察官学院学报》2007 年第 2 期。

113. 赵秉志、时延安:《慎用死刑的程序保障——对我国现行死刑复核制度的检讨及完善建言》,载《现代法学》2004 年第 4 期。

114. 赵合理、周少华:《死刑案件中证据审查与采信的反思》,载《现代法学》2004 年第 4 期。

115. 赵虎、扈红卫、郭剑峰:《贿赂行为推定的证据适用规则之再思考——兼与"巨额财产来源不明罪"比较》,载《国家检察官学院学报》2001 年第 2 期。

116. 周长军:《论取供模式的转向》,载《环球法律评论》2008 年第 2 期。

117. 周洪波:《"以事实为根据"——刑事诉讼的定罪基本原则》,载《四川大学学报(哲学社会科学版)》2008 年第 5 期。

118. 周洪波:《比较法视野中的刑事证明方法与程序》,载《法学家》2010 年第 5 期。

119. 周洪波:《沉默权问题:超越两种理路之新说》,载《法律科学(西北政法学院学报)》2003 年第 5 期。

120. 周洪波:《客观证明与情理推断——诉讼证明标准视野中的证明方法比较》,载《江海学刊》2006 年第 2 期。

121. 周洪波:《树状模式与丛林模式:诉讼证明观念图式的理论与实证》,载《中国刑事法杂志》2011 年第 1 期。

122. 周洪波:《诉讼证据种类的区分逻辑》,载《中国法学》2010 年第 6 期。

123. 周洪波:《刑事证明标准问题之争中的四大误区》,载《清华法学》2008 年第 5 期。

124. 周洪波:《刑事证明中的"客观真实":一种有限度的哲学申辩》,载《西南民族大学学报(人文社科版)》2008 年第 1 期。

125. 周洪波:《证明标准视野中的证据相关性——以刑事诉讼为中心的比较分析》,载《法律科学(西北政法学院学报)》2006 年第 2 期。

126. 朱春华:《论推定的效力——一个法经济学的初步分析》,载《法商研究》2007 年第 5 期。

127. 朱德宏:《刑事证据相互印证的实践形态解析》,载《国家检察官学院学报》2008 年第 2 期。

128. 朱孝清:《检察官客观公正义务及其在中国的发展完善》,载《中国法学》2009 年第 2 期。

129. 左卫民、周洪波:《证明标准与刑事政策》,载《比较法研究》2006 年第 2 期。

四、外文论著

1. J. D. Heydon, Evidence: Cases and Materials, London: Butterworths, 1984.

2. John A. Andrews, Michael Hirst, Criminal Evidence. London: Sweet & Maxwell, 1992.

3. John William Strong, Kenneth S. Broun, Bobert P. Mosteller, Evidence: Cases and Materials (5th ed.), Minnesota: West Publishing co. 1995.

4. M. R. Damaska, Evidence Law Adrift. New Haven: Yale University Press, 1997.

5. P. B. Carter, Cases and Statutes on Evidence. London: Sweet & Maxwell, 1990.

6. Raymond Emson, Evidence (2nd ed.), New York: Palgrave Macmillan, 2004.

7. Richard May, Criminal Evidence (2nd ed.), London: Sweet & Maxwell, 1990.

8. James S. Liebman, Jeffrey Fagan, Valerie West, A Broken System: Error.

9. Rates in Capital Cases 1973-1995, Columbia Law School, Public Law Research Paper.

10. James S. Liebman, A Broken System Part II: Why There is So Much Error in Capital Cases, and What Can be Done About It, 397-99 (2002).

11. Craig M. Bradley, A (Genuinely) Modest Proposal Concerning the Death Penalty, 72 *IND. L. J.* 25 (1996).

12. Margery Malkin Koosed, Averting Mistaken Executions by Adopting the Model Penal Code's Exclusion of Death in the Presence of Lingering Doubt, 21 *N. ILL. U. L. Rev.* 41 (2001).

13. Elizabeth R. Jungman, Note, Beyond All Doubt, 91 *GEO. L. J.* 1065 (2003).

14. Jon O. Newman, Make Judges Certify Guilt in Capital Cases, *Newsday*, 5 July 2000, at A25.

15. Urban League Leader Advocates New Standard in Capital Cases, *New York Times*, 31 July 2000.

16. Ronald J. Allen, Evidence: Text, Problems and Cases, 822-23 (3d ed. 2002).

17. Erik Lillquist, Recasting Reasonable Doubt: Decision Theory and the Virtues of Variability, 36 *U. C. Davis L. Rev.*

18. D. Michael Risinger, John Henry Wigmore, Johnny Lynn Old Chief, and "Legitimate Moral Force"— Keeping the Courtroom Safe for Heartstrings and Gore, 49 *Hastings L. J.* 403, 442-43, n. 98 (1998).

19. Andrew D. Leipold, How the Pretrial Process Contributes to Wrongful Conviction, 42 *Am. Crim. L. Rev.* 42 (2005).

20. Larry Laudan, Is Reasonable Doubt Reasonable?, 9 *Legal Theory* 295, 297 (2003).

21. Sheppard, The Metamorphoses of Reasonable Doubt: How Chan-

ges in the Burden of Proof Have Weakened the Presumption of Innocence, 78 *Notre Dame L. Rev.*

22. Charles R. Nesson, Reasonable Doubt and Permissive Inferences: The Value of Complexity, 92 *Harv. L. Rev.*

23. Carol S. Steiker, Jordan M. Steiker, Should Abolitionists Support Legislative "Reform" of the Death Penalty?, 63 *Ohio ST. L. J.* 417 (2002).

24. Carol S. Steiker, Jordan M. Steiker, Sober Second Thoughts: Reflections on Two Decades of Constitutional Regulation of Capital Punishment, 109 *Harv. L. Rev.* 355, 371-403 (1995).

25. John Blume, Explaining Death Row's Population and Racial Composition, 1 *J. Emp. L. Stud.* 165, 171 (2004).

26. Patricia G. Milanich, Decision Theory and Standards of Proof, Law and Human Behavior, Vol. 5. No. 1. 1981.

27. Steven Shavell, The Appeals Process As a Means of Error Correction, 24 *J. Legal Stud.* 379(1995).

28. Jon O. Newman, Beyond "Reasonable Doubt". 68 *N. Y. U. L. Rev.* (1993).

29. Anthony A. Morano, A Re-examination of the Reasonable Doubt Rule, 55 *B. U. L. Rev.* (1975).